EXAMPRESS

販売士検定試験学習書

JN108304

販売士
教科書

リテールマーケティング

販売士

2級

一発合格

テキスト&問題集

第4版

海光 歩［著］

SE
SHOEISHA

本書内容に関するお問い合わせについて

このたびは翔泳社の書籍をお買い上げいただき、誠にありがとうございます。弊社では、読者の皆様からのお問い合わせに適切に対応させていただくため、以下のガイドラインへのご協力をお願い致しております。下記項目をお読みいただき、手順に従ってお問い合わせください。

●ご質問される前に

弊社Webサイトの「正誤表」をご参照ください。これまでに判明した正誤や追加情報を掲載しています。

正誤表　https://www.shoeisha.co.jp/book/errata/

●ご質問方法

弊社Webサイトの「刊行物Q&A」をご利用ください。

刊行物Q&A　https://www.shoeisha.co.jp/book/qa/

インターネットをご利用でない場合は、FAXまたは郵便にて、下記〝翔泳社 愛読者サービスセンター〟までお問い合わせください。
電話でのご質問は、お受けしておりません。

●回答について

回答は、ご質問いただいた手段によってご返事申し上げます。ご質問の内容によっては、回答に数日ないしはそれ以上の期間を要する場合があります。

●ご質問に際してのご注意

本書の対象を越えるもの、記述個所を特定されないもの、また読者固有の環境に起因するご質問等にはお答えできませんので、予めご了承ください。

●郵便物送付先およびFAX番号

送付先住所　〒160-0006　東京都新宿区舟町5
FAX番号　　03-5362-3818
宛先　　　　（株）翔泳社 愛読者サービスセンター

はじめに

　近年、IOTやAIなどIT利活用の高度化、急速なグローバル化や人口減少、感染症によるライフスタイルの急変などマーケティング環境は大きな変化の中にあり、企業はこの変化への急速な対応を迫られています。しかし技術は進化しても、購入意思決定を行う顧客側はあくまでも感情の動きを中心に購入を決定するため、販売の原点を体系的に理解することが時代の変化に対応する基本でもあります。

　このような中で一層注目されるようになったのが「販売士（リテールマーケティング）」資格です。流通業では唯一の公的資格であり、会計知識も含めて体系的に販売活動に必要な内容を問うこの試験内容を学ぶことにより、「今日的な販売活動上の課題を解決できる人材」が増えることが期待されています。

　販売士の資格取得を推奨する企業も多く、日本販売士協会のサイトでは、販売士の資格取得を推奨している企業や、資格取得に対して報奨金を出しているような企業、昇進昇格の要件としている企業など企業名を挙げて紹介しています。

　https://www.hanbaishi.com/case

　このように社会的なニーズも高い販売士資格。ぜひ本書を手に取って資格取得にチャレンジしてください。2021年度からネット試験方式となり、今までの年2回から試験機会が大幅に増えますので、よりチャレンジしやすくなりました。

　本書は2020年に改訂された最新の公式ハンドブックに準拠しているほか、より早く確実に合格することを目的として過去問題を徹底的に分析し、出題傾向に沿って出やすいところを中心にまとめてあります。販売士検定試験では経営の専門用語（キーワード）が大変重要です。赤字になっているところは、付属の赤シートを使って何度も確認して覚えるようにしましょう。また、章末ごとに一問一答を準備していますので、問題を解きながら理解を深めてください。そして、ひととおりの学習がすんだら、巻末の模擬試験にチャレンジして、試験の問題ボリュームと解答に必要なスピードを体感してください。

　実際の販売士検定試験（2級）では、常識問題や時事問題など本書の学習内容以外の部分からも一部出題されますので、日経MJや日経新聞などで、最新情報を常にキャッチしておくことをお勧めします。この試験は全体の7割が取れれば合格ですので、本書でよく出るところを中心に学習し、時事問題をフォローアップすることで合格が近づきます。

　販売士2級は、中堅管理者のための資格です。部下の指導、リーダーシップの養成、計数管理など実務に役立ち、昇進・昇格につながる内容を多く含みます。ぜひ、資格を取得してキャリアアップをしてください。

2021年6月　海光　歩

本書の使い方

　本書の構成は大きく分けて①本文と章末の②一問一答、巻末の③模擬試験問題の３つのパートで構成されています。①では過去問題を徹底的に分析し出やすいところを中心に、わかりやすくまとめています。まずは本文を読み進めながら学習し、理解を深めましょう。②重要事項の理解度を確認するために、章末に「一問一答」を設けています。③一問一答の内容が解けるようになったら、本試験を受ける気持ちで時間を計って「模擬試験問題」にチャレンジしてみましょう。なお、本試験と同様、ハンドブックや本書に掲載していない内容も一部出題しています。

セクション名は、ここで学ぶテーマを示しています。

学習を効率よく進めるために、出題頻度順にA〜Cの3ランクで頻出度を表現しています。

A 試験に出る確率がとくに高い

B 試験に出る確率が高い

C 試験に出る確率がやや低い、公式ハンドブックに掲載されていないが基本を理解するのに必要

時間に余裕のない場合や、試験前の最終確認をするときにはAランクだけを学習するのもひとつの方法です。

最低限おさえておきたい内容を「重要ポイント」という項目にまとめています。ここで重要な知識を押さえておき、そこから知識を積み上げていくと効率的です。

重要語句を赤色で表記しています。付属の赤いシートを使って赤文字の部分を隠し、要点の整理や暗記に役立てましょう。

Section 6

頻出度 **B** ★★

チェーンオペレーションの原則

✿ 重要ポイント

☑ チェーンオペレーションとは、本部の指導によるマニュアル化された店舗運営システムのことである

1 チェーンオペレーションとは

　チェーンオペレーションとは、チェーンストア全店舗の経営活動を標準化し、本部による徹底した集中型管理運営に基づいた多店舗展開を可能にすることであり、以下の４つの特徴をもちます。

チェーンオペレーションの４つの特徴

チェーンオペレーション

1 多店舗展開で市場シェアの拡大を目指す

2 本部による店舗統一管理と集中仕入（セントラルバイング）でバイングパワーを発揮

3 統一化された顧客ターゲットに対してマニュアル化された店舗運営システム

4 本部がマーチャンダイジングを担当し、各店舗は販売機能を担当する

　チェーンオペレーションでは、チェーン全体の効率化を実現するために基本的に本部がすべてをコントロールし、店舗は本部の指導のもとに運営います。仕入から販売までをすべて本部がコントロールすることで、可能な限りの標準化を行い、ローコストで経営できるシステム（ローコストオペレーション）を構築しています。

14

繰り返し学習しよう！

Step 1 → **Step 2**

本文で基礎知識を
身につけよう

章末の「一問一答」で
学習の成果を確かめよう！

↑

Step1に戻る

一問一答が解けるように
なったら

Step 3

「模擬試験問題」で
本番前の腕試しをしよう

「反復練習」
することが
合格への
近道だよ

---

2 ローコストオペレーションの実際

ローコストオペレーションとは、経済の低成長下にあっても利益が出せる企業構造、つまり、コストを抑えて生産性を高める仕組みを構築することです。

ローコストオペレーションの基本は店舗規模、店舗形式、品ぞろえ、ゾーニング・レイアウトなどを標準化して、店舗運営を効率的に行うこと、そして高い商品回転率を維持することです。それを行うには物流システムの構築や納品関連業務の効率化、照明、通路幅、従業員の計画的配置やタイムスケジューリング、ディスプレイや補充方法などあらゆる点で工夫が必要です。

このローコストオペレーションに、本部が各店舗の仕入を一括して大量仕入れを行うセントラルバイイングによる低価格仕入が加わって、低価格でも利益が出ることになりますが、商品の性格により地域ニーズに対応するための品ぞろえも必要となってくるので、バランスをとる必要があります。

チェーンストアの分類と特徴

名称	本部と店舗の資本関係	特徴
ボランタリー チェーン	独立経営の店舗が集まり 本部を設立	本部の共同購入による仕入れコストの削減、単一店舗では難しいプライベートブランド（PB）の開発などを行うこともある
フランチャイズ チェーン	本部と店舗は別資本で1 対1の契約	加盟店はロイヤルティを支払うことで、商標や経営ノウハウの使用権を得る
レギュラー チェーン	本部と直営店は同一資本	本部の指示による画一的な店舗経営を行っている
COOP（消費生 活協同組合）	消費者（組合員）自身が 出資金を出し合い運営	地域住人が中心となって結成される地域生協と、企業や大学などで組織される職域生協に分類される

 加点のポイント ローコストオペレーションを理解しよう

チェーンストアがなぜローコストオペレーションを行うことができるのかを整理しておきましょう。

第1章 小売業の類型

章を探しやすいように、見出しをつけています。本書は、試験に必須の5科目「小売業の類型」「マーチャンダイジング」「ストアオペレーション」「マーケティング」「販売・経営管理」を章立てにして構成しています。

学習内容を具体的に理解できるようイラストや図表を多数使って説明していきます。なお、基本を理解するために、『販売士検定3級ハンドブック』の図をあえて掲載している場合もあります。

キーワードの覚え方や、落としてはいけない最重要項目の説明など確実に点を取るためのポイントを紹介します。

販売士検定試験
資格について

「販売士検定」は、販売員としての素養やサービス向上だけでなく、管理者になってからの知識、経営者になってからの経営管理技術などを体系的かつ網羅的に身につけることを目的に日本商工会議所と全国商工会連合会が主催する公的な資格試験です。

販売士検定試験の合格者には、「販売士」という称号が付与され、公的に「販売のプロ」として認定されます。

激動する流通業界で勝ち抜くためには、体系的かつ網羅的な販売に関するビジネス知識を身につけ、日々の仕事を行ううえで問題解決をしていくことが必須です。この点で、「流通業界で唯一の公的資格」である「販売士」の資格を取得した方は、企業内での期待も高く、実際に資格を取られた先輩たちが実績を出してきたこともあり、受験を奨励している企業が多くあります。受験・学習のために費用を負担したり、取得者に対して特別手当を支給したり、昇給・昇格の際の考課材料にプラスしたりすることなどで、社員に対する支援をしている企業も多くあります。

販売士資格を取得することで体系的な販売知識が身につき、実務面で役に立つだけでなく、小売業や流通業において管理職をめざすことにも役立ちます。

→このような方におすすめ

販売士資格は、段階的に一般従業員レベル、管理者レベル、経営者レベルの知識を身につけられるため、流通業に関わるすべての方におすすめです。

- デパート、専門店、スーパーなど、大規模小売店の販売員および売場責任者や店長クラスの方
- 一般小売店の従業員および経営者

・製造業、サービス業、卸売業などの販売業務担当者
・これから流通業界で活躍したい方

販売士検定試験の概要

　販売士検定は、1級から3級まで分かれており、段階的に3級、2級、1級と上位級へステップアップする成長型資格です。3級では現場の販売員として身につける知識、技術を学びます。2級では部下をもった管理者としての知識を学びます。1級では店舗を経営する経営者としての知識を学びます。

➡販売士検定試験2級の対象レベル

　マーケティング、マーチャンダイジングをはじめとする流通・小売業における高度な専門知識を身につけており、販売促進の企画・実行をリードし、店舗・売場を包括的にマネジメントできるレベル。売場主任、部課長など中堅幹部クラスが対象。

販売士検定試験（2級）の概要

試 験 方 法	2021年度からネット試験方式となり、試験会場（テストセンター）のパソコンを使用し、インターネットを介して試験を実施します
試 験 内 容	①小売業の類型　②マーチャンダイジング ③ストアオペレーション　④マーケティング　⑤販売・経営管理
合 格 基 準	平均の得点が70点以上で、1科目ごとの得点が50点以上
合 格 発 表	試験終了と同時に自動採点し、合否を判定します
申し込み方法	申し込み方法、試験日時・会場については、こちらの販売士検定試験2級の公式ホームページをご確認ください。 https://www.kentei.ne.jp/retailsales/class2

※記載している内容は変更になる場合がありますので、受験の際には必ず、下記の商工会議所ホームページ、および、上記の販売士検定試験2級の公式ホームページをご確認ください。

販売士検定試験についてのお問い合わせ先
商工会議所ホームページ　http://www.kentei.ne.jp/

出題の方法と配点、合格基準

- ・出題は、ネット試験方式による選択問題です。
- ・問題形式は主に、正誤を問う形式、文章中に入る正しい語句を選択する形式の**2つ**。
- ・1科目あたり、100点満点。5科目で合計500点満点。
- ・合格基準は、平均の得点が70点以上で、1科目ごとの得点が50点以上であること。

検定試験の科目内容

1科目
小売業の類型 ･･ P1

POINT 小売業の類型では、流通と小売業が社会で果たしている役割や、メーカーから消費者へ商品が届くまでの流通経路政策、チェーン店やフランチャイズシステムなど組織小売業の仕組みを学び、業態別の特徴やグローバルにみた小売業の動向などについても学びます。

2科目
マーチャンダイジング ･･････････････････････････････････････ P55

POINT マーチャンダイジングでは、狭い意味での仕入、商品戦略だけにとどまらず、価格設定や販売計画など広い意味でのマーチャンダイジングについて学びます。より具体的に利益を生みだす仕組みについて実務に使える内容を学びます。

3科目
ストアオペレーション ･･････････････････････････････････････ P103

POINT ストアオペレーションでは、実際に店舗を継続的に稼動させていくための運営サイクルと、サイクル上のそれぞれのテーマについて細かく学びます。店舗における陳列の技術など実務で求められる内容が多いのでしっかり学習しましょう。

4科目
マーケティング ……………………………………………………… P139

POINT マーケティングでは、今日的な消費者の動向をベースに、マクロ的にみたマーケティングの考え方、ミクロ的にみたマーケティングの考え方を学びます。マーケティングリサーチや、店舗開発などより経営的な視点に立って、競争に勝ちながら売上を継続的に伸ばしていく手法を学びますので実務で役立ちます。

5科目
販売・経営管理 …………………………………………………… P195

POINT 販売・経営管理では、販売の第一線でさまざまな判断が求められることがらについて細かく学びます。例えば契約や取引に関する法律知識、部下の教育、財務会計の知識をベースにした経営分析、店舗全体の管理などです。中堅管理者に求められるこのような知識をしっかり学ぶことでより経営層に近い知識や視点が得られます。

販売士2級 一発合格テキスト&問題集　CONTENTS

CONTENTS

CONTENTS

CONTENTS

CONTENTS

CONTENTS

模擬試験問題 ………………………………… 243

第 1 章

小売業の類型

この科目では、流通と小売業の役割や流通経路政策、具体的な組織形態別小売業の運営特性や店舗形態別小売業の運営特性、チェーンストアの目的と運営などについて学びます。また、中小小売業の課題と方向性や商業集積の運営特性についても学びます。

流通と小売業

✿重要ポイント

- ☑ 流通業は、生産と消費を結ぶ役目を担っている
- ☑ 流通業は「取引総数単純化の原理」、「集中貯蔵の原理」によって社会的な取引コストを低下させている
- ☑ 流通業の存在により、社会全体の取引は効率化され、消費者はプロの目で選択された商品を必要なときに購入できる

1 経済循環システムと流通

経済活動は、「財の生産」→「流通」→「消費」→「コスト＋利益の回収による新たな財の生産」という循環システムになっており、流通は生産と消費の間の橋渡し（架橋）の役目を果たしています。

財には最終消費者に対する消費財と、生産財（消費財の原料や製造機械など）があります。これらが生産財生産者から消費財生産者へ、あるいは消費財生産者から消費者へと移動していく際に役立つのが流通という仕組みです。流通には消費者や中間生産者が払った貨幣を、生産側に向かって流していく機能もあります。

2 流通業の役割

流通業は生産と消費の間に介在することによって、社会的な流通コストを低下させる役割をもっています。これを説明するのが、マーガレット・ホール（M. Hall）が提唱した以下の2つの原理です。

❶ **取引総数単純化の原理**…複数の生産者と複数の消費者がそれぞれ個別に取引するのではなく、間に流通を担う卸売業が介在することで、取引総数が減少し、市場のトータルな流通費用が低下する

❷ **集中貯蔵の原理（不確実性プールの原理）**…流通業が集中的に在庫を保有することで、個々の生産者が個別に在庫を保有するよりも市場全体における在庫の絶対量が減り、結果として市場全体の流通コストが低下する

取引総数単純化の原理

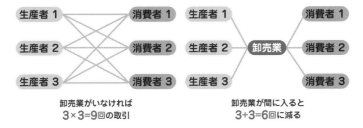

生産者1 消費者1 生産者1 消費者1
生産者2 消費者2 生産者2 卸売業 消費者2
生産者3 消費者3 生産者3 消費者3

卸売業がいなければ
3×3＝9回の取引

卸売業が間に入ると
3＋3＝6回に減る

集中貯蔵の原理

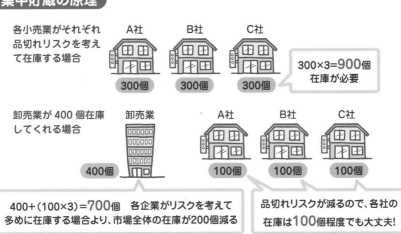

各小売業がそれぞれ
品切れリスクを考え
て在庫する場合

A社 B社 C社

300個 300個 300個

300×3＝900個
在庫が必要

卸売業が400個在庫
してくれる場合

卸売業 A社 B社 C社

400個 100個 100個 100個

400＋（100×3）＝700個　各企業がリスクを考えて
多めに在庫する場合より、市場全体の在庫が200個減る

品切れリスクが減るので、各社の
在庫は100個程度でも大丈夫！

3 商流・物流・情報流

　流通の流れ（フロー）は大きく3つあります。

❶ 商流…商品の所有権が移転するフロー

　売り手から買い手への商流では、買い手が仕入を行うことで、商品の所有権が売り手から移転していきます。仕入には「買取仕入」や「消化仕入」などがあり、所有権が移転するタイミングがそれぞれ異なります。詳細は第2章（74ページ）で説明しています。

　反対に、買い手から売り手への商流では、買い手の代金支払を金融機能によって生産者までつなげます。金融機能には、代金決済の際に後払いを容認することによって流通を促進する「流通金融」や、代金決済完了までのリスク

を売り手が負担する「危険負担機能」があります。具体的には、手形や掛売り（商品先渡し・代金後払いの取引）という企業間での信用を活用して、売買と代金回収のタイミングをずらして商売がしやすい状況をつくる仕組みや、クレジットやボーナス一括払いなど、消費者と企業間での販売信用を活用して、現金がなくても先に商品を購入できる仕組みなどがあります。

❷ 物流…財の場所的、時間的移転のフロー

物流には輸送機能と保管機能という2つの基本機能があり、生産から販売、使用、廃棄までの流れの中に、「調達物流」、「生産物流」、「販売物流」、「回収物流（静脈物流）」という4つの物流の流れがあります。最近の物流では、取引先全体で物流の標準化を目指す「ユニットロード・システム」が荷役（搬入作業）での物流の新しい動きとして注目されています。ユニット・ロードシステムには、主に海上輸送用コンテナにおいてISO規格による標準化がされているコンテナリゼーションと、T11型というJIS、ISO両規格に互換性のある標準パレットを使って、物流効率を高めるパレチゼーションの2つの方法があります。流通過程において、小分け、組み立て、値札付けなど流通加工を加えることにより、買い手に対して利便性を高める効果を見込むこともできます。

❸ 情報流…生産者と消費者の情報交換フロー

情報流には、「取引情報」、「物流情報」、「市場情報」、「販売促進（プロモーション）情報」などがあり、生産者と消費者双方に適切な情報が供給されることが必要です。流通業には、生産者・消費者双方の情報を収集・整理することで、流通にかかるコストを下げるはたらきもあり、これは情報縮約・整合の原理と呼ばれています。

4 小売の概念と社会的役割

小売業とは、「最終消費者に対して直接販売することに含まれる諸活動」と定義されています。またマーケティング学者のコトラー（P. Kotler）は、「最終消費者の個人的、非営利的使用のために、財ならびにサービスを直接販売する活動」と定義しています。

小売業がもつ機能

消費者に対する機能	企業維持・管理活動に関する機能
①所有権移転機能（商流機能） ②物的流通機能（物流機能） ③情報伝達機能（情報流機能）	①資金の調達と運用、②資材調達・購買管理 ③店舗設計・管理、④従業員教育・訓練 ⑤職務編成・組織管理 ⑥消費者行動や競争環境の把握・分析・予測

メーカーから見た物流の種類

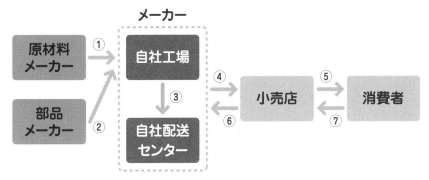

①②調達物流 ・・・ 製品を製造するための原材料や部品の購買に関わる物流

③生産物流 ・・・・・ メーカー内や小売店内など、自社内の物流

④販売物流 ・・・・・ 製品を納入・販売するための物流。なお、小売店から見た販売物流は⑤である

⑥回収物流 ・・・・・ 返品やリサイクル品の回収などの物流。なお、小売店から見た
（静脈物流） 回収物流は⑦である

加点のポイント 理論やキーワードを自分の言葉で説明してみよう

取引総数単純化の原理や集中貯蔵の原理などの理論や、商流・物流・情報流などの主要キーワードが出題される傾向があります。理論は、自分の言葉で説明できるように、キーワードについては、例えば「物流には４つの流れがある」などと体系的に覚えておきましょう。

小売業の構造変化と業態変化に関する理論仮説

頻出度 A

重要ポイント

☑ 小売業の形態変化理論には、マクネアが提唱した「小売の輪の理論」とホランダーが提唱した「アコーディオン理論」などがある

☑ リーガンの仮説とは、低価格・低サービスだけでなく高価格・高サービスでも新しい業態が生まれるという仮説である

1 小売業態変化に関する理論仮説

　小売業の業態は消費者のニーズ変化や店舗間の競争などにより、時間とともに変化していきます。マクネア(M. P. McNair)や、ホランダー(S. C. Hollander)などが、この小売業の業態変化の傾向について研究しており、以下のような理論モデルを発表しています。

❶ 小売の輪の理論

　小売業の形態は、価格訴求型の低コスト・低マージン業態から、次第に競合他社との差別を目的に高コスト・高マージンへの業態格上(トレーディングアップ)に向かい、革新的な価格競争型の新規業者が登場するとそれに追随する形で低コスト、低マージン業態に戻ります。そして、このようなサイクル状の循環の中で、サイクルが回転するごとに革新業態が出現します。これが、1958(昭和33)年にマクネアによって提唱された小売形態変化を説明する理論です。

❷ アコーディオン理論

　小売業の形態は、浅く広いよろず屋的で総合的な品ぞろえから、次第に品種が絞り込まれて奥行をもつ専門的品ぞろえへと移行します。さらに、幅広い品ぞろえと深い専門性をもつ百貨店に移行して、専門化と総合化を繰り返すという説明をしたのがアコーディオン理論で、ホランダーが提唱しました。しかし、今日では、日本のように総合化(百貨店や総合品ぞろえスーパーが出現すること)と専門化(カテゴリーキラーやセレクトショップなどが出現すること)が同時に進行し、併存する例もあることがわかっています。

小売の輪の理論

差別化を進めることにより
高コスト・高マージンへの業態
の格上（トレーディングアップ）

革新的な低コスト・低マージン
企業が登場し、それに追随

非価格訴求型
高コスト・高マージン

価格訴求型
低コスト・低マージン

❸ 真空地帯理論

　一般的に、顧客の数は低価格・低サービスや高価格・高サービスの店に比べ、中価格・中サービスの店の方が多くなります。価格・サービスのレベルが低い店は、そのレベルを向上させることで顧客を増やそうとして中レベルの店を目指します。価格・サービスレベルが高く、敷居が高く感じられる店は、そのレベルを下げることで顧客を増やそうとして、同じく中レベルを目指します。そのため、低レベルと高レベルの小売店が減り、そこに新規参入の機会が増えるというのがニールセン（O.Nielsen）の真空地帯理論です。

❹ リーガンの仮説

　リーガン（W. J. Regan）は小売業の発展を、提供される製品と小売サービスの組み合わせで説明しました。製造業の製品コストと小売業のサービスコストの組み合わせは、同じレベルを組み合わせる単一結合型からはじまって、製品コストを固定して小売サービスコストを変化させる、または、その逆を行う複合結合型へと進みます。最終的に2つのコストのあらゆる組み合わせを提供できる全面結合型に進むと説明するものです。つまり、価格とサービスのレベルの組み合わせにより、新しい小売業態が生まれると指摘しています。

❺ 弁証法的仮説

　小売業の新たな革新は、新旧両方の小売業態間の対立によって生まれ、連続的に成長するという仮説です。この仮説は、既存の小売業態を「正」、革新的業態を「反」とすれば、これらが混合された「合」が生み出され、またその「合」

が次の「正」となって繰り返していくということを説明しています。

❻ 適応行動理論

　小売業態を取り巻く環境の変化に適応できるものが生き残っていくとする仮説です。ダーウィンの進化論をベースに小売業者の変化や発展の仕組みを説明するもので、「収斂（しゅうれん）」、「異常発達」、「退化」、「同化」など生物学的な用語を用いて小売業の変化を説明するものです。

弁証法的仮説のイメージ

正 既存の業態		反 革新的業態		合 新たな業態
・狭い品ぞろえ		・広い品ぞろえ		・平均的品ぞろえ
・高い価格	＋	・低い価格	→	・平均的な価値
・高いサービスレベル		・低いサービスレベル		・平均的なサービス

2 流通コストに関わる原理

❶ 情報縮約・整合の原理

　流通業者が生産者と消費者の間で双方の情報を収集整理することにより、個別に生産者と消費者が取引するよりも取引が効率的になり流通コストが安くなるという原理です。

❷ 規模の経済性

　流通業者が多数の生産者から大量の生産物を収集することにより、生産者が大量生産をすることが可能になり、結果的に生産量一単位あたりの流通コストが安くなるという原理です。

👑 加点のポイント　それぞれの理論を覚えるコツ

各理論が何を重視しているのかに注目することで、それぞれの特徴を覚えやすくなります。例えば、「小売業の輪の理論」は価格、「アコーディオン理論」は商品構成、「真空地帯理論」は顧客数と価格・サービスレベルの関係性、と覚えておくといざというときに内容を思い出しやすくなります。

世界の小売業の動向

頻出度 **A**

⚙重要ポイント

- ☑ 世界的に、国内シェアが上位の企業に売上が集中してきており、自国外へと拡大を求める**グローバル・リテーラー**が出現している
- ☑ 日本は**分散購買傾向**が強く、トップレベルの企業でも世界では14位以下のシェアである場合が多く、小規模店が多い
- ☑ グローバル・リテーラーの主力形態には「ハイパーマーケット」、「スーパーセンター」、「ホールセールクラブ」などがある

---

1 グローバル・リテーラーの動向

　グローバル・リテーラーとは、自国の小売市場を支配し、さらに拡大を求めて海外進出を進めている小売業をいいます。欧米の大資本と強力な販売力を武器に低価格仕入を実現し、特徴的なビジネスシステムをもちます。グローバル・リテーラーの主力形態には以下のようなものがあります。

❶ ハイパーマーケット

　カルフールのグローバル戦略の核となった形態です。売場面積が2,500㎡以上で、食品にウェイトをおきつつ生活関連すべてを網羅し、価格訴求力をもつ、店舗の規模が大型のセルフサービス形態の小売業です。

❷ スーパーセンター

　ウォルマートのグローバル戦略の核となった形態で、食品中心のスーパーマーケットと非食品中心のディスカウントストアをワンフロアに融合したものです。ハイパーマーケットを超える衣・食・住・遊のフルライン10万品目を扱い、売場面積1万㎡以上の大規模店舗でセルフサービス形態の小売業です。

❸ ホールセールクラブ（会員制卸売クラブ）

　会員制、現金払い、お持ち帰りを基本としたセルフサービス形態の小売業ですが、事業者だけでなく、一般消費者も会員対象となっています。3,500～4,000品目に取扱品目を絞り込み、かつ、ケースやカートン単位で大量販

売することでコストを下げて低価格販売を行います。アメリカの大手コスト
コが展開するコストコ・ホールセールと、ウォルマートが展開するサムズが
二大勢力となっています。

２ 日本市場におけるグローバル・リテーラーの課題

　グローバル・リテーラーにとって、日本市場での課題は、日本の消費者の
高度な要求に応える「ローカライズ」(参入国の消費者ニーズに適応した品ぞ
ろえや品質、価格にすること)です。

　日本の消費者の多頻度小口の購買傾向や、豊富な商品からの選択を好み、
複数店舗で選択買いをする特性は、少品目、大規模店舗、大量販売でコスト
を低減化し、低価格を訴求するグローバル・リテーラーの世界戦略モデルと
は一致しません。また、日本の流通の多段階性や閉鎖的な取引慣行なども課
題となっており、参入障壁となっています。

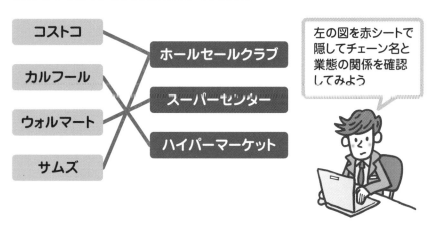

左の図を赤シートで隠してチェーン名と業態の関係を確認してみよう

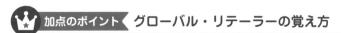

加点のポイント グローバル・リテーラーの覚え方

店舗面積・取扱品目ともにスーパーセンターの方がハイパーマーケットより大
規模です。ホールセールクラブはそれらよりも取扱品目を絞り込み、ケース単
位などで大量販売をするのが特徴です。

Section 4

組織小売業の運営特性

頻出度
B
★★★

🌸 重要ポイント

☑ 組織小売業とは、複数の店が同じ店舗名の看板をかかげ、規格化された共通方式で経営を行う形態である

1 組織小売業の分類

組織小売業は、❶店舗数、❷組織の所有権、❸店舗運営の形態、❹販売商品の特性、などに分類することができます。

❶ **店舗数**
- 単一店舗組織（独立系）
- 複数店舗組織（チェーンストアなど）

❷ **組織の所有権**
- レギュラーチェーン…P16参照
- ボランタリーチェーン…P18参照
- フランチャイズチェーン…P20参照
- COOP…P23参照　　など

❸ **店舗運営の形態**
- ゼネラル（総合化）マーチャンダイズ組織
- リミテッド（限定的）マーチャンダイズ組織

❹ **販売商品の特性**
- 業種別（食品、衣料品など）

2 組織小売業の具体例

代表的な組織小売業を上記の❶～❹で分類すると次のようになります。

分類項目	店舗数	組織の所有権	店舗運営の形態	販売商品の特性
総合品ぞろえスーパー	複数店舗組織	レギュラーチェーンが中心	ゼネラルマーチャンダイズ	衣食住フルライン
コンビニエンスストア	複数店舗組織	フランチャイズチェーンが中心	ゼネラルマーチャンダイズ	衣食住から厳選
ドラッグストア	複数店舗組織が中心だが、独立系も存在	レギュラーチェーンが中心	リミテッドマーチャンダイズ	ヘルス＆ビューティケア

👑 加点のポイント ゼネラルマーチャンダイズ組織とは

ゼネラルマーチャンダイズ組織とは、イトーヨーカドーや西友などのように食品や衣料品などを幅広く品ぞろえした業態のことを指します。

チェーンストアとは何か

✿重要ポイント

☑ **チェーンストア**は、規格化、標準化、単純化をポイントに経営をしている

☑ **チェーンストアは11店舗以上を同一フォーマットで本部コント**ロールする業態である

---

1 目的と使命

チェーンストアとは、一定の原則に基づいて多数の店舗を連結し、規格化された経営システムを各店舗の運営に活かす経営形態です。1店舗では達成が難しい、百貨店を追い抜くような大量の買付力（バイングパワー）をもって、大量販売までを計画的に行うマス・マーチャンダイジングの実現や新市場開拓を目指します。

アメリカマーケティング協会では、規格化、標準化、単純化をポイントに11店舗以上を直営する小売業やフードサービスと定義しています。チェーンストアの本部は各店舗にスーパーバイザー（店舗運営監督者）を派遣し、マネージャースタッフとしてサポート活動をさせます。

2 組織の特徴

チェーンストアの組織には、単純で合理的な組織づくりのための5つの原則があります。

❶ **専門化（スペシャライゼーション）**…従業員の業務を1～2に絞って専門性を高める

❷ **責任と権限の明確化**…店舗では売上、利益確保、部下の育成を店舗の管理者が行い、仕入やプロモーションは専門スタッフが行うという分業体制が明確化している

❸ **命令系統の統一化**…管理者と部下の関係を良好なものとし、部下の逸脱行動を防ぐ

❹ 管理・調整範囲の確定…管理者１人あたりの部下の人数を制限し、人時生産性（にんじせい）を高める

❺ 店舗運営責任の決定…オペレーティングマネージャーが日々の業務執行に責任をもち、総務担当マネージャーがこれを支援する

　また、チェーンストアのような集中型管理組織では、専門性の高い人材を本部に集中させることで、経営やマーケティングなど専門性の高い業務を少人数で行うことができます。また、各店舗の仕入や広告などの業務を本部で一括して行うことで、規模のメリットやバイングパワーが発揮され、チラシコスト、仕入コスト、店舗コストなどを下げられるというメリットがあります。その一方、店舗を拡大する際には本部の仕入担当者（バイヤー）だけでは、各店舗の仕入や在庫管理をカバーすることが難しくなるという課題もあります。そうした場合は本部のバイヤーを仕入担当と在庫管理担当に分けるなどの対応がとられています。

チェーンストアの組織の特徴

チェーンストア

単純で合理的な
組織づくり

1 専門化（スペシャライゼーション）

2 責任と権限の明確化

3 命令系統の統一化

4 管理・調整範囲の確定

5 店舗運営責任の決定

 加点のポイント 定義と組織の特徴を確実に押さえよう

ここ数年の試験でもチェーン本部の役割が問われています。チェーンストアの定義と組織の５つの特徴について、よく理解しておきましょう。

チェーンオペレーションの原則

頻出度 **B**

🔧 重要ポイント

☑ チェーンオペレーションとは、本部の指導によるマニュアル化された店舗運営システムのことである

---

1 チェーンオペレーションとは

チェーンオペレーションとは、チェーンストア全店舗の経営活動を標準化し、本部による徹底した集中型管理運営に基づいた多店舗展開を可能にすることであり、以下の4つの特徴をもちます。

チェーンオペレーションの4つの特徴

チェーンオペレーション

1 多店舗展開で市場シェアの拡大を目指す

2 本部による店舗統一管理と集中仕入（セントラルバイング）でバイングパワーを発揮

3 統一化された顧客ターゲットに対してマニュアル化された店舗運営システム

4 本部がマーチャンダイジングを担当し、各店舗は販売機能を担当する

チェーンオペレーションでは、チェーン全体の効率化を実現するために基本的に本部がすべてをコントロールし、店舗は本部の指導のもとに運営を行います。仕入から販売までをすべて本部がコントロールすることで、可能な限りの標準化を行い、ローコストで経営できるシステム（ローコストオペレーション）を構築しています。

2 ローコストオペレーションの実際

ローコストオペレーションとは、経済の低成長下にあっても利益が出せる企業構造、つまり、コストを抑えて生産性を高める仕組みを構築することです。

ローコストオペレーションの基本は店舗規模、店舗形状、品ぞろえ、ゾーニング・レイアウトなどを標準化して、店舗運営を効率的に行うこと、そして高い商品回転率を維持することです。それを行うには物流システムの構築や納品関連業務の効率化、照明、通路幅、従業員の計画的配置やタイムスケジューリング、ディスプレイや補充方法などあらゆる点で工夫が必要です。

このローコストオペレーションに、本部が各店舗の仕入を一括して大量仕入れを行うセントラルバイングによる低価格仕入が加わって、低価格でも利益が出ることになりますが、商品の性格により地域ニーズに対応するための品ぞろえも必要となってくるので、バランスをとる必要があります。

チェーンストアの分類と特徴

名称	本部と店舗の資本関係	特徴
ボランタリーチェーン	独立経営の店舗が集まり本部を設立	本部の共同購入による仕入れコストの削減、単一店舗では難しいプライベートブランド（PB）の開発などを行うこともある
フランチャイズチェーン	本部と店舗は別資本で1対1の契約	加盟店はロイヤルティを支払うことで、商標や経営ノウハウの使用権を得る
レギュラーチェーン	本部と直営店は同一資本	本部の指示による画一的な店舗経営を行っている
COOP（消費生活協同組合）	消費者（組合員）自身が出資金を出し合い運営	地域住人が中心となって結成される地域生協と、企業や大学などで組織される職域生協に分類される

 加点のポイント ローコストオペレーションを理解しよう

チェーンストアがなぜローコストオペレーションを行うことができるのかを整理しておきましょう。

組織形態別小売業の運営特性①
レギュラーチェーン（RC）

頻出度 **A**

🌸 重要ポイント

☑ **レギュラーチェーン**はチェーンストアのひとつで、**11店舗以上の同一資本系列の店舗**をもち、本部による**中央コントロール**形式で運営される小売業の形態である

1 レギュラーチェーンの定義

レギュラーチェーン（RC）とは、同一の資本系列で結ばれた複数店舗（通常11店舗以上）が、中央本部により規格化された経営原則に基づいて商品、サービスの提供を行う小売形態のことです。

レギュラーチェーンの仕組み

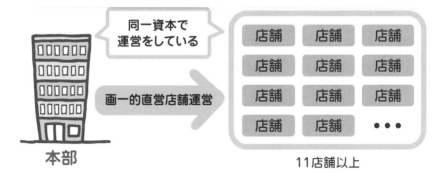

同一資本で
運営をしている

画一的直営店舗運営

本部

店舗	店舗	店舗
店舗	店舗	店舗
店舗	店舗	店舗
店舗	店舗	•••

11店舗以上

2 レギュラーチェーンのチェーンオペレーション

出店、撤退も含め、基本的に本部主導で運営されます。ドミナント展開（特定地域集中出店戦略）を行い、集中立地効果を目指すとともに、多店舗の購買力をまとめた強大なバイングパワーで仕入コストの低減化を図ります。IT化、物流システム化とパートタイマーの活用により、ローコストオペレーション

を目指しています。

　チェーン全体の効率を上げるために、商品の仕入・開発からマーケティングまで責任をもつマーチャンダイザーを本部に置き、各店舗を適切かつ効率的に運営支援するために、スーパーバイザー（店舗運営監督者）などのスペシャリストを設置しています。物流については、自前の物流センターを建設したり、第三者物流（サードパーティロジスティクス）の設営によって、物流センターで仕分けし各店舗に一括配送をする仕組みをもちます。

3 レギュラーチェーンの運営特性

　レギュラーチェーンは本部集権型の経営コントロール、店舗およびチェーンオペレーションの標準化と、大量発注による低価格仕入がメリットでした。しかし、市場環境の変化が激しい今日では、単一の資本で資金調達や事業リスクも自己責任で行うため、他のチェーン形態に比べ多店舗化に時間がかかること、変化する市場ニーズや、地域固有のニーズに対応しにくいこと、店舗裁量部分が少ないことによる従業員のモチベーションダウン、マニュアル的な顧客対応に対する顧客の不満などが問題となってきており、これらを解決するために、本部集権型から、各店舗主体型の経営へ移行する動きがあります。

チェーンオペレーションの課題

| 地域市場へ柔軟に対応 | 現場の創意工夫 | マニュアルの弊害 |

VS

画一的ルールの運用

 加点のポイント チェーンストアの代表例

チェーンストアはイオンやイトーヨーカドーなどの総合品ぞろえスーパーが代表例です。

17

組織形態別小売業の運営特性②

ボランタリーチェーン（VC）

頻出度
A

✿重要ポイント

- ☑ ボランタリーチェーン（VC）は、規模の小さな独立した小売業が規模の力を手に入れるためにつくる共同組織である

- ☑ ボランタリーチェーンは、フランチャイズチェーンと比較して、加盟店同士の横のつながりがある

1 ボランタリーチェーンの定義

　ボランタリーチェーン（VC）とは、資本的に独立した複数の小売業が、主に商品の共同仕入によるスケールメリットを目的として結成する共同組織のことです。また、規模の力を活かし、プライベートブランド（PB）商品の開発をすることもできます。一例としてスーパーマーケットのCGCグループや、ドラッグストアのオールジャパンドラッグなどがあります。

ボランタリーチェーンの仕組み

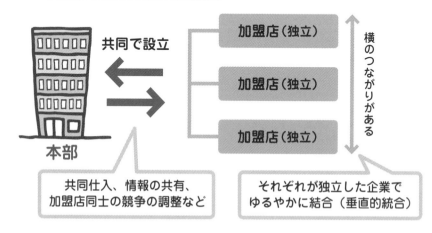

2 ボランタリーチェーンの目的

ボランタリーチェーンは、以下の目的を実現するために結成されています。
❶ 共同の努力によって加盟店同士の垂直的統合を行い規模の力を手に入れる
❷ チェーンオペレーションで運営を効率化し、加盟店の競争力を高める
❸ 消費者ニーズの変化に的確かつ迅速に対応し、顧客満足度を高める

3 ボランタリーチェーンの運営特性

ボランタリーチェーンは、独立経営を行う加盟店の集合体であり、加盟店は、それぞれの屋号・称号で営業を行いますが、それぞれの利益を増加させるために共同化を図っています。本部組織は加盟店のための組織となっており、本部での利益蓄積が少ないのが一般的です。

一方、フランチャイズチェーン（FC）（次ページ参照）は加盟店と本部との１対１の契約となっており、加盟店同士の横のつながりはなく、ロイヤルティによる本部の利益蓄積度合いが高いのが特徴です。本部からの利益還元は契約の範囲でしか受けられません。

4 ボランタリーチェーン本部と加盟店の関係

ボランタリーチェーン本部と加盟店は、相互補完的な関係をつくっています。本部は①仕入集中管理、②スケールメリットの追求、③情報の本部集中と加盟店へのフィードバック、④加盟店同士の過度な競争の調整などを通じて、加盟店の共同の利益の向上を図っています。一方で、店舗運営はフランチャイズチェーンに比べてそれぞれの店の裁量が大きいのが特徴です。

5 ボランタリーチェーンの課題

ボランタリーチェーンでは、加盟店から本部へ支払う運営費の額が低く、本部のIT化、人員体制の強化などが図りにくいといわれています。今後は本部体制の充実によるチェーン全体の競争力の向上が課題です。

👑 加点のポイント フランチャイズチェーンとの比較が大切

ボランタリーチェーンは、フランチャイズチェーンとの比較で出題されることが多いため、共通点である「規模のメリット」「資本的な独立」と本節で取り上げた相違点をしっかり押さえておきましょう。

組織形態別小売業の運営特性③
フランチャイズチェーン(FC)

頻出度
A

❀重要ポイント

☑ フランチャイズチェーンは、フランチャイザー（本部）とフランチャイジー（加盟店）の契約によって成立するシステムである

☑ フランチャイズ・システムでは、本部の成功ノウハウやシステムを、フランチャイジー（加盟店）がロイヤルティを払うことにより使用できるため、成功実績のあるビジネスを行うことができる

1 フランチャイズチェーンの定義

　フランチャイズチェーン(FC)とは、フランチャイザー（本部）が開発した成功ノウハウと店舗スタイルを、個々に契約した独立資本のフランチャイジー（加盟店）に対して提供するシステムです。多くのコンビニエンスストアがこの形態をとっています。

フランチャイズチェーンの仕組み

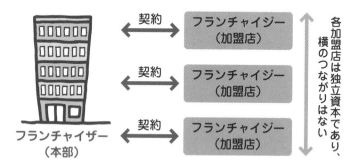

すぐれたノウハウをもつ本部と各店が個々に契約をしてノウハウを使わせてもらうシステム。通常イニシャルフィー（加盟料）、ロイヤルティ（経営指導料）を2本立てで払う仕組みになっている。

2 フランチャイズビジネスの動向

　フランチャイズチェーンは小売業界全体として店舗数が増加しています。地方の小売業が業態転換したり、サラリーマンが脱サラで始めたりするケースが増えています。フランチャイズビジネスでは、すでに成功したノウハウを使うことができるため、経験や知識が不足しているサラリーマンでも、すぐに経営者としてビジネスを開始できるメリットがあります。

3 フランチャイズビジネスの仕組み

　フランチャイジーが契約によってフランチャイザーから提供を受ける内容（フランチャイズ・パッケージ）は以下の通りです。

❶ フランチャイザーの商標、サービスマーク、チェーン名称の**使用権**
❷ フランチャイザーが開発した商品、経営ノウハウの**使用権**
❸ フランチャイザーによる継続的な経営指導を受ける**権利**
❹ 本部と加盟店間での債権債務の相殺を行う勘定である**オープンアカウントの設定**
❺ 同一チェーン店のエリア内競合に関する**テリトリー権の設定**（契約によって有無あり）

　ボランタリーチェーンとは異なり、利益は本部に厚く蓄積され、加盟店（フランチャイジー）が受け取るメリットは契約の範囲内に限定されます。

　オープンアカウントとは、フランチャイズ本部が各契約店舗の代わりに仕入やその他経費について立替払いする仕組みのことです。各契約店舗の毎日の売上から立替払い分を相殺して残額が出れば利益、マイナスになれば一定金額まで自動融資を行います。これにより信用力が低い個人の契約店舗オーナーも、本部の信用と担保力を使って仕入や資金繰りが円滑に行えますが、利益が出た場合は赤字の際に融資を受けていた分の返済が先に行われるため、オーナーが考えていたような利益が出ずトラブルになることもあります。

　テリトリー権とは、フランチャイズ契約であらかじめ商圏を設定しておき、同一フランチャイズをその商圏内では展開しないという約束をすることです。

4 フランチャイズ・システムの問題点

❶ フランチャイザーの問題点
　加盟店募集時のリスクの説明不足、加盟店の能力不足に対するサポートの

限界などがあります。

❷ フランチャイジーの問題点

　利益の中から継続的に高いロイヤルティを払い続けるリスクなどが問題点です。

フランチャイズ・システムのメリットとデメリット

	メリット	デメリット
フランチャイズ・システムの社会・経済的意義	事業機会の拡大による経済活性化・成功モデルの普及	本部と加盟店の力関係の違いによる不公正な取引の発生リスク
フランチャイザー（本部）側	他人資本の活用による早期ビジネスの拡大と、規模の利益の享受	意識・能力が低い加盟店によるイメージダウン、ノウハウの漏洩など
フランチャイジー（店舗）側	成功ノウハウとブランド利用により、小資本でも少ないリスクで事業開始が可能	高いロイヤルティの支払いと、兼業の禁止など本部規制による経営自由度への制限があること

 加点のポイント ◀ **デメリットにも目を向けよう**

最近の試験では、フランチャイズシステムのメリットとデメリットが問われました。
よい点だけでなく、デメリットも押さえておきましょう。

Section 10

組織形態別小売業の運営特性④
COOP（消費生活協同組合）

頻出度 **A**

❀重要ポイント

☑ COOP（消費生活協同組合）は、会員（組合員）に対するサービスを行う非利益団体である

☑ COOPは、消費生活協同組合法に基づく組織である

1 COOPの概要

COOP（消費生活協同組合）は、消費生活協同組合法に基づいて購買組織をつくり、出資者が共同購入によるメリットを得る非営利の組織です。消費者が職場や地域で出資金を出し合い、「協同」、「助け合い」の精神のもとで運営されています。株式会社のような出資金による権利の差はありません。なお生協には地域住民を中心に組織される地域生協と、特定の企業などで組織される職域生協や大学生協などがあります。

COOPの仕組み

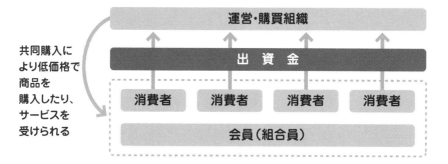

＜生協の主な種類＞
地域生協・・・組合員が地域住民を中心に構成されている
職域生協・・・組合員が企業等の従業員で構成されている
大学生協・・・組合員が大学の職員や学生で構成されている

2 COOPの運営特性

組合員が「出資」、「利用」、「運営」のすべてを行います。つまり、消費者（組合員）自身が運営にも責任をもちます。

COOP の運営

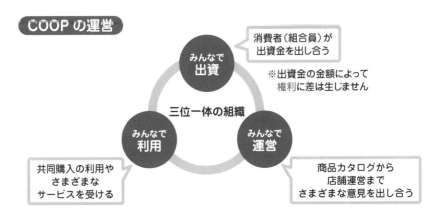

三位一体の組織

みんなで**出資**
消費者（組合員）が出資金を出し合う
※出資金の金額によって権利に差は生じません

みんなで**利用**
共同購入の利用やさまざまなサービスを受ける

みんなで**運営**
商品カタログから店舗運営までさまざまな意見を出し合う

3 COOPの運営組織

組合員が参加して決算の承認・事業計画の決定を行う最高意思決定機関の「総代会」、総代会の意思に基づき、重要事項を決定し執行監督を行う「理事会」と、職務執行をチェックする「監事会」で構成されています。業務の執行は、理事会に選任される「代表理事」が行います。

COOP の組織運営

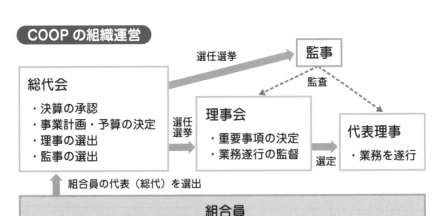

総代会
・決算の承認
・事業計画・予算の決定
・理事の選出
・監事の選出

選任選挙 → **監事**

監査

選任選挙 → **理事会**
・重要事項の決定
・業務遂行の監督

選定 → **代表理事**
・業務を遂行

組合員の代表（総代）を選出

組合員

4　COOPの事業運営

　「共同購入」に加え、最近では「個配(個人配達)」を行うことで組合員の利便性を高めています。また、地域生協がそれぞれ出資して「コープネット」というさらに規模の大きいネットワークを形成することで、購買力とコスト低下を図っています。今後は組合員のための「安心、安全」な商品を原料・加工段階からチェックしていくことや、環境やリサイクルに配慮したシステムを構築することなどが課題です。また、組合員に必要な共同施設を設置し利用させる「利用事業」、講習会、映画会、音楽会などを開催する「生活文化事業」、組合事業に関する知識の向上を図る「教育事業」なども展開しています。

　共同購入によるまとめ買いのメリットからスタートした生協は、このような新しい仕組みを実行する主体としての道を進んでいます。

 加点のポイント 規制緩和についても押さえておこう

生協に関する問題はコンスタントに出題されています。組織の仕組みや運営主体についてよく学んでおきましょう。2008年の消費生活協同組合法の法改正で、以前にあった「組合員外に対する利用規制」や「他の都道府県にある生協とは合併を認めない県域規制」が緩和されていることも押さえておきましょう。

店舗形態別小売業の運営特性①
専門店

★★★
頻出度
B

☘重要ポイント

☑ 品ぞろえについては品種別の専門化だけではなく、用途別＋顧客層別の専門化を行う店が増えている

☑ 専門店自らが商品の企画から販売を手がけるSPA（製造小売業）という業態が注目されている

1 概要

　専門店とは、明確なターゲット顧客を設定し、高い専門性を発揮してそのターゲットが求める品ぞろえ、サービスを展開する店舗のことです。特に買回品や専門品を扱う店舗では、洗練された内装・外装や、自店のコンセプトをプレゼンテーションする魅力的なビジュアルマーチャンダイジングの展開などが不可欠です。またオリジナル商品やプライベートブランド（PB）商品の開発による品ぞろえの独自性も差別化のために必要とされてきています。

（1）品ぞろえの専門化

　専門店には、特定の品種に絞って品ぞろえの専門化を行う業種専門店だけではなく、用途別や顧客別に品ぞろえを専門化した業態専門店があります。

❶ **品種別専門化**…取扱品種を限定して深く品ぞろえする（時計、スポーツ用品、ペット用品など）

❷ **用途別専門化**…利用シーンを限定して関連商品を深く品ぞろえする（旅行用品専門店、アウトドア用品専門店など）

❸ **顧客層別専門化**…顧客の年代や消費特性を限定して関連商品を深く品ぞろえする

（2）販売方式とサービス提供の専門化

　❶セルフサービス、❷対面販売の2つの販売方式があります。どちらの販売方式でも高度な専門知識を前提としたコンサルティングセールス、保証や

修理サービス、ギフトラッピングや、各種代金決算手段への対応など高いレベルのサービスが求められます。

2 店舗・立地特性

❶ 最寄品専門店の立地

　食料品・日用雑貨などの生活必需品専門店は、幅広い層が顧客ターゲットとなり得ます。そのため、自店の周辺エリア、つまり、足元商圏が充実していれば、あまり広い商圏に期待できない立地でも成立しやすいです。具体的な立地としては、住宅地が広がる郊外の駅前、近隣商店街、郊外のロードサイド（量販型大型店）などが中心となります。

❷ 買回品専門店の立地

　高いファッション性をもつ衣料品、服飾雑貨、装飾雑貨などに代表される買回品専門店は、細分化され絞り込まれた顧客ターゲットの高い嗜好性に対応することが求められます。そのため、広い商圏でなければ集客が困難になります。具体的には、都市中心部の繁華街、広域商店街、交通量の多い幹線道路沿いのロードサイドなどで成立します。

❸ 専門品専門店の立地

　専門品専門店では、買回品よりもさらに趣味嗜好性が高い商品を扱います。顧客ターゲットも必然的に狭くなるため、広大な商圏をもつ立地が必要となります。具体的には都市繁華街、超高域型商圏が立地の基本です。その一方で、対象の顧客は、ブランドロイヤルティやストアロイヤルティが高い場合も多く、多少不利な立地であっても、ネット販売などを行うことで成立している例もみられます。

3 SPAとその商品政策

　専門店の商品政策として、他店との差別化ができるPB開発商品の育成が注目されています。東南アジアなどに生産委託して低価格のオリジナル商品を開発できれば競争力の源泉となります。アメリカの大手衣料品専門チェーンGAPが提唱したSPA（Speciality Store Retailer of Private Label of Apparel：小売業自らが商品の企画、製造メーカーへの製造発注を行う）という業態が注目されており、その商品政策は、ターゲットのライフスタイルに合わせて、品種を限定しない「ライフスタイルアソートメント型」（品種数を多くすることで顧客ニーズに広く対応し、色、サイズなど品目数は絞り

込む)と、品種を限定して品種ごとの色柄やサイズなどのSKU(単品)の数を拡大する「リミテッド＆ディプス型」の大きく2種類があります。

4 今後の課題

　大規模専門店では、市場の奪い合いが激化する中でサービス方法や販売員の質を競争力とするために強化しはじめています。中小専門店は、ライフスタイル提案を前提とした品ぞろえで顧客の利便性を高め、ライフシーンを限定した深い品ぞろえをするなど専門性を高める必要があります。

専門店に求められる商圏の広さ

専門品専門店 ＞ **買回品専門店** ＞ **最寄品専門店**

都市繁華街、　　　　都市の中心部、　　　　住宅地の駅前、
超広域型商圏など　　広域商店街など　　　　近隣商店街など

 加点のポイント　「品ぞろえの専門化」は要注意！

専門店の記載については、公式の「販売士検定2級ハンドブック」の解説に大幅な改訂がありました。品種別、用途別、顧客層別などの専門店の区分方式は新しい内容であり、今後の出題が予想されるのでよく押さえておきましょう。

MEMO

店舗形態別小売業の運営特性②
百貨店

★★★
頻出度
B

✿重要ポイント

☑ 百貨店は、他業態との厳しい競争にさらされており、買取仕入や、プライベートブランド（PB）商品の開発、専門性のある店員の育成などの変化が求められている

---

1 概要

百貨店は当初、上級階層をメインターゲットにした高級な非食品を売る店で、呉服屋（三越呉服店、白木屋、髙島屋など）が組織変更して設立されました。その後、電鉄会社や地方の有志によって新しい百貨店が誕生してきました。また、関東大震災以降は、食品を含む総合商材を扱いはじめたことで大衆化が進みました。

2 店舗形態の特徴

“百貨”の文字どおり、同一資本のもとで衣食住の幅広い商品を扱ってきましたが、総合品ぞろえスーパーや高級品を扱う専門店との競争が激しくなってきており、今日では、衣料品や食品など強みのある部門への集中、商品構成の専門化などに取り組んでいます。

3 運営政策

以前の百貨店は、値引きなし、店舗個別仕入というシステムでしたが、今日では値ごろ感のある販売価格、チェーンオペレーション、地域一括仕入などが取り入れられ、ローコストオペレーションが常識となりつつあります。

4 店舗・立地特性

一時期は郊外立地への拡大を模索しましたが、現在では大都市の中心繁華街や、ターミナル駅、地方都市でも中心市街地の立地に絞られてきており、その地域での最大級の集客・売上・ストアロイヤルティを誇る地域一番店を目指す傾向にあります。

5 組織

　百貨店の基本組織は、販売部門、外商部門、商品本部、販売推進部門、経営企画部門などで構成されています。また、部門別組織ベースの売り場構成を展開し、対面販売を基本としています。

6 商品政策

　仕入の方法は百貨店が在庫リスクを負わず、販売された時点で仕入勘定を立てる消化仕入（売上仕入）が中心でしたが、最近では返品不可で在庫リスクを負う代わりに、売上利益率の高い買取仕入を積極的に行うなど「自主マーチャンダイジング」に力を入れています。百貨店が自らアソートメント（商品選択）した商品で売り場を構成する自主編集、自ら打ち出したコンセプトにもとづく生活提案を行うセレクトショップなども取り入れ、自らが「仕入れて売る力」をもとうとしています。消化仕入では、仕入価格は消化率によって決まり、商品の所有権や保管責任も仕入先にあったため、売切る責任が百貨店側になく、結果的に自主販売力が低下していました。

百貨店の変化

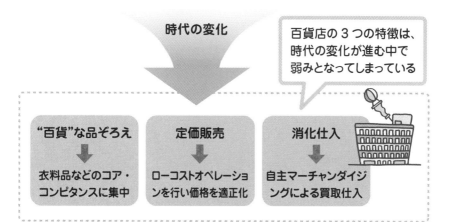

時代の変化

百貨店の３つの特徴は、時代の変化が進む中で弱みとなってしまっている

"百貨"な品ぞろえ	定価販売	消化仕入
衣料品などのコア・コンピタンスに集中	ローコストオペレーションを行い価格を適正化	自主マーチャンダイジングによる買取仕入

加点のポイント 「変化」に着目して要点を押さえよう

百貨店は、自主マーチャンダイジングにより体質強化を図り、地域一番店を目指す傾向にあります。

総合品ぞろえスーパー（GMS）

頻出度

★★★

B

✿重要ポイント

☑ 総合品ぞろえスーパー（GMS）では、衣食住に関わる生活に必要な商品を総合的に扱っている

☑ 総合品ぞろえスーパーは、ワンストップショッピング機能を満たすために店舗を大型化する

---

1 概要

　総合品ぞろえスーパー（GMS）は、大型店舗を設営し、衣食住に関わる生活に必要な商品を総合的に品ぞろえし、顧客がレジまで商品を自分で持っていくセルフサービス方式でのワンストップショッピング（その店舗で必要な買い物をすべて一度にすませること）ができる店です。

2 運営・組織の特徴

　組織としては、レギュラーチェーンの形態を取り、標準化された大型店の多店舗展開が基本です。本部が基本戦略を練って、店舗が運営実践を行うチェーンオペレーションによって運営されます。商品部では、専任の仕入担当者であり、仕入商品のディスプレイまでを企画する「バイヤー」と、自社の商品開発を専門とし、国内・海外での商品開発業務と販売促進を企画する「マーチャンダイザー」が大量・低価格仕入を行い、店舗運営部がこれを低価格で販売します。

3 店舗・立地特性

　総合品ぞろえスーパーは、衣食住のワンストップショッピング機能を満たすために店舗を大型化する特徴があります（3,000㎡〜10,000㎡超）。大規模店舗の出店による地域の小規模店への経営的影響を制限するために、「百貨店法」（1937（昭和12）年）、「大規模小売店舗法」（1973（昭和48）年）などが制定されましたが、「大規模小売店舗立地法」（2000（平成12）年）により、小

規模店保護の方針から、大規模店と小規模店が共生する方向へと転換されました。

4　商品政策

今日では、低価格一辺倒の戦略にかげりが見えはじめていることから、専門店との提携による不採算部門のてこ入れ、プライベートブランド(PB)商品の開発・販売、ストアブランド(SB)商品の導入による粗利益率アップなどが課題となっています。

また、モータリゼーションが進む中で、大規模駐車場を準備して郊外で大規模な集客を見込む総合品ぞろえスーパーが出現し、専門店を周囲に配置してショッピングセンターの核店舗として機能しています。また、成長戦略として、アジア(中国、タイ、ベトナム、マレーシアなど)への進出も増えています。

5　今後の課題

総合商社との提携によるサプライチェーンの強化や、消費者の利便性に応えるワンストップショッピング機能の強化が課題となっています。

総合品ぞろえスーパーの特徴

チェーンオペレーションで低価格化を実現

セルフサービス
ワンストップショッピング

衣食住に関わる商品を総合的に品ぞろえ

 加点のポイント 流通面の取り組みについても押さえておこう

総合品ぞろえスーパーには、本部が集中仕入した商品を各店に納品する物流センターを設置して、サプライヤーから店舗までのロジスティクスを効率化しているという特徴もあります。

店舗形態別小売業の運営特性④
スーパーマーケット（SM）

頻出度
C

🌸重要ポイント

☑ スーパーマーケット（SM）は、食品スーパーと呼ばれ、生鮮食料品を中心に品ぞろえをし、ローコストオペレーションによる低価格・大量販売を行っている

---

1 概要

スーパーマーケット（SM）は、食品スーパーと呼ばれ、生鮮食料品を主体として、毎日の食生活を支える商品を中心に総合的な品ぞろえをしています。ローコストオペレーションによる低価格・大量販売を行います。

スーパーマーケットの基本戦略

生鮮食料品		毎日の食生活を支える商品

ローコストオペレーションにより低価格で提供

2 運営の特徴

スーパーマーケットは食料品のワンストップショッピングを実現した業態です。大多数がレギュラーチェーンやボランタリーチェーンによる直営での展開のため、最大手でも店舗数は200店舗であり、フランチャイズ方式をとるコンビニの1万店舗と比べ店舗数の増加が困難になっています。これは食生活の地域差が大きいこと、生鮮食品中心の物流体制の整備が必要なことも原因です。

3 組織

本部集中型オペレーションであることは、総合品ぞろえスーパーと同様で

すが、商品部が食品関連商品の中で細分化されていることが特徴です。

4 店舗・立地特性

　近隣最寄型のスーパーレット（売場面積330㎡以内）、住宅地に隣接する準郊外型のスーパーマーケット（売場面積330〜2,000㎡以内）、郊外立地型のスーパーストア（売場面積2,000㎡以上）や、医薬品販売も行うコンビネーションストアなど売場面積と立地などによりいくつかの種類があります。

スーパーマーケットの業態分解図

スーパーレット ＜ スーパーマーケット ＜ スーパーストア　コンビネーションストア

サイズ　小　大　医薬品も販売

5 商品構成・商品政策

　商品構成としては通常は50％以上が生鮮食料品であり、ミールソリューション（食事に関する問題解決）として惣菜を強化する店や、プライベートブランド（PB）商品に力を入れる店も多くなっています。最近では「食の安全」のためのトレーサビリティなど生産地から販売までの管理体制の強化が進んでいます。地元の生産品は地元で消費するという地産地消も盛んになっています。

6 今後の課題

　今後は地域への密着をより高める一方、全国展開を進めることや、海外から参入する小売業との競争への対応も必要です。

👑 **加点のポイント** スーパーマーケットは地域密着型

スーパーマーケットの特徴として、戦略的に出店する地域（ドミナントエリア）を決め、集中的なチェーン展開をしているということがあります。

店舗形態別小売業の運営特性⑤
ホームセンター（HC）

頻出度
★★★
A

🌼重要ポイント

☑ **ホームセンター**は、バラエティ型と、**本格的DIY型**の2つに大別される

☑ ドラッグストアとの競争が激しくなっているバラエティ型と比べ、**本格DIY型**は、工務店、リフォーム、農業の分野まで対象を広げ、大型化している

1 概要

　ホームセンター（HC）は、日曜大工ニーズに対応したDIY（自分で補修するための道具、材料を売る店：Do It Yourself）指向店舗として誕生し、今日では「バラエティ型」と、「本格的DIY型」の2つに大別されます。バラエティ型は特性上、ドラッグストアとの競争が激しくなっていますが、本格的DIY型は、工務店といったプロの仕事に対応する需要やリフォーム需要、農業需要にまで対象を拡大して大型化しています。

ホームセンターの商品構成

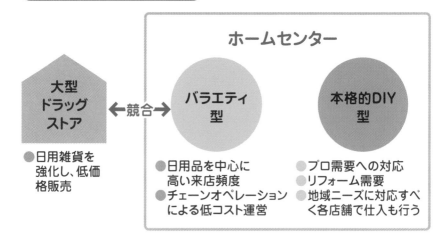

ホームセンター

| 大型ドラッグストア | ←競合→ | バラエティ型 | 本格的DIY型 |

●日用雑貨を強化し、低価格販売

●日用品を中心に高い来店頻度
●チェーンオペレーションによる低コスト運営

●プロ需要への対応
●リフォーム需要
●地域ニーズに対応すべく各店舗で仕入も行う

2 運営の特徴

　バラエティ型は、消耗雑貨、飲料水など日用品を中心にした品ぞろえで顧客の来店頻度を高めるとともに、本部主導のチェーンオペレーションを徹底させることでローコストオペレーションを行い低価格販売を進めてきました。一方、本格的DIY型は、本部だけでなく店舗でも仕入を行い、より地域ニーズに合った専門性の高い接客（セミ・セルフサービス販売方式）をすることで、業績を上げています。

3 組織

　バラエティ型はチェーンオペレーション推進型、本格的DIY型は店舗での仕入権限強化を推進しています。

4 店舗・立地特性

　大型商品を車で持ち帰れるようロードサイドに立地し、売場面積平均1,000〜10,000㎡の巨大な店舗をもちます。特にDIY、園芸、住生活関連を扱うスーパーホームセンターでは6,000㎡を超える規模になります。

5 商品政策

　バラエティ型は、日用品を中心に住宅関連商品などを低価格の値付けで訴求します。本格的DIY型は、金物などDIY商品中心の品ぞろえで、粗利益率の高いDIY資材の仕入なども強化しています。商品回転率の低い金物類（部品類）が多いため、店舗でも仕入を行いますが、基本的には本部が集中仕入をすることでコストダウンを図っています。

6 今後の課題

　バラエティ型は、ドラッグストアなど競争業者の増加でDIY型へ向かうか、さらなるローコストオペレーションを追求するかの選択をせまられています。本格的DIY型は、チェーンオペレーションのノウハウを確立しながら、リフォームなどプロ需要に対応するマーチャンダイジングが課題です。大規模なスーパーホームセンターが増加しているのも、競争力の強化が目的です。

加点のポイント　セミ・セルフサービス販売方式とは？

特にDIY型ホームセンターでは、専門性が高く説明が必要な商品も多いです。そこで、対面販売とセルフサービス販売の中間的な販売方式が行われています。

店舗形態別小売業の運営特性⑥

ドラッグストア（DgS）

★★☆

頻出度

B

✿重要ポイント

☑ ドラッグストアは、ヘルス＆ビューティケアカテゴリー商品を中心とした品ぞろえをもつセミ・セルフサービス店で、調剤を行わない店もある

1 概要

　ドラッグストア（DgS）は、医療機関で発行された処方箋に基づき医療用医薬品を調製する調剤を基本として、ヘルス＆ビューティケアカテゴリー商品中心の品ぞろえをもつセミ・セルフサービス店のことです。調剤を行わない店もあります。大多数はチェーンオペレーションを採用しており、1990年代以降に急成長した業態です。

2 運営の特徴

　医療用医薬品の取り扱いには薬剤師が必須ですが、医薬品医療機器等法により、処方箋がなくても購入できる一般用医薬品のうち第2類医薬品、第3類医薬品は「登録販売者」の資格を取得すれば薬剤師がいなくても販売できるようになりました。現在は、チェーンオペレーションのバイングパワーを高めるために出店スピードを上げ、セルフサービス販売と対面販売の両方の販売手法をもつ運営方法を模索しています。

3 組織

　他のチェーンストアと同様に本部主導のチェーンオペレーションが基本となっていますが、多くの場合、調剤部門（処方箋調剤を行う）と学術部門（薬品メーカーからの情報収集、薬事行政動向把握、薬剤師による調剤およびカウンセリング教育を行う）をもつことが特徴的です。

4 立地特性別の店舗・商品政策

基本的に都市部では、小型店舗で多店舗展開しており、ヘルス＆ビューティケアカテゴリー商品を中心とした品ぞろえです。郊外では、これに日用品と食品も加えた幅広い品ぞろえで展開されています。

5 今後の課題

医薬品医療機器等法により出店チャンスが増えています。コンビニエンスストア、スーパーマーケット、ディスカウントストアなどとの競争も考慮していく必要があります。

近年では急速な高齢化を背景として、生活習慣病予防のために自分自身で責任をもって自分の体をケアするというセルフメディケーションのための商品や、サプリメントや機能性食品が強化され、薬剤師による専門カウンセリングも充実してきています。

ヘルス＆ビューティケア
薬剤師 登録販売者
医薬品
許可営業

 加点のポイント ドラッグストアで日用品を売る意味とは？

医薬品や化粧品は一般に粗利益率が高く、その販売利益を活用して日用品や加工食品を安く売ることで集客を図っています。

店舗形態別小売業の運営特性⑦
コンビニエンスストア（CVS）

頻出度 **B**

♠重要ポイント

☑ コンビニエンスストアは、24時間営業体制と、情報システムを駆使して徹底的に死に筋商品を排除する単品管理で大きく成長した

1 概要

　コンビニエンスストア（CVS）は、顧客の利便性を追求し、毎日の生活に不可欠な商品を広く浅く品ぞろえしたセルフサービス店舗です。基本的にフランチャイズ契約で展開されます。30坪（約100m²）の売場面積に約3,000の商品アイテムという基本フォーマットをもち、情報システムを駆使することで売れ行きが悪い死に筋商品を徹底的に排除しています。また、多頻度小口配送の物流システムで、店舗内在庫を最小限にとどめ、高効率の経営システムを実現しています。日本では、導入初期時点では駅前や商店街の酒屋や小売店など中小小売店の業態転換によって急速に店舗数が拡大しましたが、近年は既存1店舗あたりの売上高が減少しつつあります。

2 運営の特徴

　コンビニエンスストアのコンセプトは「利便性」であり、深夜まで活動するようなライフスタイルをもつ現代人の「24時間開いていてほしい」というニーズに24時間営業体制を基本として対応しています。

　経営ノウハウや商標、情報システムによる商品・経営情報の提供、物流システムなどを提供する本部であるフランチャイザーと、契約によって加盟店となるフランチャイジーで構成されます。加盟店はイニシャルフィーとロイヤルティを支払うことで、本部のサポートを総合的に受けることができます。

3 組織

　本部は加盟店を募集するリクルーターと、加盟店の運営を助けるフィールド担当者、各種システム（商品、情報、運営、物流）管理者で構成されます。加盟店は自己責任で経営を行います。

4 店舗・立地特性

　基本フォーマットである売場面積30坪の店舗であれば、商圏人口300世帯でも存立できるといわれ、住宅地、商店街、郊外、ビジネス街など多彩な立地での出店が可能です。

5 商品政策

　POSデータで単品ごとの売上動向を確認し、徹底的に死に筋商品を排除しています。1年間で全商品の約3分の2は入れ替わるという高速回転を特徴としています。最近では粗利益向上を目的としたプライベートブランド（PB）商品の強化に加え、金融サービスや薬剤の提供もはじまっています。店舗数増加による各店舗の売上減少対策として、生鮮三品の導入も行われています。

6 今後の課題

　商社との資本提携の強化や、なお一層のシステム化の推進で、海外出店といったグローバル化への対応を図ります。

コンビニエンスストアの仕組み

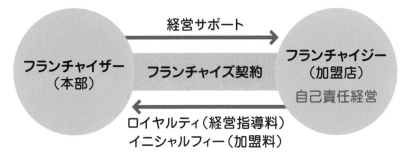

👑 加点のポイント　多様化が進むコンビニエンスストア

最近では、フォーマット通りの30坪の店舗だけでなく、都心での15坪やロードサイドでの60坪の店舗が現れるなど多様化が進んでいます。チケット購入や宅配サービスなどのサービスの商品化も進んでいます。

店舗形態別小売業の運営特性⑧
スーパーセンター（SuC）

★★☆
頻出度
B

✿重要ポイント

☑ スーパーセンターは、ワンフロアの広大なローコスト型店舗を設営し、恒常的に超低価格で商品を販売するセルフサービス業態である

---

1 概要

　スーパーセンター（SuC）は、1階建てでワンフロアの広大なローコスト型店舗を設営し、毎日の生活を支える必需品を中心に幅広く品ぞろえし、恒常的に超低価格で商品を販売するセルフサービス業態です。アメリカ最大手の小売業ウォルマートが開発した店舗形態です。

2 運営の特徴

　エブリディロープライス（毎日が安売り・EDLP）がスーパーセンターの基本的な特徴です。EDLPで利益を確保するために、粗利益率よりも薄利多売による商品回転率の高さを重視し、大量仕入による仕入原価の低減やチラシ広告に頼らず安売りの常態化で集客を図るなど、運営にコストをかけないEDLC（Everyday Low Cost）を追及しています。

3 組織

　基本は通常のチェーンストアと同様です。ただし巨大な購買力をもつ仕入部門と徹底的なローコストを追及する店舗運営部門で、より強固な体制を確立しています。

4 店舗・立地特性

　1階建てのワンフロアでウェアハウスラックと呼ばれる低コストな陳列什器を使用し、ノーフリル型と呼ばれる装飾を最小限にした内装・外装が特徴です。大型カートにより効率的に買い物ができるのがポイントです。土地の値段が高いと巨大なワンフロア店舗を出店するのは困難なため、郊外（ルー

ラルエリア)を中心に立地するという立地特性があります。

商品政策

商品構成は衣食住のフルライン型ですが、カテゴリーごとにプライスラインを設定し、それ以上の商品を取り扱わないという徹底した商品政策の特徴があります。

大量販売を目的として、一般的なスーパーマーケットより単品ごとのフェイス数が多く、ゴンドラエンドでの陳列も多量になっています。

今後の課題

スーパーセンターは、今後のホームセンターや総合品ぞろえスーパー(GMS)の向かう方向性として注目されています。

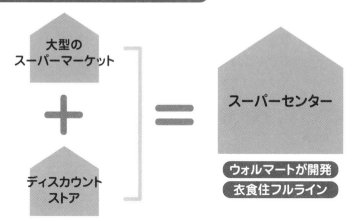

日本ではスーパーマーケットとホームセンターを
融合した形態が多く出店している

 加点のポイント EDLP を実現するための工夫

スーパーセンターは、ルーラル立地、ワンフロア型店舗、ノーフリル型の内装・外装、ウェアハウスラックによる陳列を行うことで、EDLPを実現しています。

中小小売業の課題

頻出度 **B**

🌸重要ポイント

☑ 小売業の99%以上が中小企業である

☑ 中小小売業の課題と求められる取り組みには、①顧客購買履歴
のデータベース化、②**インターネット**などの活用、③商品の仕入、
販売を効率化するための**システム化**などがある

---

1 中小小売業の課題と求められる取り組み

　中小小売業では、変化する消費者のニーズをとらえ、どのようなサービス
が求められているかを分析することが必要とされています。

❶ どんな**客層が中心**となって、どのような**商品**を、どのような**理由**で買っ
ているかなどの**購買情報のデータベース化**

❷ 顧客ニーズに応える**商品**を探索するため、**インターネット**などの**外部情
報の活用**

❸ 商品の仕入、販売を効率化するためのシステム化
（情報システムの導入、商店街内での**地域的連携**、**事業協同組合**などの**水
平的連携**など）

2 中小小売業の存立基盤

　中小小売業が生き残りをかけて存立するためには以下のような存立基盤を
再構築する必要があります。

❶ **経営スタイルの確立**…従来の売上高重視型の生業店と、利益重視型の企
業志向の店舗があり、2つのスタイルがある

❷ **業態の確立**…誰に何をどのように売るのかを明確にし、地域顧客のニー
ズに応える

❸ **計画的で継続的な**店舗改装…フロアゾーニングやフロアレイアウトの改
善を行い、店舗を活性化する

❹ **商店街の**活性化…空き店舗の対策など、商店街のポテンシャル・集客力

を高める取り組みを行う

3 大手小売業の出店攻勢への対応

中小小売業は大手小売業との競争が激化しています。中小小売業同士の共同化によるバイングパワーの獲得や、ネットショッピングへの対応強化など、生き残りをかけた取り組みが求められています。中小小売業のうち、買回品店が減少した要因は、大手チェーンストアの出店攻勢です。過去の大規模小売店舗法のような規制がなくなった今日では、小商圏でもチェーンストアやコンビニエンスストアとの競争にさらされています。

4 求められる情報化への対応

中小小売業は、情報化、共同化、ドメイン（事業領域）の明確化などにより、差別的優位性のある生き残りの道を探索する必要があります。情報システム化を強化する試みは、チェーンストアやコンビニエンスストアへの対抗手段のひとつです。ボランタリーチェーンとの協業組織やメーカー、卸売業のリテールサポートシステムへの参加も重要ではありますが、投資効果に見合う業績を上げていかなければ手厚いサポートを受けることはできません。インターネットマーケティングや商店街との一体的なコラボレーションなども活用した積極的な経営改善が求められています。

 加点のポイント 課題克服のための取り組みを理解しよう

中小企業の4つの存立基盤、大手小売業と情報化への対応などについてはよく理解しておきましょう。

商店街の運営特性

頻出度 A

★★★

⚙ 重要ポイント

☑ 自然発生的な商店街は全国で停滞しており、後継者や空き店舗
対策、駐車場対策など課題が山積みである

---

1 商店街の停滞・衰退の要因

　商店街の停滞・衰退の要因には、内的・外的要因がある。

　内的要因には、経営者の高齢化、後継者の不在、リーダーの不在などの人材不足、消費者ニーズ対応の遅れ、集客促進活動の不備、店舗施設の老朽化、駐車場や道路施設の整備不足、情報化対応不足などがあり、外的要因には、消費者のライフスタイルの変化やモータリゼーションの進展、規制緩和による競争激化、情報化の進展などがある。

2 商店街の組織と取り組み

　ディベロッパーなどによって計画的に開発されたショッピングセンターに対して、昔ながらの商店街はその多くが衰退してきています。商店街の各店舗メンバーが協力して活性化を進める場合に、国や地方公共団体がサポートする仕組みが整備されてきましたが、アーケードの設営といったハード事業やイベント開催といったソフト事業なども大きな回復につながらない場合が多く、今後のさらなる取り組みが必要となっています。

　商店街を運営する組織には、以下の4つのものがあります。

❶ 商店街振興組合…「商店街振興組合法」に基づく法人で、共同のハード事業（アーケード設営など）や共同のソフト事業（イベント開催など）を行います。近接する「30人以上の事業者」がいることが条件です。

❷ 商店街振興組合連合会…商店街振興組合が2つ以上集まったものです。

❸ 事業協同組合…「中小企業協同組合法」に基づく法人で、「4人以上の事業者」がいることが条件です。相互扶助の精神に基づく共同事業を行います。

❹ 事業協同組合連合会…事業協同組合が2つ以上集まったものです。

3 商店街が実施する共同事業

　商店街には地域住民の地域交流や文化発信などの役割があり、その活性化を図るための共同事業の種類としては、ハード事業として「環境整備事業」があり、ソフト事業としては「イベント・販売促進事業」、「組織運営事業」などがあります。

　駅を中心とした電車での移動の時代から、車を中心としたモータリゼーションへの移行によって商店街は衰退の方向をたどっています。この活性化のために国もさまざまな支援策をとってきましたが、経営者の高齢化や、後継者問題などもあり思うような効果が出ていないケースが多いようです。

 加点のポイント 商店街の衰退の原因を押さえておこう

商店街の停滞・衰退の要因や、その対策としての取り組み、共同事業などについては用語も含めてよく覚えておきましょう。

ショッピングセンターの今日的課題と方向

★★★
頻出度
B

✿重要ポイント

☑ ショッピングセンターには主に4つの種類があり、テナント構成や商圏によって分類される

---

1 ショッピングセンターの種類

ショッピングセンターにはさまざまな種類がありますが、基本的には以下の4つです。

❶ NSC（ネイバーフッドSC）…近隣住宅街などの小商圏をターゲットとしておりスーパーマーケットやドラッグストアを核店舗とします。

❷ CSC（コミュニティSC）…ディスカウントストア、総合品ぞろえスーパー、スーパーストアを核店舗とする中型のショッピングセンターです。

❸ RSC（リージョナルSC）…ディスカウントストア、総合品ぞろえスーパー、百貨店、大型専門店を核店舗とする大型のショッピングセンターです。CSCに比べ、買回品店が多く、専門店も多いのが特徴です。

❹ SRSC（スーパーリージョナルSC）…複数のディスカウントストア、総合品ぞろえスーパー、百貨店、大型専門店を核店舗とし、アミューズメント施設やホテルを併設する場合もあります。

ショッピングセンターの種類	テナント構成	商圏
NSC（ネイバーフッドSC）	日用品、食品を中心とした近隣ニーズ対応のテナントが中心	3万人
CSC（コミュニティSC）	核店舗に加え、ファーストフード、買回品、アミューズメントなど	10万人
RSC（リージョナルSC）	核店舗に加え、大型専門店、フードコート、アミューズメントなど	15万〜30万人
SRSC（スーパーリージョナルSC）	RSCの構成で核店舗やテナント数がさらに増加した形態	50万人

2　ショッピングセンターの形態

　ひとつの建物の中に通路があり店が通路を囲む「モール」と、駐車場を前面にして各店舗が独立して並ぶ「ストリップセンター」とがあります。

3　日本型ショッピングセンター

　アメリカでは、「NSC」は近隣、「CSC」は住宅地と高速道路の間の道路沿い、「RSC」は高速道路の出入口付近、「SRSC」は高速道路のインターチェンジ付近につくられています。一方、日本では電車路線を高速道路と差し替えたような立地になっています。「駅ビル型SC」、「地下街型SC」、「ファッションビル型SC」などは日本固有のショッピングセンターです。

4　アウトレットセンター

　過剰在庫品やB級品を格安で販売する小売業態の集積のことをアウトレットセンター（アウトレットモール）といい、ディベロッパーが企画運営してます。主にブランド品を低価格で買いたいというニーズに対応しています。

5　ライフスタイルセンター

　リッチな生活提案型店舗が集積する中規模のショッピングセンターです。

⭐ **加点のポイント**　定義をしっかり押さえよう

日本型ショッピングセンター、アウトレットセンター、ライフスタイルセンターの内容や定義はよく理解しておきましょう。

◯✕ 理解度チェック 一問一答

Q1 衣食住に関する生活必需品など、ひとつのお店で必要な買い物をすべて
一度に済ませることをワンストップショッピングという。

Q2 所有移転のフローである商流には危険負担機能は含まれない。

Q3 職域生協とは、特定の企業・法人の職場で組織される消費生活協同組合
のことである。

Q4 フランチャイズチェーンとは、共通の資本のもとに多店舗展開している
チェーン店のことである。

Q5 アコーディオン理論とは、小売業の形態が低マージン・大量廉価販売か
ら高マージン・高サービス販売の形態に変化し、その後再び小売業の形
態が低マージン・大量廉価販売に戻ることを説明した理論である。

Q6 レギュラーチェーンでは、地域固有のニーズに対応できるように、店舗
ごとに仕入れの裁量権がある。

Q7 スーパーセンターはワンフロア構造を基本としている。

Q8 手形や掛売りは企業間信用を活用した流通金融である。

Q9 保管機能とは、物流の時間的ギャップを埋める活動である。

Q10 多くの商店街が停滞している外的要因には、消費者のライフスタイルの
変化や後継者問題などがある。

A1 〇 ワンストップショッピングができる店舗は、時間や労力をかけずに必要なものを1か所で買い揃えたいという顧客のニーズに応えることができる。

A2 ✕ 商流には危険負担機能も含まれる。

A3 〇 COOP（消費生活協同組合）には、特定の企業・法人の職場で組織される職域生協と地域住民を中心に組織される地域生協がある。

A4 ✕ フランチャイズチェーンとは、それぞれ独立した資本である本部と加盟店がフランチャイズ契約でつながっているチェーン店のことである。

A5 ✕ 設問文の内容は小売の輪の理論である。アコーディオン理論とは、小売業態が変化していく過程で、アコーディオンのように商品構成の専門化と総合化が繰り返される傾向を説明した理論である。

A6 ✕ レギュラーチェーンでは、本部の指示による画一的な店舗運営を行っている。地域固有のニーズに対応することは運営課題のひとつに挙げられている。

A7 〇 スーパーセンターは、土地の値段が安い郊外で巨大なワンフロア店舗での出店を基本としている。

A8 〇 流通金融には手形や掛売りなどの企業間信用を活用したものに加えて、消費者と企業間での販売信用を活用したクレジットやボーナス一括払いなどの仕組みもある。

A9 〇 保管機能があるおかげで、メーカーに再発注するよりも迅速に商品を流通させることができる。

A10 ✕ 後継者問題は、多くの商店街が停滞している内的要因のひとつである。なお、外的要因には、消費者のライフスタイルの変化のほか、規制緩和による競争激化などが含まれる。

Q11 フランチャイジーとはフランチャイズシステムの本部のことである。
☑ ☑

Q12 小売の輪の理論とは独立した小売業同士が提携することによりバイング
☑ ☑ パワーが高まるという理論である。

Q13 ボランタリーチェーンの特徴のひとつに加盟店同士の横のつながりを尊
☑ ☑ 重していることが挙げられる。

Q14 第2類医薬品は薬剤師でなく登録販売者でも販売できる。
☑ ☑

Q15 百貨店における自主マーチャンダイジングの取り組みのひとつに買取仕
☑ ☑ 入がある。

Q16 専門店の販売員にはコンサルティングセールスの能力は必要ない。
☑ ☑

Q17 本部集中仕入方式は、COOP（消費生活協同組合）では実施されていない。
☑ ☑

Q18 ハイパーマーケットとはフランスのカルフールを起源とする大規模販売
☑ ☑ 店である。

Q19 本格DIY型ホームセンターでは、商品回転率が高い金物商品を扱っている。
☑ ☑

Q20 コンビニエンスストアが生鮮三品を扱うことで主婦層の来店が増加した。
☑ ☑

| A11 | ✕ | フランチャイズシステムの本部はフランチャイザーである。 |

| A12 | ✕ | 小売の輪の理論では、低マージン大量販売の業態と、高マージン高サービスの業態が繰り返される傾向を説明している。 |

| A13 | ◯ | 加盟店同士の横のつながりが強いことはボランタリーチェーンの特徴のひとつであり、フランチャイズチェーンでは通常見られない。 |

| A14 | ◯ | 薬剤師しか販売できない一般用医薬品は第1類医薬品であり、第2類医薬品は薬剤師だけでなく登録販売者でも販売できる。 |

| A15 | ◯ | 百貨店では、近年自主マーチャンダイジングに取り組んでおり、在庫リスクはあるが利益率が高い買取仕入を行うようになっている。 |

| A16 | ✕ | 専門店の販売員には高度な専門知識を前提としたコンサルティングセールスの能力が必要不可欠である。 |

| A17 | ✕ | 本部集中仕入方式（セントラルバイングシステム）はチェーンストアの特徴であり、チェーンストアの一形態であるCOOPでも行われている。 |

| A18 | ◯ | 設問文の通りである。なお、スーパーセンターはウォルマートを起源とする大規模販売店であり、ハイパーマーケットよりも売場面積や取扱品目が広い業態である。 |

| A19 | ✕ | 本格DIY型ホームセンターでは、商品回転率が低い金物商品を扱っている。 |

| A20 | ◯ | 設問文の通りである。近年では、生鮮三品の取り扱いの他にも金融サービスの提供を行うなど、サービスの幅を広げている。 |

MEMO

第2章

マーチャンダイジング

この科目では、経営環境の変化と進化するマーチャンダイジングの手法、商品知識の活用方法、仕入計画の立案と運用システム・戦略的商品管理の立案を学び、より具体的な価格設定の方法や商品管理の実際、販売管理の立案と管理、小売業の物流システムなどについて学びます。

マーチャンダイジングの概念

⚙ 重要ポイント

☑ マーチャンダイジングの定義は時代とともに変化しており、近年は、小売業だけでなくメーカーの活動も定義に含まれる

1 マーチャンダイジングの定義

アメリカマーケティング協会（AMA）の定義（2008年改定）によると、マーチャンダイジングとは、「インストア・ディスプレイを展開するメーカーの販促活動および、小売業における商品（アイテム）と商品ラインの明確化」といわれています。

商品ラインとは、顧客層や機能、品質、価格などで同系統と分類できる商品のかたまりのことです。例えば中華料理屋であれば、麺類、ご飯類、一品料理などが大分類となる商品ラインです。次に、麺類ラインの中の味噌ラーメンや塩ラーメンがもう一段細分化した分類のクラスです。そして、味噌ラーメンクラスの中の、味噌バターラーメンやピリ辛味噌ラーメンなどが最終単位のこれ以上分類できない具体的な消費であるアイテムとなります。

マーチャンダイジングは商品計画や商品化政策ともいわれます。製造業がつくった製品（プロダクト）は、卸売り、小売業などに買われて流通システムに所有権が移ると、同じ物ですが商品（マーチャンダイズ）と呼び名が変わります。

マーチャンダイジングの定義（AMA, 2008年改訂）

インストア・ディスプレイを展開するメーカーの販促活動		小売業における商品（アイテム）と商品ラインの明確化

アイテム単位の管理にまで言及されていることと、小売業だけでなくメーカーの活動も含まれたことがポイント

新しい定義では、マーチャンダイジングは小売業だけでなく、メーカーが店舗と共同で行う販促活動を含むようになりました。また、品種（クラス）レベルを品ぞろえの幅の管理単位として、品ぞろえの深さを品目（アイテム）単位できめ細かく計画していく時代になったことが反映されています。

2 チェーンストアのマーチャンダイジングサイクル

　チェーンストアでは、ビジネスの流れであるマーチャンダイジングサイクルの中で、商品計画から販売計画、仕入計画、値入、価格決定、棚割りや販促企画までを本部が担当します。

チェーンストアにおけるマーチャンダイジングのサイクル図

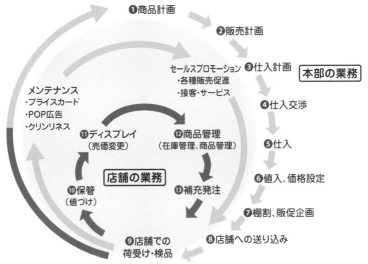

出典：『販売士検定試験3級ハンドブック』より一部改変

（1）本部の業務

❶ 商品計画の策定…商圏の特性に基づき、設定したターゲット顧客のニーズに適合する商品構成を立案する。具体的には売場をおおまかに商品群で分け（フロアゾーニング）、それぞれの商品群の配置を決め（フロアレイアウト）、品目別の棚割計画を行い（シェルフマネジメント）、品目別の単品構成（フェイシング）へと細分化し、計画を作成する。そのうえで、商

品カテゴリー別の年間管理表を作成し、季節ごとの四半期、1か月、1週間とブレイクダウンして計画化を行う

❷ 販売計画の策定…通常小売業の多くは52週の週単位で販売計画を立案する。過去の販売実績に、新年度の傾向を加味して年間計画を作成し、前期・後期、四半期、月、週とブレイクダウンして計画化する。時期ごとのプロモーションテーマや使用広告媒体、重点商品とその販売方法、価格設定、POP広告などについても計画化する

❸ 仕入計画の策定…どのような商品を、いくつ、いつごろ、どこの企業から、いくらで、どのような仕入方法で仕入れるかを計画する

❹ 仕入交渉…チェーンストア本部の商品担当者は、仕入対象商品について、まず商品カテゴリーごとに、そのカテゴリーでのトップシェアメーカーであるチャネルキャプテンから、市場動向や成長性、対象商品の販売可能性などのプレゼンテーションを受け、仕入予算や利益計画を策定する。その後、具体的に選定した仕入先企業との交渉を行う

❺ 仕入に関わる業務…商品カテゴリーごとの品目および仕入価格、取引数量、販売目標達成奨励金（リベート）やアローワンス（販売促進費）などの取引条件交渉とともに、重点商品についてはメーカーとの共同販売促進などについても交渉を行う

❻ 値入・価格の設定…自社の市場での競争状態を認識したうえで、競争上有効な販売可能性が高い価格および値入を検討する

❼ 棚割・販売促進の企画の作成…チェーンストアの場合は、棚割・販売促進は本部の商品部が企画・決定する

❽ 店舗への商品の送り込み…店舗への商品の投入では、ディストリビューターと呼ばれる専門スタッフが、時期、数量、販売方法などについて設定を行う

（2）店舗の業務

❾ 荷受け・検品…注文した商品が納品されたときに商品の品目、数量、汚損・破損などをチェックする検品が行われる。保管も含む場合は検収といわれる。この作業に関わる人件費を抑えるために、仕入先企業との自動補充発注システムの構築やノー検品を目指すことが求められている

❿ 保管・値付け…商品を保管する間に値付けを行い、なるべく早く売場に出せるよう心がける

⓫ ディスプレイ・売価変更…検収が済んだ商品は速やかに決められた店舗

スペースに見やすく、選びやすく、取りやすくディスプレイを行う。商品鮮度に気をつけながら、タイミングよく価格変更して売り切る努力を行う

⑫ **商品管理**…適切な在庫数量、商品ごとの商品回転率などを考慮しながら市場動向もふまえて年間売上高計画を策定し、売上予算を達成するための仕入予算を作成する

⑬ **補充発注**…販売にともなう在庫量の変化を把握し、天候、気温、競合状況なども総合的に検討しながら販売機会を逃さず在庫コスト増を防ぐような補充発注を心がける

3 経営管理としてのマーチャンダイジング

経営管理としてのマーチャンダイジングは、商品計画から販売管理にいたるまでのPlan（計画）→Do（実行）→See（評価・検証）のサイクルです。このサイクルには具体的に下図のようなテーマがあります。

マーチャンダイジングの PDS サイクル

 加点のポイント マーチャンダイジングサイクルは頻出！

マーチャンダイジングの構成要素は、それぞれの項目が出題される可能性が高いので、内容をよく理解して覚えておきましょう。

商品計画の立案

✿重要ポイント

☑ **商品計画**の作成にあたっては、過去・現在・未来についての分析をしっかり行い、売上高などの目標を精度高く予測できるようにする

☑ **商品カテゴリー**ごとに店舗や顧客に対しての役割を明確にするとともに、品種と品目のバランスを考えながら商品計画を作成する

---

1 商品計画の立案における要件整理

　まずは、商品カテゴリー別に、過去の実績の分析、現況の把握、将来の環境変化の分析を行います。それらのデータをもとに、売上高や粗利益高などの目標数値を高い精度で予測できるよう努めます。また、過去・現在・未来の分析から、今期の改善事項を抽出し、「○○○を改善して粗利益率を向上させる」などの重点的目標を設定します。

2 商品計画の作成

　カテゴリー別の商品計画の作成にあたっては、右図の（3）に記載されている6つの方針に留意します。ここでは、6つの方針を大まかに以下の3つに分類して紹介します。

❶ 品ぞろえの検討

　商品計画の基本となる品ぞろえでは、品種構成（商品カテゴリーをどこまで延ばすか）と、品目構成（設定した品種に含まれる品目数をどこまで増やすか）のバランスを検討し、棚割計画に落とし込みます。流行や季節性があり専門的な販売方法が必要とされる提案型商品と定番商品のバランスを検討し、売れ残りの危険性に留意することも大切です。

❷ カテゴリーごとの役割と販売方法の検討

　また、カテゴリー内の品種・品目レベルでの計画だけではなく、商品カテゴリー自体の市場ニーズの把握も重要です。「店舗の顔となり定期的な来店

を促す商品」「主力商品のついで買いが期待でき、顧客の購買単価を上げる商品」など、商品カテゴリーごとに市場ニーズに合った役割を明確化し、効果的な販売方法を明記します。このような検討を行うことは、一部のカテゴリーに売上が偏らない計画づくりにも役立ちます。

❸ **収益性向上についての検討**

　商品計画の一番の目標は、適切な利益計画を設定することにあります。収益性を表す指標には、ROI（投資利益率、当期純利益÷総投資額×100）があります。

カテゴリー別商品計画の作成から実施・管理までのプロセス概念

（1）業績、活動などの分析ならびに評価
①過去の活動内容と　　　　②現況の分析　　　③目標の予測
　実績の評価

（2）商品計画作成における重点的目標の設定

（3）商品計画の作成
①品ぞろえの幅と深さとの均衡　　②定番商品と提案型商品との均衡
③商品の維持　　④収益性の向上　　⑤商品のライフサイクルとの連動
⑥カテゴリーにおける役割の明確化

（4）商品計画を実行に移す各手段の決定
①仕入企業の選定　　②カテゴリー別の売場配置　　③月別売上指数の決定
④販売促進策の概要と実施時期の決定　　⑤売場づくりの概要の決定

（5）商品計画にもとづく仕入計画や販売計画の策定および販売

（6）結果の分析と調整

出典：「販売士検定試験2級ハンドブック」

3 商品計画の実行手段の決定

　仕入先企業の選定や、月ごとの品ぞろえの改廃や売場変更の計画である商品改廃計画の作成、販売促進策の概要と実施時期の決定、商品ディスプレイなどの売場づくりの概要の決定を行い、商品計画を実際に行動に落とし込むための実行手段を具体化していきます。

4 商品計画の実行と結果の分析

　作成した商品計画をもとに、販売計画の策定、仕入計画の策定などを行い、実際に販売活動を行っていきます。その結果は、営業数値、品ぞろえ（重点商品の販売動向や欠品の発生状況など）、売場づくりやプロモーションなどの観点から分析を行い、次年度の計画づくりに活かします。

 **加点のポイント** **商品計画作成の意義**

商品計画は目標売上、目標粗利益を達成するために具体的にどんな商品をいつどのようにして販売していくかという視点で作成されます。

商品カテゴリー構成と品目ミックス

頻出度 **B**

第2章 マーチャンダイジング

🌸 重要ポイント

☑ 商品構成は、グループからSKU（最小単位）まで段階的に決定していく

☑ 最近では生活（シーン）体系別商品分類をもとに商品構成を行う方が生産（ブランド）別商品分類を行うより顧客が比較しやすく購買しやすいとされ、ライフスタイルアソートメント（生活提案に基づく最適な商品の組み合わせ）が注目されている

1 商品構成の原則

　仕入れる商品を売りやすいように分類するときは、まずは金額単位ではなく、パーセンテージで商品構成を考えることが重要です。手順としては、①商品カテゴリーごとにひとつのカテゴリーを100とした場合に、②カテゴリー内の商品構成をパーセンテージで計画し、③商品構成計画を数量ベースで作成したうえで最後に金額を記入します。

2 商品選定

　商品選定の基準には、①ニーズ適合性、②販売期待性、③利益期待性などがあります。

3 個店対応の商品選定

　チェーンストアでも最終的に顧客に選ばれるのは個店です。地域ニーズに的確に対応しつつ、チェーンとしてのバイングパワーも活かせるバランスのよい商品計画と、仕入能力が求められています。

4 商品分類の概念

　商品分類は、大きい方からグループ、デパートメント、ライン、クラス、サブクラス、アイテム、SKUとなっており、この順番で店舗スペースや棚

割が決められていきます。最近では、クラスやサブクラスの分類の仕方は、より消費者サイドの視点で行うことが主流となってきています。

❶ グループ…食料品や衣料品など最も大きく区分した商品単位
❷ デパートメント(部門)…グループを店舗における部門で分類したもの。つまり、この分類が部門別売上を計上する際の単位になる
❸ ライン(中分類)…デパートメントをさらに分類して機能別に分けたもの
❹ クラス(小分類)…ラインを顧客が選別しやすいように分類したもの
❺ サブクラス…クラスの中で共通化できるものをさらに分類したもの
❻ アイテム(品目)…価格帯やブランドで共通分類したもの
❼ SKU(最小単位:Stock Keeping Unit)…顧客が買い求める際にこれ以上分類できない単品

商品分類の基準

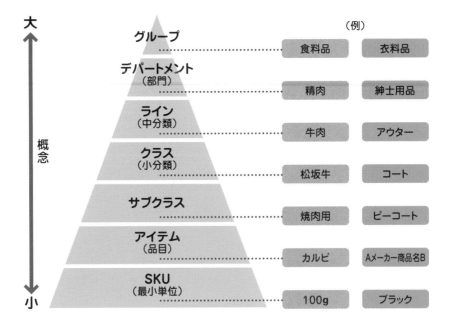

生産（ブランド）体系別　商品分類の例

商品カテゴリー構成			品目構成
大分類	中分類	小分類	品目
メーカー別	ブランド別	用途別	
Aメーカー	Aメーカー aブランド ⋮ Aメーカー eブランド	aブランド ヘアシャンプー / aブランド ヘアリンス / aブランド ボディシャンプー ⋮	500mlボトル / 1,000mlボトル / 詰め替え用 ⋮
Bメーカー	Bメーカー fブランド ⋮ Bメーカー jブランド	fブランド ヘアシャンプー / fブランド ヘアリンス / fブランド ボディシャンプー ⋮	500mlボトル / 1,000mlボトル / 詰め替え用 ⋮

出典：「販売士検定試験2級ハンドブック」

生活（シーン）体系別　商品分類の例

商品カテゴリー構成			品目構成
大分類	中分類	小分類	品目
メーカー別	シーン別	用途別	
ヘアケア	ヘアシャンプー / ヘアリンス / コンディショナー ⋮	サラサラな髪に ぬれた感じの髪に ストレートな髪に ウェーブをかけた髪に ふけとり用 ⋮	Aメーカーaブランド 500mlボトル / Aメーカーaブランド 1,000mlボトル / Aメーカーaブランド 詰め替え用 / Bメーカーbブランド 500mlボトル / Bメーカーbブランド 1,000mlボトル / Bメーカーbブランド 詰め替え用 ⋮
ボディケア ⋮	ボディシャンプー ⋮		

出典：「販売士検定試験2級ハンドブック」

5 商品構成における商品分類の方法

　商品分類の基準は、メーカー別やブランド別などの生産（ブランド）体系別分類が使われてきましたが、最近では生活（シーン）体系別商品分類に基づいて売場を構成する方がより顧客が比較しやすく、購買しやすいとして注目さ

れています。この生活提案に基づく最適な商品の組み合わせをライフスタイルアソートメントといいます。

分類別の棚イメージ

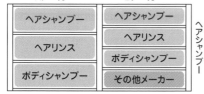

●生産（ブランド）体系別

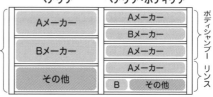

●生活シーン別

6 商品カテゴリー構成と品目構成

例えばドラッグストアでは、「ヘアケア」という大分類がありますが、中分類に落とし込むと「シャンプー」、「リンス」、「コンディショナー」となり、さらにシャンプーの小分類は、「ダメージ用」、「敏感肌用」、「サラサラヘア用」などとなっていきます。小分類からさらに単品の品目構成に落とし込んで、メーカー名、商品ブランド名、容量、価格帯などで在庫数までを決定していきます。

7 主力カテゴリーと補完カテゴリーの役割

主力カテゴリーはひとつずつの品目の数が多い（深い）品目構成にし、補完カテゴリーはひとつずつの品目の数が多くない（浅い）品目構成にしてメリハリをつけます。

8 主力品目と補完品目の役割

各カテゴリー内の品目構成でも売れ筋や積極販売商品は多めに、補完商品は少なめにします。主力品目と補完品目が担う役割は、比較して購買できる選択の幅を広げることです。

加点のポイント 商品分類も顧客志向に

近年ではそれぞれの店の生活提案に基づく最適な商品の組み合わせであるライフスタイルアソートメントの良し悪しが、ビジネスの成否に大きな影響をもたらしますので覚えておきましょう。

販売管理の意義と
その基本的内容

★★★
頻出度
A

✿重要ポイント

☑ 今日の販売管理では、自社の戦略や目標に基づいて商品分野（カテゴリー）を設定し、商品を管理していく「カテゴリーマネジメント」が注目されている

☑ 今日の販売管理は、マーケティング活動全般の管理を指す

1 販売管理の今日的役割

　販売管理は今日ではマーケティング管理として広く捉えられています。マーケティング管理とは、「市場調査、商品計画、販売促進、販売経路などのマーケティング活動を計画、指揮、統制するとともに、これらの諸活動を結び合わせた戦略、および販売員管理」と考えられています。

2 小売業の販売管理と基本的事項

　小売業の販売管理には、「販売実績と業界動向の分析（販売分析）」、「販売計画」、「販売活動の管理」があります。

❶ **販売分析**…POSデータなどの社内外の資料から、販売活動の実態や傾向を分析し、業績見通しを考える。また、分析に基づき暫定的な販売目標（販売予測）をたてる

❷ **販売計画**…カテゴリー別の売上高や利益について、経営目標との差異を分析しつつ、よりよい経営成績につながるように販売目標を修正し、販売計画を完成させる

❸ **販売活動の管理**…計画に沿ったプロモーション活動や販売活動が実際に行われているのかを確認し、業績面で計画通りにいかない場合には、修正して次の手を打っていく。販売実績の管理については、POSシステムを活用し、単品ごとの販売数量や時間帯別・価格帯別の売上にも注目する

カテゴリー別販売管理方法

　今日の販売管理では、顧客ニーズの観点から商品群のカテゴリー分けを行い、カテゴリーごとの戦略を考えて実行していくという「カテゴリーマネジメント」が注目されています。カテゴリーマネジメントの取り組み手順は以下の通りです。

カテゴリーマネジメントの手順

❶ メインターゲットの設定

❷ カテゴリーの定義と顧客ニーズに対する役割の設定

❸ 購買促進企画の作成

❹ サプライヤーと主要メーカーとのパートナーリング（情報提供、棚割の共同企画）

❺ 業績の評価・分析

加点のポイント　カテゴリーマネジメントの手順

カテゴリーマネジメントの手順については順番をまちがえないようによく理解しておきましょう。

68

予算管理と利益計画

頻出度 **A**

✿重要ポイント

☑ 予算とは、最終的な目標利益を上げるために売上高予算、仕入高予算、経費予算などの数値計画をつくることである

☑ 予算策定のプロセスや、利益管理の考え方について理解する

1 予算管理

予算とは、企業の経営目標を貨幣価値にして具体化したものです。最終的には全体売上、部門売上、全体費用、部門費用などの数値目標となって、企業活動の行動指針となります。最終的な目標利益を上げるための実行計画を具体的な数字にしたものといえます。例えば、売上高予算は、販売分析、市場分析、経済予測、収益性分析、販売割り当ての順に検討を行い作成します。

予算編成には、経営計画を数値的に実現するための計画・調整・統制機能があります。計画機能とは経営目標を数字の形に具体化することです。調整機能とは情報交換を行いながら部門間で調整を行うことを示します。また、予算と実績の差額とその原因を分析(予算差異分析)することで、計画数値達成への改善を都度行うことができます(統制機能)。予算策定においては、低い予算が達成されると、それ以上にがんばらなくなる「予算の逆達成」や、前年実績予算にこだわると、新しい取り組みをしなくなる「組織の硬直化」を招く可能性もあるため注意が必要です。

2 予算編成と予算統制

最終的には、総合予算として「見積損益計算書」と「見積貸借対照表」が作成されます。この前段階で現状のビジネスを動かし、維持成長させるための「経常予算」と、長期的な成長のための投資(研究開発、設備、企業投資など)である「資本予算」に分けて予算が作成されます。

経常予算はさらに「損益予算」と「資金予算」に分けてつくられます。損益予算は、部門ごとの目標損益を達成できるように設定し、資金予算は現金の資

金繰りの安全度を確保するよう設定されます。

　予算の決め方としては、トップダウン型、ボトムアップ型、折衷方式などがありますが、最近ではトップダウンに近い折衷型が採用されるケースが多くなっています。

3 利益計画

　利益計画とは、目標利益を達成するための利益管理の手法を使って現実的に利益を生み出すための実行計画のことです。

　予定売上高から目標利益を引いたものが許容費用であり、許容費用の中で予定売上高を上げるための工夫をすることで、目標利益が達成できます。

　この利益管理には、損益分岐点分析が有効です。詳しくは次のページで解説します。

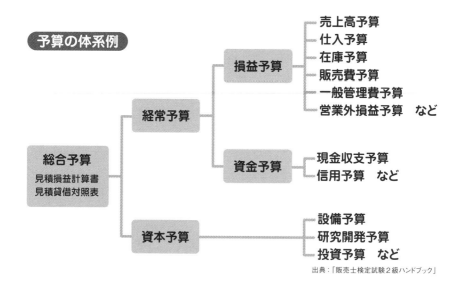

出典：「販売士検定試験2級ハンドブック」

加点のポイント　予算策定の基本

予算策定では、目標売上と目標利益を達成するためにどのようにコストを使っていくのかという視点が基本となります。

損益分岐点の計算方式

頻出度 **A**

✿重要ポイント

☑ 損益分岐点は、目標利益を上げていくために、どれだけの売上高を達成しなければならないかを計算する手法である

1 損益分岐点の考え方

損益分岐点計算とは、売上を上げていく中で、いくらを超えたら利益が出るのかという売上高を明確にして、そこから先に生まれていく利益をさらに増やすためにはどうしたらいいかを考えるために行う計算です。例えば売上が100万円あっても、費用が100万円だったら利益はゼロです。ビジネスとは利益を生むためにしているのですから、この例でいえば売上が100万円を超えないとやっている意味がありません。

❶ 変動費と固定費

まずは売上が伸びていく中で費用がどのようにかかっていくのかを考えます。ここで問題なのは、費用には大きく2種類あり、売上の上昇に比例してだんだん増えていく費用(変動費)と、売上が上がろうが下がろうが関係なくかかる一定の費用(固定費)があるということです。変動費は広告宣伝費や販売促進費などで、固定費は事務所費用や水道光熱費などが当てはまります。

❷ 損益分岐点と限界利益

損益分岐点売上高とは、それらの費用の合計と売上が同じになる、つまり、利益がゼロになる売上高のことです。そしてその売上高が、現在の売上高を100%とした場合に何パーセントになっているのか(損益分岐点売上高比率)を確認し、仮にそれが60%なら、59%や58%に下げていくためにはどのように売上高や費用の支出を改善したらよいかを計画して実行し利益を増やしていきます。

なお、売上高から変動費を引いた金額を限界利益といいます。この金額が固定費と同じ額なら、利益はゼロです。限界利益が固定費を超えているなら、固定費をまかなったうえで余りが出ているということ、つまり利益が出てい

るということがわかります。

2 損益分岐点の計算式

損益分岐点売上高を求めるには、売上＝費用合計（変動費＋固定費）、つまり利益ゼロの売上高を探します。

❶ 損益分岐点売上高＝利益ゼロのときの売上高

損益分岐点売上高を知ることで売上目標をどこに設定すべきか、費用をどのくらいかけてよいのかがわかり、より多くの利益を出すための経営改善に役立てることができます。

計算方法については、「変動費は売上高に対して一定」という点に着目して、まずは変動費の割合を求めます。例えば固定費490円、変動費300円で売上が1,000円のとき、売上に占める変動費の割合（変動費÷売上高）は30％です。残りの70％は「固定費＋利益」となりますが、損益分岐点のときは70％すべてが固定費となりますので、そのときの売上高を求めればよいことになります。現在の例では、固定費の金額が490円なので、これを固定費の配分比率である70％で割った700円が損益分岐点売上高となります。利益は売上が変動費と固定費の合計を超えたところから発生しますので、売上が700円までは利益ゼロでこれを超えたところから利益が出るということが計算でわかります。

売上高に対する「固定費＋利益」の割合
↓ただし損益分岐点のときは利益ゼロ
なので、固定費の割合を示す

$$損益分岐点売上高（円）＝固定費÷\overline{\{1－（変動費÷売上高）\}}$$

↑売上高に対する変動費の割合

❷ 損益分岐点比率

損益分岐点比率は損益分岐点が、現在の売上の何パーセントであるかを算出するものです。❶の例でいうと、700円が損益分岐点売上高で、1,000円が実績売上なので、実績売上を100としたとき、損益分岐点比率は70％となります。つまり売上の70％を超えたところから利益が出るということです。

$$損益分岐点比率（\%）＝（損益分岐点売上高÷実績売上高）×100$$

❸ 限界利益

　限界利益とは、売上から変動費を引いた金額のことです。言い換えると、売上金額のうち、固定費をまかなうのに配分できる額となります。❶の例でいえば、売上が1,000円で変動費が300円ですから、700円が限界利益となります。

$$限界利益（円）＝売上高－変動費$$

❹ 限界利益率

　限界利益率とは、売上を100としたときに固定費をまかなうために売上の何パーセントまで配分できるかという率のことです。❶の例でいえば、売上に対する変動費の割合が30％ですので、100％から30％を引いた70％が固定費をまかなうために使える費用の割合、つまり限界利益率です。

$$限界利益率（\%）＝\{1－（変動費÷売上高）\}×100$$

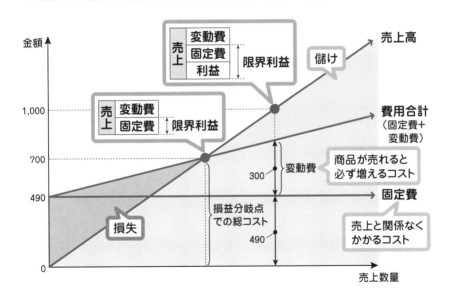

加点のポイント　損益分岐点は頻出！

損益分岐点の計算式は頻繁に出題されていますのでしっかり覚えておきましょう。

仕入形態と発注システム

頻出度
A

✿重要ポイント

- ☑ グローバル競争が激化する中で、サプライチェーン全体の効率化を図るには情報化が不可欠である
- ☑ POS、EOS、EDIなどはマーチャンダイジング・システムに必要不可欠である

1 仕入形態

❶ 買取仕入

　仕入形態の基本であり、商品を仕入れた時点で支払いを行います。所有権もこのとき買い手に移るので、売れ残りリスクは買い手が負う仕組みです。

❷ 委託仕入

　メーカーや卸売業が商品を小売業に預け、保管責任は小売業が負った上で、商品が売れたときに小売業に販売手数料を払う仕入形態です。ファッション、貴金属、美術品、毛皮、書籍分野で採用されています。返品できるので小売業側には売れ残りリスクが避けられるメリットがあり、メーカーや卸売業側にも仕入れてもらいやすい、価格決定権を維持できるといったメリットがあります。半面、買取仕入とは異なり、小売業はリスク負って仕入れているわけではないので、売ることにどん欲になりにくいことがデメリットです。

❸ 消化仕入（売上仕入）

　委託販売と似ていますが、商品の保管責任は小売業が負わずに、商品が売れたときに小売業に販売手数料を払う仕入形態です。百貨店などで採用されています。

❹ 当用仕入

　少量の商品を必要に応じて頻繁に仕入れる仕入形態です。手持ち商品が常に新鮮で在庫リスクを抑えることができ、必要資金も少額で済むメリットがあります。一方で、欠品リスクや、陳列ボリュームが貧弱で顧客への魅力に欠けること、大量仕入による仕入割引のメリットが受けられないなどのデメリッ

トもあります。

❺ 集中仕入

各店舗の仕入を一括でまとめて大量仕入することで、大幅な仕入価格値引きを得る仕入形態です。大量の在庫の保管コストや売れ残りリスクが発生するため、大量販売できる多店舗展開や、物流センター、大量保管倉庫の整備などが実施の前提条件となります。前提条件がそろえば、低価格での販売が可能になるほか、商品イメージの統一感が出る、本部での集中在庫管理などのメリットが得られます。

2 POSシステムとEOSの普及

昭和57(1982)年に大手コンビニエンスストアがPOSシステム(販売時点情報管理：Point of Sales System)を導入したことにより、メーカーが製造段階で商品にバーコード(JANコード)の印刷を行うソースマーキングが急速に進み、日本の小売業はPOSによる単品管理の時代に入りました。

同時期にEOS(電子受発注システム：Electronic Ordering System)の導入もはじまり、ペーパーベースからデジタルベースの受発注情報交換の時代になりました。この背景には、JANコードをはじめとするビジネスプロトコル(受発注での伝送手段、データ形式、商品コードの取り決め)の標準化が進められたことがあります。

POS システム

POSターミナルに連動しているスキャナ

どの商品が、いつ、何個、どの店舗で購入されたか情報が蓄積される

バーコード(JANコード)による自動読み取り機能

販売データ

コンピュータ(ストアコントローラー)で管理

３ VAN

　小売業と仕入先企業の企業間オンライン受発注が進展した背景として、VAN(付加価値通信網：Value Added Network)の普及があります。これは小売業と、仕入先の卸売業、メーカー、物流会社などの間にVAN会社が介在して、データの読み替えによってデータ交換ができるようにするもので、その後のEDIによるデータ自体の標準化の基礎となりました。

４ EDI

　EDI(電子データ交換：Electronic Data Interchange)は、小売企業間の受発注や請求のデータ交換を標準的な手順や規約を用いて行うことです。EDIを多くの小売業が導入することで、マーチャンダイジングにおける事務処理が大幅に合理化されます。

５ パートナーシップ

　近年では、サプライチェーン全体の最適化を目指して、日用雑貨メーカーやアパレルメーカーを中心に、メーカーに小売店頭での売上POSデータを公開し、売上変化に対応した生産を可能にするQR(即時的対応：Quick Response)の導入が進みました。このような仕入先企業による管理をベンダー主導型在庫管理(VMI(Vendor Managed Inventory))といいます。またこのQRを食品業界で応用したものがECR(効率的消費者対応：Efficient Consumer Response)で、この導入も進みました。

　これらの取り組みは、サプライチェーン全体の最適化を目指すサプライチェーン・マネジメント(SCM)と呼ばれ産業界全体に波及しています。

　SCMでは、需要予測・自動補充システムが最も重要視されており、これには小売業の販売・在庫データに基づいてサプライヤーが需要予測と自動補充を行うCRP(連続自動補充方式：Continuous Replenishment Program)や、小売業とサプライヤーが共同で需要予測を行うCPFR(共同需要予測：Collaborative Planning Forecasting and Replenishment)(JMI(Joint Managed Inventry)とも呼ばれる)などがあります。

　また、インターネットを活用したWeb-EDIの導入も進んでおり、インターネット上の取引市場であるe-マーケットプレイス(GNX、WWRE、リテールリンクなど)も構築されつつあります。

6 マーチャンダイジング活動の加速化

　今日のマーチャンダイジング活動は、EDIやWeb-EDIなどによって加速しており、小売業とサプライヤーはパートナーシップの関係へと進化しています。

サプライチェーンの構成

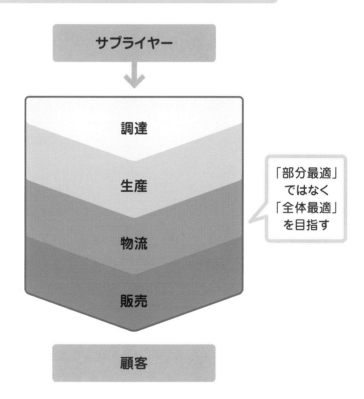

サプライチェーンとは、調達から販売までの一連のプロセスの「全体最適化」を目指す取り組みである

サプライヤー

調達

生産

物流

販売

「部分最適」ではなく「全体最適」を目指す

顧客

【従来】

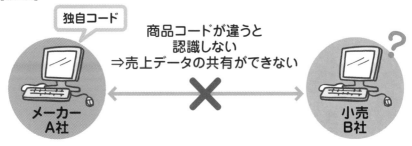

独自コード

商品コードが違うと
認識しない
⇒売上データの共有ができない

メーカー
A社

小売
B社

【QRを活用した場合】

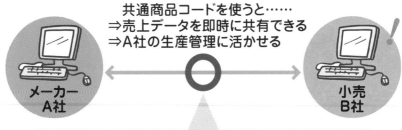

共通商品コードを使うと……
⇒売上データを即時に共有できる
⇒A社の生産管理に活かせる

メーカー
A社

小売
B社

QR実践における5つの基本テクノロジー

商品コード （JANコードなど）	出荷ラベル （SCMラベルなど）

ロールラベル	QRコードセンター	標準電子データ 交換（EDI）

加点のポイント EDI、QR、SCM、…。用語で押さえよう

このセクションに出てくるさまざまなシステムの用語はよく出題されますので
それぞれの意味、どのようなシーンで使われるかなどについてよく理解してお
きましょう。

Section 8

消費財の分類と再発注の ポイント

頻出度 **A** ★★★

> **🌸 重要ポイント**
>
> ☑ 最寄品と買回品は特性が違うため、仕入方法にも違いが出る

第2章

マーチャンダイジング

1 発注の視点

　売れ筋商品の発見と、単品ごとの販売動向把握を心がけ、タイミングよく、適量の発注を行います。流行商品、定番商品それぞれのプロダクトライフサイクル(PLC)には、特に気を配りましょう。

2 消費財の分類と仕入業務

　最寄品、買回品、専門品ごとに、購買特性に合わせた仕入を心がけます。

❶ 最寄品

　日常生活の定番購入商品であり、高い購買頻度、低い利益率です。商品回転率が高いので、品切れしないような再発注が必要です。

❷ 買回品

　消費者のこだわりが強く出るので、ターゲット顧客に対応するこだわりのある品ぞろえを季節感やイベントスケジュールに合わせてタイムリーに行う必要があります。利益率は最寄品より高く専門品より低い傾向があります。店内ムードや専門的なコンサルティングセールスの能力も重要になります。

❸ 専門品

　ストアロイヤルティやブランドロイヤルティが購買に強く影響するため、さらにこだわりのある独自性のある品ぞろえと、それを支える高度な専門知識とコンサルティングサービスが必要となります。利益率は最も高くなります。

　次ページの図でさらに整理し理解を深めておきましょう。

	最寄品	買回品	専門品
商品の具体例	生鮮食料品、日用雑貨	ファッション衣料品	自動車、高級腕時計
購入頻度	高い	低い	非常に低い
価格の傾向	低い	比較的高い	高い
粗利益率	低い	比較的高い	高い
購入頻度	高い	低い	非常に低い
商品回転率	高い	低い	非常に低い
接客サービスの重要度	低い	高い	非常に高い
購買のポイント	商標などを基準に、慣習的に購買することが多い	小売店の演出などの影響が大きい	商標に対する信頼度や小売店の店格などの影響が大きい
購買行動	購買のためにかける時間は短く、近隣の小売店を選ぶ傾向が強い	購買のためにかける時間は長く、繁華街やショッピングセンターなどで比較検討のうえ、購買される	購買のために時間と労力を惜しまず、専門性の高い小売店で購買される

3 最寄品の特性と再発注上の留意点

　最寄品は、販売量の確保や拡大が重要であり、反復購買による品切れの発生を防止することが重要です。

4 ベーシック・ストック・リストによる最寄品の再発注管理

　ベーシック・ストック・リストは、定番商品を品番発注するためのリストであり、品切れ防止のための適正在庫の確保のために用いられます。

ベーシック・ストック・リストによる最寄品管理の例

品番・品名	価格		週あたり販売		リードタイム(週)		最大在庫		最小在庫		発注		発注点在庫量
	仕入原価	販売原価	計画数量	予算額	発注期間	納品期間	数量	金額	数量	金額	数量	金額	
123 S社 ヘアシャンプー	100	150	2	300	5	2	3	450	1	150	1	150	1
134 M社 さらさらヘアシャンプー	200	250	1	250	5	2	2	500	1	250	1	250	1
136 M社 しっとりヘアシャンプー													
165 S社 ヘアリンス													

5 買回品の特性と再発注をめぐる留意点

買回品には、季節性やファッション性が高い衣料品、趣味性の高いインテリアなどがあります。季節的なタイミングをはずすと、同等品を仕入れることができず、売れ残りは死に筋商品となっていくため、月初の計画在庫高の算定およびタイミングのよい販売が重要となります。

月初の計画在庫数の算定方式には、「百分率変異法」と「基準在庫法」の2種類があります。

❶ 百分率変異法（買回品中心）による月初計画在庫高の計算方法

$$月初計画在庫高 = \frac{売上高}{商品回転率^{(※)}} \times \frac{1}{2}\left(1 + \frac{\dfrac{当該月の売上予算}{売上高}}{12}\right)$$

※商品回転率は、年間純売上高（売価）÷年間平均在庫高（売価）で求めます。

買回品は季節性が強く、売上が大きく変動するため、季節変動をそのまま考慮すると在庫への影響が大きすぎます。このため、季節変動による影響の大きさの半分（2分の1）を考慮して月初計画在庫高を決めます。

❷ 基準在庫法（最寄品中心）による月初計画在庫高の計算方法

$$月初計画在庫高 = \frac{売上高}{商品回転率^{(※)}} + 当該月の売上予算 - \frac{売上高}{12}$$

※商品回転率は、年間純売上高（売価）÷年間平均在庫高（売価）で求めます。

最寄品は季節変動による影響が小さいため、影響をそのまま考慮して月初計画在庫高を決めます。

6 プロダクトライフサイクルと再発注をめぐる留意点

商品がプロダクトライフサイクル（PLC）の各ステージのどこにあるのかを把握して、再発注を検討することは重要です（P110参照）。特に流行品は、成熟期から衰退期にかけて値引きなどによる売り切りを行い、再発注しないようにすることで死に筋商品を減少させることができます。

7 仕入と仕入先のチェックポイント

　買回品では、品質がよく、流行に敏感で、タイミングよく適量を仕入れることができる力のある仕入先を選ぶのがコツです。経営面の安全度も確認しましょう。最寄品では、より安定した商品供給が可能な仕入先を選定すること、専門品では、高い情報収集能力と、仕入のセンスをもつ企業と付き合うことがそれぞれ重要です。

 **消費財の分類を押さえる**

最寄品、買回品、専門品ごとに購買特性とそれにともなう品ぞろえのポイントをよく整理しておきましょう。

価格設定の方法

頻出度
A

> ✿**重要ポイント**
>
> ☑ 売価設定の方法やプライスゾーン、プライスライン、値入の方法
> 　を理解すること
> ☑ 価格設定は売上に直接関連する重要事項である

1 売価政策

　商品の売価を設定することを値入といい、原価に乗せる利益のことを値入額といいます。なお、売価設定の代表的な方法には以下のようなものがあります。

❶ コストプラス法…原価を基準にマージンをプラスして価格を決定
❷ ターゲット・プロフィット法…目標利益を決めておき、目標利益が得られるように価格を決定
❸ パーシーブド・バリュー法…買い手が受け入れられる価格を決定。利益やコストの計算はその後に行う
❹ ゴーイング・レイト法…競合他社の価格に合わせて自社の価格を決定
❺ シールド・ビッド法…入札のように、競争業者よりも低い価格に決定

　また、価格の決め方としては、メーカーから価格を指示される場合や、初回値入率計算で決まる場合、新商品のため高値入率に設定する場合もあります。顧客が価格に関してどのくらい知識があるかによっても販売価格を決定できる自由度が変わってきます。

2 プライスゾーンとプライスラインの設定方法

　プライスゾーンとは、商品カテゴリー（通常は品種）ごとに設定する価格の上限と下限の幅のことで、小売店の商品構成と価格面のバランスを保つのに役立ち、超高価格帯（特別価格帯）、高価格帯、中価格帯、低価格帯に分けられます。プライスラインは、プライスゾーンの中をさらにいくつかに分ける

ものです。つまり、店舗として、どのプライスゾーンやプライスラインを採用するかによって店の性格(高級店か大衆店かなど)を明確にすることができます。なお、プライスポイントとは最も多く売れた品目につけた価格のことをいいます。

価格設定の考え方

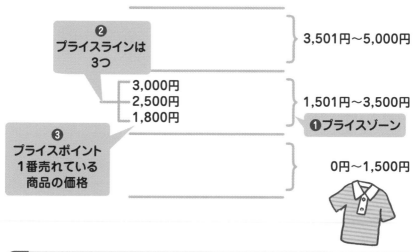

3 プライスライン(価格線)政策

プライスライニング(プライスゾーンをプライスラインで分けること)により、顧客は同一プライスライン上での商品比較が容易になります。また、店側としては在庫管理や値下げなどのオペレーションが容易になります。

4 値入額

値入額には、売価を100として、その何パーセントを値入額にするかという「売価値入率」と、原価を100として、その上に何パーセント値入額を積み上げるかという「原価値入率」の2つの考え方があります。

$$売価値入率(\%) = 値入額 \div 売価 \times 100$$

$$原価値入率(\%) = 値入額 \div 原価 \times 100$$

5 値付けに関する基本的事項

値付けに関する用語には以下のようなものがあります。

❶ マークアップ…仕入原価にいくらの粗利益をのせるかを設定
❷ リベート…一定期間の取引高の中から卸売業や小売業に割り戻すこと
❸ アローワンス…メーカーから小売業に対して払う販売奨励金などの報酬
❹ マージンとコミッション…販売価格に含まれる売買差益がマージンで、販売に応じて払われる手数料がコミッション

6 価格弾力性の考慮

価格弾力性とは、価格の変化に応じて、商品の需要が増えるか減るかを示す指標のことです。需要の変化率を価格の変化率で割った数(プラスマイナスを問わない絶対値)で表します。

価格弾力性＝需要の変化率÷価格の変化率

価格弾力性が1よりも大きい・・・価格弾力性が高い：
　　　　　　　　　　価格変化に対して、需要の変化が大きい
　　　　　1よりも小さい・・・価格弾力性が低い：
　　　　　　　　　　価格変化に対して、需要の変化が小さい

価格弾力性が1よりも大きい場合は価格弾力性が高い、つまり価格を下げるとよく売れるようになり、価格を上げると売れなくなる状態になります。逆に価格弾力性が1よりも小さい場合には、価格弾力性が低い、つまり、価格を上げても下げても売り上げは大きく変わらないという状態になります。一般に生活必需品は価格弾力性が低く、嗜好品は価格弾力性が高くなります。また強いブランドをもつ商品は、値上げに対する価格弾力性は低い傾向にあります。類似品が多く代替が容易かつブランド力が弱い商品は、値下げすれば売上が伸びる、つまり価格弾力性が高い傾向があります。

👑 加点のポイント　原価値入率と売価値入率

売価値入率は、売価を100とした場合に利益が何パーセント含まれているのか？
原価値入率は、原価を100とした場合に利益が何パーセント乗っているのか？
という視点です。

棚割システムの活用方法

⚙重要ポイント

☑ **棚割**の巧拙が利益に直結するため、小売業者は**スケマティック・プラノグラム**（購買需要予測型棚割システム）などを利用してコンピュータで最適配分を検討する

1 スロット構成（カテゴリー別棚割）

棚割とは、「同一カテゴリーのゴンドラスペースにおいて、顧客が買い求めやすいように商品を用途や機能などのテーマ設定によって分類・整理し、より多くの利益を獲得するために効果的な組み合わせにする小売マネジメント手法」のことです。重要な定番商品や新商品を、顧客の視点から選びやすく配置することにより売上と利益も向上するため、棚割は重要です。

基本的な棚割のプロセスは、以下のようになります。

基本的な棚割のプロセス

❶ フロアレイアウトの決定
▶
❷ ディスプレイ・パターンの決定
▶
❸ カテゴリー別のディスプレイ方法およびプレゼンテーション方法の決定
▶
❹ 商品の品ぞろえ（組み合わせ）
▶
❺ 単品のフェイシング
▶
❻ ディスプレイの実施（棚への配置）

出典：「販売士検定試験2級ハンドブック」

2 棚割の方法

最近ではパソコンを活用して、収益が最大となる棚割をシミュレーションする「スケマティック・プラノグラム」（購買需要予測型棚割システム）が活用されています。

3 棚割の管理

品目ごとの売上に応じてフェイス数（商品陳列の際の配置数）の調整を行います。これをフェイシングといいます。棚割は、最大収益を目指して計画化されるため、補充のときに決められた商品以外のあり合わせの商品で埋めてはいけません。単品管理が徹底されているコンビニエンスストアでは、まず商品カテゴリーごとにゴンドラ数や配置を決めるゾーニングを行います。ゴンドラごとの棚割も、売れ筋商品、死に筋商品の情報と関連商品の購買を考慮して決定します。

棚割の基本と手順

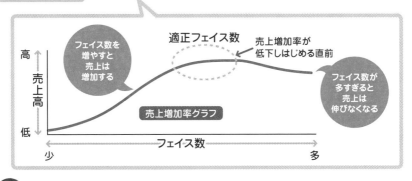

ゾーニング 商品カテゴリー間の関連性を考慮
（同時購買の促進）

↓

フェイシング 売れ筋商品や新商品は目立つ位置に広く配置
（売れ数比例式）

適正フェイス数

フェイス数を増やすと売上は増加する

売上増加率が低下しはじめる直前

フェイス数が多すぎると売上は伸びなくなる

売上高（高／低）

売上増加率グラフ

フェイス数（少／多）

 加点のポイント 棚割の流れをしっかり理解しておこう

スケマティック・プラノグラムを含め、棚割の基本的プロセスについてよく理解しておきましょう。

商品管理の方法と商品回転率

頻出度
A

⚙️重要ポイント

- ☑ 広義の商品管理は、商品在庫計画と在庫管理を指す
- ☑ 商品回転率は、商品に対する投下資本の回収状況を見る指標である
- ☑ 商品回転率の計算や、単品管理の必要性について理解する

1 商品管理の定義と内容

アメリカマーケティング協会（AMA）の定義によると、「商品管理とは、商品の仕入、販売、在庫、価格などの統計資料の収集・分析を意味するもの」と規定しています。これは狭義のものであり、広義の商品管理は、マーチャンダイジングの一部としてとらえられます。つまり、商品管理とは「小売業の主要顧客層のニーズと小売業の財務戦略の要件との間のバランスを維持するための商品在庫計画と在庫管理」と考えられます。

2 単品管理の必要性

ひとつの商品の仕入量を増やすべきか、減らすべきかは部門別やカテゴリー別の売上を見てもわかりません。単品ごとに売上データを収集し、過去の売上と比較して変化があれば、「なぜそうなっているのか」という仮説を設定します。そしてその仮説に基づく実践結果をもとに、次の仮説を設定します。この活動の繰り返しにより、仮説の精度が上がり、より効率の高い品ぞろえができるようになります。

3 死に筋商品の取り扱い

死に筋商品は、キャッシュフローの悪化、売場スペースの非効率化などにつながります。死に筋商品は単品管理によって発見するとともに思い切った値下げや廃棄で処分すべきです。必要以上の過剰在庫を抱えることは、保管商品の汚損破損による商品ロスや、在庫費用の増加、店舗での売れ筋商品の

陳列スペース確保が十分でなくなることによる販売機会の損失などにつながります。

4 商品回転率

商品回転率は、通常1年間を目安として、手持ち在庫が平均何回販売されたのかを示す比率です。別の言い方をすれば、商品に投下した資本（仕入＋在庫の経費や宣伝費など）を売上の中で何回回収しているのかを示す指標でもあります。商品回転率の代表的な計算方法は以下の通りです。

❶ 売価で求める方法…商品回転率＝売上高÷平均在庫高(売価)
❷ 原価で求める方法…商品回転率＝売上原価÷平均在庫高(原価)
❸ 数量で求める方法…商品回転率＝売上数量÷平均在庫数量

平均在庫高の計算は、（期首棚卸高＋期末棚卸高）÷2、または（期首棚卸高＋中間棚卸高＋期末棚卸高）÷3で求めるのが一般的です。商品回転率を高めるには、売上を上げるか、平均在庫高を下げるかのどちらかを行います。

 加点のポイント **商品回転率の意味を理解しよう**

商品回転率とは、在庫に投資した資金がどのくらいの速さで回収されているかを示す指標ですので、回転率が高い方が経営効率が高いことになります。3つの計算式もよく理解しておきましょう。

POSシステムの活用方法

✿重要ポイント

☑ POSは単品管理の前提となる情報を与えてくれるシステムである

☑ POSとは購買時点情報管理のことで、購買時点での情報を管理するものである

☑ POSデータを前提としたABC分析は、死に筋商品の排除や売れ筋商品のさらなる成長に役立つ

1 POSシステムの情報と効果

POSシステムからは、①商品情報、②顧客・客層情報、③販促情報、④従業員情報、⑤販売情報、の5つの情報が得られます。

2 POSシステムを支えるバーコードの仕組み

小売業界では単品管理にPOSシステムが活用されています。単品を認識するために、国内では日本国内の標準バーコードであるJAN(EAN)コードが使用されています。このバーコードは全部で13桁で、最初の2桁が国名を示しており、次の5桁(7桁)がメーカー名を示し、その次の5桁(または3桁)が商品名を示しています。最後の一桁はエラーチェックのために使われます。国内のPOSシステムは、アメリカやカナダの標準である12桁のUPC(Universal Product Code) コードも読み取れるようになっています。

物流面でも集合包装用商品コードの国際標準であるGTIN-14(Global Trade Item Number)が企業間の商品識別コードとして活用されています。

3 POSシステムのハード面でのメリットとソフト面でのメリット

POSシステムには次のようなメリットがあります。

❶ **POSシステムのハード面でのメリット**…チェックアウト時間短縮による顧客サービスの向上、レジでの人的作業の合理化、値付け作業の省力化

❷ **ソフト面でのメリット**…死に筋商品の把握、欠品や過剰在庫の防止、各

種セールの販売動向評価、品ぞろえ向上

4 | 重点管理とABC分析

　POSデータは、単品管理による売れ筋商品や死に筋商品の管理だけでなく、販売データの分析により、将来の売れ行きを予測するためにも活用できます。その手法のひとつが、ABC分析（パレート分析）です。なお、この分析の元になっているパレートの法則は、「売上の大部分は、少数の売上上位の品目によって生み出されている」といったことを表す理論です。

　ABC分析では、商品を売上実績によってAランク、Bランク、Cランクと分類し、売上の大半を占めるもの（例えば売上累計比で全売上の75〜80%くらい）をAランク商品とします。Aランク商品は売上の大部分を占める大切な品目ですので、重点的にきめ細かなマーチャンダイジングをすることで、より一層全体の売上を伸ばします。Bランクには、Aランク商品と併せると全体売上の90〜95%くらいまでの累計売上高を構成すると予想される商品を入れ、こちらもきめ細やかなマーチャンダイジングの対象とします。それ以外のCランク商品は、売上の中では小さな単位となりますので、Bランクに伸びそうな商品やAランクやBランクの商品と関連購買される商品以外は死に筋商品としてカットします。

　Aランク商品を伸ばしつつ、Bランク商品からAランクになりそうなものを伸ばし、Cランクの中からBランクへ伸びそうな商品も伸ばす、というやり方が定石です。

👑 **加点のポイント** ▶ **POSシステムの理解はとても大切！**

POSシステムは、コンビニエンスストアの業態(P40)や流通効率化(P75、P94)を理解するためにも重要です。ハードメリット、ソフトメリットについてもしっかり押さえておきましょう。

Section 13

小売業の物流システム

頻出度 A

⚙ **重要ポイント**

☑ 小売業界における物流は、メーカー主導から、小売業主導の「顧客ニーズ対応型の物流」へ変化している

---

1 小売業界における物流システムへの取り組み

　小売業界では、品ぞろえの特性に合わせたさまざまな物流システムを構築する取り組みが行われています。

❶ **買回品中心で総合的な品ぞろえの百貨店**…ブランド品や最先端の季節商品をまとめてすばやく導入する「時期集中型小口物流」システムの構築

❷ **最寄品中心で総合的な品ぞろえの総合品ぞろえスーパー**…商品を在庫せずに、入荷受入口と出荷送り出し口のを交差的につなげて、ところてん式に商品を送り出していく通過型配送センターである「クロスドッグ型トランスファーセンター物流」システムの構築

❸ **最寄品中心、限定的な品ぞろえのコンビニエンスストア**…「一日複数回時間帯指定の混載型納品」システムの構築

❹ **買回品中心、限定的品ぞろえの専門店チェーン**…「不定期型納品」システムの構築。大規模店では、「少品種多量高頻度納品」システムの構築

2 小売業態別にみる物流の現状と課題

　業態別にも業態特性に対応した物流効率化の取り組みが進んでいます。

❶ **百貨店**…自主マーチャンダイジング強化と、クイックリスポンス(QR)に対応する共同配送システム構築

❷ **総合品ぞろえスーパー**…グローバル競争への対応と、ITシステム化の一層の強化。複数のサプライヤーからの納品を物流センターに一括納品してから各店舗へ配送する統合型物流システムへの転換

❸ **コンビニエンスストア**…発注精度を高める情報システムと、ネットワーク物流の強化

❹ 専門店…小規模店における非効率な物流システムから脱却するための共同化

3 小売業の物流の新たな方向

今後取り組むべき物流の課題を業態別にまとめると以下のようになります。
❶ 百貨店…QR強化のためのシステムの標準化、共同化、外部化
❷ 総合品ぞろえスーパー…商品自動補充システム（CRP）導入における日本型の効率的消費者対応（ECR）の構築
❸ コンビニエンスストア…共同配送を含む第五次総合情報システムの構築
❹ 専門店…共同化により有力な卸売業とのパートナー体制づくりを推進

4 物流コスト管理

物流ネットワーク全体での物流コスト管理の強化は、今後より一層重要となってきます。

顧客ニーズに応える物流には
課題がたくさんある

 加点のポイント 専門用語を押さえよう

物流システムについては専門用語が多くあるので、それぞれしっかり内容と用語が一致するように学習しましょう。

Section 14

サプライチェーンの効率化とパートナーシップ

★★★
頻出度
A

✿重要ポイント

☑ **サプライチェーン**は、生産から消費までの一連の流れを最適化する仕組みである

☑ サプライチェーンを効率化する仕組みについて理解しておく

---

1 サプライチェーンの効率化と流通情報

　原材料から、生産段階や流通過程を経て、最終消費者に届くまでの複数の企業間の供給連鎖を「サプライチェーン」といいます。逆に消費者の視点からみて、小売業がイニシアティブをとってメーカーまでの流通合理化を図る需要連鎖を「ディマンドチェーン」といいます。

　これらの効率化のためには、①「取引情報（受発注情報、代金決済情報、EOSへの対応など）」、②「物流情報」、③「市場情報（POSデータなど）」、④「販売促進情報（広告、店頭販促情報など）」の4つの情報を、チェーン全体で共有できることが望ましい環境といえます。

2 流通情報化インフラとしてのEDI

　EDI（電子データ交換：Electronic Data Interchange）とは「異なる企業間で、商取引のためのデータを、通信回線を介して標準的な規約を用いてコンピュータ間で交換すること」です。「標準規約」という共通データ形式を用いることにより、各企業は、この共通データ形式にデータを変換すればよくなり、複数の企業がそれぞれ1対1の対応でデータの変換をする必要がなくなりました。これによりサプライチェーンの効率化が実現されています。

3 チェーンストアにおけるEDI展開

　チェーンストアでは、発注担当者が「EOS端末」で発注情報を入力すると、チェーン本部が「受発注EDI」でサプライヤーにデータを送信します。サプライヤーは物流センターに納品し、物流センターで検品されたものが店舗に

送られるため、店舗ではノー検品で荷受けされます。

　「物流EDI」では、さらなる効率化を図るために、サプライヤーは納品する単品集合単位ごとのダンボールに、ITFコード（商品の梱包状態がわかる：Interleaved Two of Five）を印字し、混載ダンボールにはSCMラベル（店・取引先コード、納品指定日などがわかる：Shipping Carton Marking）を貼り、ASN（事前出荷明細：Advanced Shipping Notice）をあらかじめチェーン本部にデータ送信しておきます。これらにより、物流センターでは機械による検品が可能になります。さらに、「決済情報EDI」も決済事務の効率化を図るために活用されています。

物流EDIの基本的な仕組み

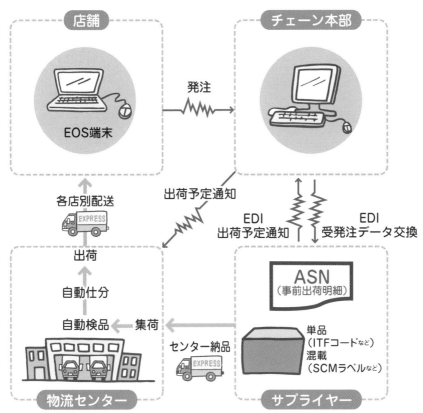

出典：「販売士検定試験2級ハンドブック」

4 QR、DCMへの進展とパートナーシップ

　EDIの進展を背景に、POSデータから店頭での売れ筋商品を把握して、生産計画までを効率化するクイックリスポンス（QR：Quick Response）（P73参照）や、消費者ニーズへの対応をベースに、小売業が主導で生産段階までを効率化するディマンドチェーン・マネジメント（DCM；Demand Chain Management）といった、経営の手法が発展しています。これは、生産者が流通の主導権を握るプロダクトアウトから、消費者ニーズへの最適対応を図るマーケットインに変化した現れともいえます。

　この変化の中では、サプライヤーと小売業とが、共存共栄を図るパートナーシップの関係を目指すべきといえます。

5 商品コードの各業務への活用

　企業間の電子的なデータ交換には、GS1（国際的な流通標準化機関）が推進する、商品識別コードGTIN（ジーティン：Global Trade Item Number）が使用されます。このGTINの導入により、現在個別に使われている商品コードを国際的に標準化・統一化された商品コードに低コストで変換できるため、企業にとって大きなメリットがあります。

👑 加点のポイント　**物流は用語を覚えましょう**

物流関連では、ITFコード、SCMラベル、ASN、QR、GTINなど専門用語をしっかり覚えることが得点upにつながります。

MEMO

理解度チェック 一問一答

Q1 チェーンストアでは、1年を52週に分解して週間単位の販売計画を立案する。

☑☑

Q2 マーチャンダイジングは、商品計画や商品化政策と呼ばれる。

☑☑

Q3 ディストリビューターとは、店舗に商品を届ける配送員のことである。

☑☑

Q4 チャネルキャプテンとは、スーパーマーケット、ドラッグストアなど各業態において、地域で売上が一番の小売業のことを示す。

☑☑

Q5 カテゴリーマネジメントとは、売場のあり方を消費者のニーズをもとに区分し、区分されたカテゴリーごとに戦略を築き上げていこうというマネジメント手法である。

☑☑

Q6 シールド・ビット法とは、目標利益をあらかじめ決めておき、その目標利益が得られるように価格を設定する方法である。

☑☑

Q7 変動費には水道光熱費や人件費などが含まれる。

☑☑

Q8 損益分岐点とは、利益と変動費＋固定費が一致するときの売上高のことである。

☑☑

Q9 仕入原価10,000円の商品に、売価25,000円を設定したときの売価値入率は、60%である。

☑☑

Q10 EOSとは、異なる受発注データを交換するシステムのことである。

☑☑

A1　○　商品計画をもとに販売計画を作成するが、多くの場合、年単位や月単位だけではなく、週単位のレベルで販売計画を作成する。

A2　○　マーチャンダイジングの定義についてもたびたび出題されているので押さえておこう。

A3　×　ディストリビューターとは、店舗ごとカテゴリーごとの最適な商品を設定する専門スタッフである。

A4　×　チャネルキャプテンとは、その流通チャネルでの市場シェアがトップであり、流通チャネルを牽引できるメーカーを指す。

A5　○　設問文の通りである。

A6　×　シールド・ビット法とは、競争業者よりも低い価格に設定する方法である。設問文は、ターゲット・プロフィット法の内容である。

A7　×　変動費とは売上と比例して増える費用のことであり、水道光熱費や人件費は固定費に含まれる。

A8　×　損益分岐点とは、限界利益（売上高－変動費）と固定費が一致する売上高で、利益ゼロのときの売上高である。

A9　○　売価値入率は「値入額÷売価×100」で導き出される。なお、本問では、値入額は25,000円－10,000円＝15,000円となる。

A10　×　EOSとは、電子受発注システムのことである。設問文の内容はEDI（電子データ交換）である。

Q11 GTINとは、国際標準の商品識別コードである。
☑☑

Q12 プライスゾーンとは、ある商品カテゴリーの中で最も売れている品目に
☑☑ つけた価格のことである。

Q13 プライスラインとは、顧客がその商品を購入する上限の価格のことである。
☑☑

Q14 CPFRとは、小売業とサプライヤーが共同で需要予測をするシステムで
☑☑ ある。

Q15 CRPとは、需要予測に基づいて、小売業が人員配置を行うシステムである。
☑☑

Q16 百分率変異法は、需要が安定している定番商品の月初在庫高を計算する
☑☑ ために活用される。

Q17 13桁JANコードの最初の2桁はメーカー名を表している。
☑☑

Q18 SKUとは顧客が購入する際に最小単位となる商品分類である。
☑☑

Q19 商品回転率が高いということは投資資本効率が高いということである。
☑☑

Q20 ASNとは、事前出荷明細のことで、これがチェーン本部に先に送信さ
☑☑ れることで機械による自動仕分けが可能になる。

A11 ○ 設問文のとおり、GTINとは、国際標準の商品識別コードである。

A12 × プライスゾーンとは、商品ごとに設定した価格の上限と下限の範囲のことである。なお、設問文のような価格のことをプライスポイントという。

A13 × プライスラインとは、プライスゾーンの中で購入者が選択しやすいように設定されたいくつかの価格のことである。

A14 ○ 設問文の通りである。この章では、EDI、GTIN、ASNなどの略語が登場するので、混同しないように気を付ける。

A15 × CRPとは、小売業の需要予測に基づいて、サプライヤーが自動的に商品の補充量を決定できるようにしたプログラムのことである。

A16 × 百分率変異法は、需要が不安定な流行商品の月初在庫高を計算するために活用される。

A17 × 13桁JANコードの最初の2桁は国名を表している。

A18 ○ SKUはアイテム（品目）のさらに1つ下の階層に位置し、同一品目の色違い、内容量違いなどの最小単位の商品分類を表すものである。

A19 ○ 商品を販売するために、仕入や在庫、宣伝に資本が投入される。商品回転率が高いということは、投資した資本の効率が高いということになる。

A20 ○ 設問文の通りである。物流EDIの基本的な仕組みの中で用語を覚えておこう。

MEMO

第3章

ストアオペレーション

この科目では、ストアオペレーションの実際を学びます。店舗運営サイクルの実践と管理、戦略的購買促進の実施方法、戦略的ディスプレイの実施方法など実践的な店舗運営の知識を学び、さらにレイバースケジューリングプログラム（LSP）の役割と仕組み、人的販売の実践と管理など人的管理についても学びます。

顧客満足度を向上させる ストアオペレーション

頻出度
A

🔧 **重要ポイント**

☑️ 大まかに、商品、接客・サービス、店舗環境に分類できる

---

1 顧客満足度向上のためのストアオペレーション

ポイントは、以下の7つです。

❶ 品ぞろえの向上…POSデータを活用して、ターゲット顧客のニーズに合う商品を揃える。また、顧客がひとつの店舗で買い物を完結できるワンストップショッピングが可能な商品構成も顧客満足向上の要素となる

❷ 価格設定と取扱商品の品質向上…どこでも購入できるようなコモディティ商品では低価格で品質のよいものを提供する。ブランド品など高級品では、顧客の期待を上回る品質・デザインの商品を扱う

❸ ディスプレイの向上…見やすく、手に取りやすく、選びやすく、買いやすいディスプレイを目指す

❹ 販売促進の向上…対面販売、ダイレクトマーケティングに加え、Twitter等のSNSの活用も視野に入れた密接なコミュニケーションを目指す

❺ 接客レベルの向上…直接接客する要員以外も含め、全員がもてなしの心(ホスピタリティ)をもち高い意識で働くことで、顧客からの高いストアロイヤルティを得ることを目指す

❻ サービス提供の向上…商品の取り寄せ、包装、クレジットカード決済、電子マネーの取り扱い、寸法直しや商品配送など、商品そのもの以外でのサービスも重要になっている

❼ 買い物環境づくりの向上…整理・整頓・清掃の3Sと空調・照明・店内表示などでストレスを感じさせないストレスフリーショッピングを目指す

👑 **加点のポイント** 顧客満足度は売上・利益向上の土台

顧客満足度の上昇は、次に説明する「売上・利益向上」にも大いに影響します。解説したポイントをしっかり押さえましょう。

売上・利益向上のための ストアオペレーション

頻出度 A

★★★

●重要ポイント

- ☑ 常に販売単価と販売数量の増加のための施策を研究する
- ☑ 原価の低減と費用のローコスト化により高い利益率を目指す

1 売上向上のためのストアオペレーション

　今日の経営環境は、オーバーストア現象による商圏の縮小、少子高齢化による人口減少、消費の停滞などが重なり、客数の増加は非常に困難となっています。そこで、客単価の向上を目指す必要性が高まっています。

　客単価の向上の方策としては、売上＝単価×数量であることを意識して、高単価商品の購入促進、関連商品販売（クロスマーチャンダイジング）による販売数量増加を検討します。それに加えて、以下のようなポイントを検討します。

❶ 欠品の発生防止…特に売れ筋商品や広告商品の欠品を防止する

❷ 不的確な販売方法の修正…陳列方法、POP広告の効果などを再検討して効果アップを目指す

❸ 新商品や売れ筋商品に関する情報収集…自店だけでなくサプライヤーや他店の売上情報を収集し、新商品や売れ筋商品を増やす

2 利益向上のためのストアオペレーション

　売上総利益＝売上高×粗利益率を基本に、高い売上と、高い粗利益率を追求します。具体的には以下のようなポイントがあります。

❶ 仕入価格引き下げ…大量発注、相見積などで仕入交渉を行う

❷ プライベートブランド（PB）商品開発…利益率の高い商品を自社企画で作成する

❸ 高値入率商品の推奨販売強化…高い値入率設定でも売りやすい高付加価値商品を積極販売する

❹ 値下げ・値引きを減らす…売れ筋商品を適正在庫し、ベストなタイミン

グで売り切る

❺ 減耗を減らす…減耗とは商品ロスのことである。消費期限が短い商品では鮮度管理を徹底し、破損、汚損、腐敗、万引き、紛失などに対する防衛策を講じる

③ 販売管理費低減のためのストアオペレーション

販売管理費を費目ごとに見直し、ローコストオペレーションによる営業利益向上を目指します。

❶ 粗利益に応じた適切な労働分配率と労働生産性の向上…人件費は最大のコストであるため、労働分配率（人件費÷粗利益、粗利益に対する人件費の割合）が高くなりすぎないように、また、労働生産性が向上するようにワークスケジューリングや店内作業の効率化を常に追求する

❷ 売上や粗利益に応じた適切な店舗賃借料…自店の粗利益率を考慮して無理のない賃借料の店舗を検討する

❸ 費用対効果の高い広告宣伝…チラシ広告やDMに加え、ネットでのモバイル販促や来店客に対する適切なインストアプロモーションを計画し実行する

❹ 水道光熱費の低減…水道光熱費も大きなコストであるため、省エネ機器の導入や、エネルギープランの見直しなど常にローコスト化を追求する

顧客満足と売上・利益向上のためのストアオペレーション

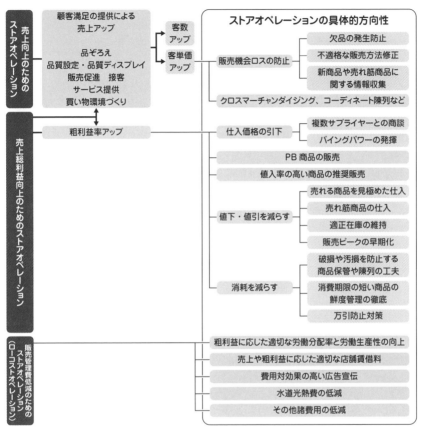

出典:「販売士検定試験2級ハンドブック」

👑 **加点のポイント** オペレーションの目的を意識して覚えよう

上の図のように売上・売上総利益の向上、販売費管理費の低減など目的別にどのようなストアオペレーションをすべきかしっかり理解し整理して覚えましょう。

発注システムの運用と管理

頻出度 **A**

🌸 重要ポイント

☑ 定番商品に欠品を起こさないためには、補充発注が重要である

---

1 補充発注

　定番商品の維持管理には、棚割表によるフェイシング管理と、欠品防止のための補充発注が重要です。フェイシングとは、商品のフェイス数を決定し、商品の顔となる正面、またはその特徴を強調して並べる陳列方法のことです。商品の魅力を訴求できるよう戦略的に陳列を計画したものが棚割表ですので、その通りに陳列されているか管理を行うことが重要です。補充発注について、今日では、ストアコントローラーによるEOSシステムによる発注が行われています。

補充発注フロー

一般的なステープル商品発注の場合

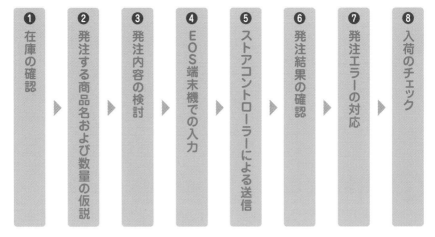

① 在庫の確認 ▶ ② 発注する商品名および数量の仮説 ▶ ③ 発注内容の検討 ▶ ④ EOS端末機での入力 ▶ ⑤ ストアコントローラーによる送信 ▶ ⑥ 発注結果の確認 ▶ ⑦ 発注エラーの対応 ▶ ⑧ 入荷のチェック

2 商品特性別補充発注

商品の特性を考慮して「適品・適時・適量」の品ぞろえをすることが重要です。

❶ **ステープル商品の発注**…常に在庫しておく必要のあるステープル（定番）商品（加工商品、衣料、生活雑貨など）は、欠品や過剰在庫にならないよう留意して発注する

❷ **ファッション商品の発注**…季節性の高いファッション商品は、再発注できない商品などもあるため、あらかじめ補充発注が可能なリストを整備しておき、そのリストの中から補充・発注を行う

❸ **生鮮食品の発注**…毎日売り切り型の生鮮食料品は、チラシ広告や催事プロモーション、天候、気温などの影響を総合的に勘案しつつ、欠品を出さずに、売れ残りもないよう注意して発注する

3 最低陳列数量と欠品

補充発注作業を効率的に進めるためには最低陳列数量と欠品（品切れ）の意味を理解しておく必要があります。陳列量が一定数量以下になったとき、販売数量が急速に減少する場合があります。この一定数量のことを最低陳列数量といい、それ以降の状態を相対的欠品といいます。下図のグラフでいえば、A商品の最低陳列数量を11と仮定すると、5日目には最低陳列数量を割っており、相対的欠品（品切れ）状態であるといえます。なお、陳列棚にまったく在庫がなくなった状態のことを絶対的欠品といいます。

販売動向データ

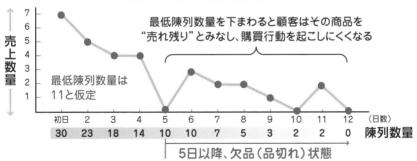

A商品の12日間の販売動向データ

最低陳列数量を下まわると顧客はその商品を"売れ残り"とみなし、購買行動を起こしにくくなる

最低陳列数量は11と仮定

	初日	2	3	4	5	6	7	8	9	10	11	12
陳列数量	30	23	18	14	10	10	7	5	3	2	2	0

5日以降、欠品（品切れ）状態

発注をしてから店舗に商品が入荷するまでの期間である発注リードタイムを考慮すると、最低陳列数量になってから発注をかけても欠品となる可能性が高いため、発注リードタイムを考慮してより早い補充発注をする必要があります。

4 プロダクトライフサイクル（PLC）の活用

　商品は市場に投入されて売上が伸び、その後、競争などで衰退していく大きな流れを辿ります。その流れのことをプロダクトライフサイクル（PLC）といいます。開発期から衰退期までそれぞれの段階に応じてやるべきことが違ってくるため、以下のような流れをつかむことが重要です。

❶ **開発期商品**…商品の発売前で、メーカーが売り出し時期や売り出し価格、売り出し方法を検討している段階。プライベートブランド（PB）商品など、小売業自らが商品企画を行っている場合は、リーダーシップを取って発売前の戦略を検討する

　　＜小売業として行うべきこと＞

　　メーカーから開発情報を入手し、商品の仕入れの有無について決定し、販売に向けて準備を行う

❷ **導入期商品**…発売されたばかりで消費者の認知度が低く、売上高もそれほど高くない商品

　　＜小売業として行うべきこと＞

　　認知度を向上させ売上を伸ばすために、POPなどの広告やディスプレイ方法の検討を行うなどの販売促進活動を行う

❸ **成長期商品**…商品の認知度が向上し、売上が伸びている商品。類似商品が登場し始める時期でもある

　　＜小売業として行うべきこと＞

　　需要の増大に対応し、欠品による販売機会の損失を防ぐために仕入れ体制を強化する

❹ **成熟期商品**…新商品としての魅力が薄れたり、後発の類似商品にシェアを奪われるなどして、売上が頭打ちになった商品

　　＜小売業として行うべきこと＞

　　値引き販売や景品付き販売を行うなどして、他店との差別化を行い売上高の維持を目指す。また、在庫を減らしていく方向で仕入計画をたてる

❺ 衰退期商品…流行遅れになるなどして、売上が落ち込んでいる商品。こうした商品ばかりを扱っていると、店舗イメージの悪化につながる

＜小売業として行うべきこと＞

商品の撤退を検討し、在庫処分を行っていく。ファッション商品など返品の商習慣があるものは、返品を行う

プロダクトライフサイクルとその特性

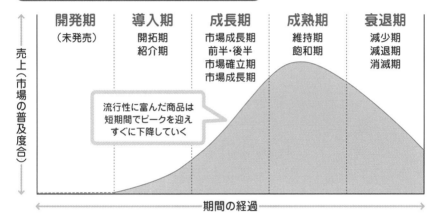

 加点のポイント **プロダクトライフサイクルは頻出**

プロダクトライフサイクルは、過去にはマーチャンダイジング（第2章）で出題されるなど販売士検定試験全体でも出題頻度が高いテーマです。どの時期にどんな行動を取るべきか、しっかり頭に入れておきましょう。

商品の補充

頻出度
A

✿重要ポイント

☑ 納品された商品を、売場に適正にディスプレイすることを補充という

☑ 商品のフェイスを前面に出してきれいにそろえ、見やすく、取りやすくする陳列を「前進立体陳列」という

☑ 商品の前出し作業は、売上を高めるだけでなく在庫状況の確認にもなる

1 商品の補充

　商品の補充とは、納品された商品を売場に適正にディスプレイすることです。売場では整理整頓作業の一環として、商品の前出し作業（前の商品が売れて棚の奥になってしまっている商品を前に出す作業）が行われます。このように商品のフェイスを前面に出してきれいにそろえ、見やすく、取りやすくする陳列を「前進立体陳列」（フェイスアップ）といいます。食品などを扱うスーパーマーケットやドラッグストアでは、1日4回程度、1回あたり5分から10分の作業を行うことで、店舗イメージの向上や販売機会を高める効果があります。

補充にあたっての陳列方法

②後ろに商品を
追加していく

①まず商品のフェイスを
前に合わせて整える

補充は、欠品または品薄の場合に棚割表に基づいて行います。一般的な手順としては、補充商品をバックルームから運搬用カートで店舗へ運び、陳列（リセット）します。店舗が混雑している場合は、よりコンパクトなカット台を使用して補充を行います。その際、お客様の通行、買い物のじゃまにならないよう留意して的確に素早く行うことが重要です。

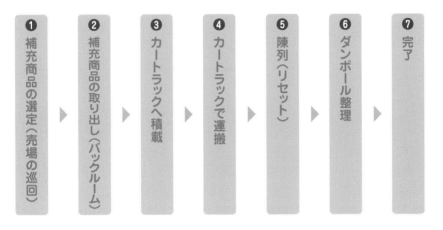

❶ 補充商品の選定（売場の巡回）

❷ 補充商品の取り出し（バックルーム）

❸ カートトラックへ積載

❹ カートトラックで運搬

❺ 陳列（リセット）

❻ ダンボール整理

❼ 完了

第3章　ストアオペレーション

 加点のポイント **前進立体陳列のメリット**

商品を手に取りやすくするだけではなく、きちんと管理された店舗である印象を与えるため店舗イメージの向上にもつながります。

戦略的ディスプレイの方法

頻出度
A

✿重要ポイント

☑ 変形陳列は売場にアクセントをもたらすが、売場全体の20%以内にとどめる

☑ さまざまなディスプレイ方法については、どんな商品に用いるかとともに、メリット・デメリットをしっかり押さえておく

1 基本的ディスプレイ方法と変形陳列

　商品の補充のところで解説した前進立体陳列(フォワード陳列)が陳列の基本となります。しかし、それだけでは売場が単調になるため、以下のような変形陳列をところどころ(売場の20%以内)に使って、売場にアクセントをつけます。

❶ プッシュアウト陳列…通常の陳列ラインから突き出す形で前面にディスプレイし顧客の注目を集める方法。主に新商品や育成したい商品に用いる

❷ ウイング陳列…ゴンドラエンドや平台の横に付きだす形でディスプレイを行う方法。認知度を高めたい商品や在庫処分をしたい商品、あるいは、ゴンドラエンドの商品と関連購買が期待できる商品に用いる

❸ ステップ(ひな壇)陳列…商品を3段以上積み上げて、階段状にディスプレイする方法。缶詰など積み重ねても変形しない商品に用いる

❹ パイルアップ陳列…商品を垂直に高く積み上げてディスプレイする方法。積み重ねても安定感がある中〜大型の商品に用いる

2 さまざまなディスプレイ方法と留意点

　取り扱う商品や接客方法ごとに適しているディスプレイ方法があります。

❶ 前進立体陳列…セルフサービスの売場で古い商品を前に出して揃え、見やすく取りやすいように陳列する方法

メリット
古い商品から手に取ってもらえるので、賞味期限切れによる商品ロスを防ぐことができる

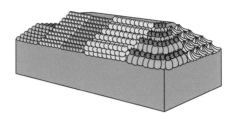

デメリット

下に積まれた商品は、潰れたり、
中身が破損したりすることが
ある

❷ カラーストライプ陳列…1か所に同じ色の単品を
集めて縦に色の縞をつくり、選びやすく見た目に
も魅力的なディスプレイをする。細かなデザイン
のものより、シンプルなデザインの商品の方が効
果的である。主にセルフサービスを行う店舗で取
り入れられている

メリット

魅せる陳列で、顧客をひきつけて購買行動へつな
げることができる

デメリット

カラーの配置を誤ると商品が目立たなくなってしまう

❸ コーディネート陳列…生活のシーンから
テーマを選び、そのシーンに役立つ関連
商品をまとめてコーディネートを行い、
ビジュアルをつくってアピールする。主
に対面販売を行う店舗で取り入れられて
いる

メリット

コーディネート提案の展示によって、ス
トアコンセプトを伝えることができる。
また、衣料品ならベルトや靴といったように、関連商品も訴求できる

デメリット

コーディネートについて顧客から聞かれる可能性があり、販売員の商品知
識や接客技術が問われるため、社員教育の向上を図らなければいけない

❹ サンプル陳列…商品に触れられるよう
にしたり、箱の中身がみられるように
サンプルを展示する方法。セルフサー
ビス、対面販売、どちらの店舗でも行
われる。大型商品や高額商品の場合は、
サンプル商品の横に商品カードを置き、

それを持ってレジに行くことで精算できるようにする。また、商品カー
ドを使って清算を行う場合には、商品を渡す前に顧客の目の前で実際の
商品を必ず確認する

メリット
顧客が商品に触れたり、箱の中身を見たりすることで、興味をそそられ、
購買活動につながる

❺ ハンガー陳列…セルフサービス、対面
販売を問わず衣料品を扱う店舗などで
取り入れられている方法。サイズごと
に色の違うハンガーを使ったり、袖の
部分が見えるように陳列するスリーブ
アウトを行って商品のカラー展開がわ
かるようにしたりして、見やすく手に
取りやすい工夫を行う

メリット
顧客が商品を手に取りやすい環境をつくることができる

デメリット
ひとつのハンガーパイプにたくさんの商品をかけてしまうと、顧客が商
品を元に戻しにくくなり他のハンガーパイプに商品を戻してしまうなど
陳列が乱れ、メリットが活かせなくなる

👑 加点のポイント **陳列方法は確実に押さえておこう**

毎回のように、「変形陳列」「さまざまなディスプレイ方法」のいずれかが出題さ
れています。一つひとつの陳列方法のメリット・デメリットを確実に押さえましょう。

棚卸と在庫管理の重要性

✿重要ポイント

☑ **在庫管理は、**利益管理や**キャッシュフロー**とも関連があるため重要である

1 棚卸の目的

　棚卸は、伝票ベースの在庫と実際の在庫をすり合わせることにより、棚卸ロス（差異）を発見することが目的です。この棚卸ロスには、万引きや不正によるもの、単純ミスによるものなどがありますが、原因を確認して修正していくことが大切です。

　会計的には仕入れた商品在庫を資産計上し、帳簿上で棚卸資産を管理する継続棚卸法と、商品在庫は仕入費用として金額管理を行い、期末に現品棚卸として棚卸資産を管理する現品棚卸法があります。日々の在庫の把握には継続棚卸法が活用しやすく、期末の正確な在庫の把握には現品棚卸法が役に立ちます。両方を組み合わせることもあります。

2 棚卸の実施計画

　一時的にすべての商品の動きを止める必要があるため、あらかじめ棚卸日程を確定し、人員計画や作業割当て、作業工程などを組んでおきます。実施する際は、棚卸をする人への棚卸方法の教育を徹底し、経験者と未経験者を組み合わせたチーム（2名1組）で作業を行います。

3 過剰在庫の問題点

　過剰在庫はキャッシュフローを悪化させるとともに、適切な販売時期を逃すことで死に筋商品の増加につながります。利益を圧迫するだけでなく、商品ロスにもつながります。

チェーン店においても、各店舗の従業員がつかんでいる消費者ニーズ情報を本部に反映する仕組みをつくることで、地域ニーズにも対応することができ、ひいては在庫の削減にもつながります。

5 在庫の削減方法

在庫を適正量（適正在庫）に保つには、商圏の変化にあわせて売れ筋商品を中心に、販売機会を喪失しないように在庫することが重要です。商品回転率が低い商品を排除し、商品ごとに最小在庫、最大在庫を設定すると、過剰在庫を防ぐことができ、結果的に在庫の削減につながります。

棚卸ロスの原因と対策

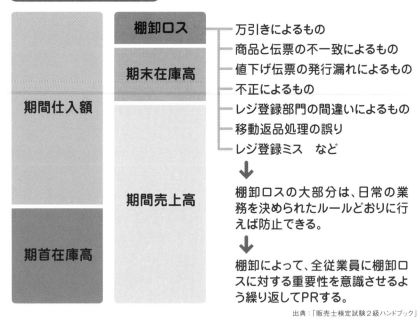

期間仕入額	棚卸ロス	── 万引きによるもの
	期末在庫高	── 商品と伝票の不一致によるもの
		── 値下げ伝票の発行漏れによるもの
		── 不正によるもの
	期間売上高	── レジ登録部門の間違いによるもの
		── 移動返品処理の誤り
期首在庫高		── レジ登録ミス　など

↓

棚卸ロスの大部分は、日常の業務を決められたルールどおりに行えば防止できる。

↓

棚卸によって、全従業員に棚卸ロスに対する重要性を意識させるよう繰り返してPRする。

出典：「販売士検定試験2級ハンドブック」

加点のポイント　棚卸ロスの原因を理解しておこう

棚卸ロス発生にはさまざまな原因があります。上図で押さえておきましょう。

レジチェッカーの役割

頻出度 **C**
★★★

🌸 重要ポイント

☑ セルフサービス店では、レジ要員（チェッカー）が気配りできるか
どうかで店格が決まってしまうと考え、レジ要員をよく指導するこ
とが重要である

☑ セルフサービス店では、具体的な接客の場はレジだけなので、ス
ピーディかつ正確に、スマイルをもって接客するのが基本である

1 チェーンストアにおけるレジチェッカーの重要性

　セルフサービス店であるチェーンストアでは、具体的な接客の場はレジと
なります。そのため、スピーディかつ正確に、スマイルをもって接客するの
は基本として、目配りや気配りを利かせて、常に気持ちのよい買い物を楽し
んでいただく気遣いをすべきです。

　マニュアルは最低限度の基準にすぎないため、レジ要員（チェッカー）が機
転を利かせることが必要です。アイコンタクトや、お金の受け渡しのタイミ
ングなどにも気を配る必要があります。

 加点のポイント 店の印象はレジチェッカーが決める

セルフサービス店では、レジチェッカーのサービスレベルがその店全体のサー
ビスレベルを決めてしまうため、適切な接客マナー、適切なアイコンタクトや
親切なコミュニケーションをしっかりできるよう教育することが重要です。

購買促進を活発化させる
ディスプレイ方法

★★★
頻出度
A

⚙**重要ポイント**

☑ ディスプレイ技術を高めることで売上は変化するため、ディスプレイ技術を効果的に駆使することが重要である

☑ 陳列・補充は、商品を品切れなく並べること、ディスプレイは売るための工夫や演出を行って商品を見せることである

☑ 陳列の方法には、補充型陳列、展示型陳列の2種類がある

1　ディスプレイと陳列・補充の違い

　ディスプレイの目的は、お店の経営理念を売場に具現化し、商品価値だけでなく購買を促進するような生活シーンの提案を演出することにあります。また、ディスプレイは、顧客の購買心理過程において比較選択性を高める役割をもちます。

　ディスプレイは戦略的に商品を見せるための手法ですが、陳列は基本的に棚割にそって並べること、補充は不足商品を追加で並べることで、基本的な意味合いが異なります。ディスプレイ技術を高めることで売上は変化するため、ディスプレイ技術を効果的に駆使することが重要です。

2　陳列の方法

　陳列の方法は、基本的に次の2つのタイプに大別されます。

❶ 補充型陳列(オープンストック)

　一般的に消耗頻度、使用頻度、購買頻度が高い定番商品を効率的に補充し、継続的に販売するためのディスプレイ方法です。主にセルフサービス販売主体の売場で用いられます。

❷ 展示型陳列(ショーディスプレイ)

　重点商品を販売するときの陳列の方法です。高度技術を駆使して顧客の注目を集め、購買意欲をかきたてる陳列でなければいけません。ショーマンシップ(演出効果を最大にしようとする精神)を発揮することが成功

のポイントです。主に対面販売主体の売場で用いられます。展示型陳列では、顧客の購買目的に合わせた商品陳列のグルーピングであるフロアゾーニングや、割り振ったゾーンにどのように商品を陳列配分するかというフロアレイアウトにも意識をおき、回遊性の高い店舗レイアウトを目指すことが重要です。

また購買促進を活発化させるために大量陳列やグルーピングによる「集中的ディスプレイ」や、関連商品の組み合わせを提案する「関連的ディスプレイ」、視覚を刺激する「感覚的ディスプレイ」などが活用されます。感覚的ディスプレイには、ライティングなどでムードを高める「ムードアップ陳列」、商品群のテーマを象徴的に表現する「シンボライズ陳列」、物語の1コマのようなディスプレイで連想を高める「ドラマチック陳列」などがあります。

3 重点商品の効果的な陳列

重点商品の販売促進活動を効果的に行うためには、以下のようなディスプレイ方法を展開する必要があります。

ゴールデンラインの検討

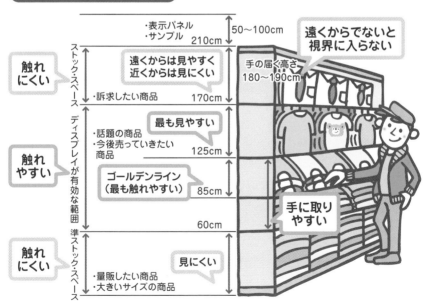

❶ 集視ポイント（アイキャッチャー）の設置

売場の目立つ場所に商品を設置する。店頭（ショーウインド）における訴求、主通路正面での訴求、売台、エンド陳列での訴求

❷ ゴールデンラインの検討

棚の中で見やすい高さ、手に取りやすい高さに配置し、最重点商品をアピール。

❸ 特設コーナーへの陳列

特別な売場を設けて、集中的な品ぞろえを行い注目を集める。その後、常設の催事場として展開する場合もある

4 補充型陳列の具体的方法

売上増大のための陳列方法としては、購買頻度の高い商品を多く並べることが基本になります。売上に応じて、商品のフェイス数（陳列数）を増やすことなども重要です。売上アップのための陳列の典型的な考え方・パターンは次の通りです。

❶ 単一ブランド単独訴求型陳列よりも、単一ブランドの大量陳列による集合訴求型陳列の方が売れる

❷ 少数ブランド単独訴求型陳列よりも、多数ブランドの大量陳列を組み合わせた複合訴求型陳列の方が売れる

❸ 同一商品でも高さや置く場所によって売れ方は変化する

❹ 少ない在庫で高回転に売れながら補充を繰り返すハイターン・ローストックの実現のためには、前進立体陳列をして棚の奥を空けるようにする方法と陳列台にダミーとなる物などを入れて上げ底で陳列する方法がある

❺ 新商品や育成商品をゴンドラの手に取りやすい段に多く陳列する育成商品中央配置型や、売れ筋商品を上下、左右に配置し、新商品をその間に挟み込むように配置するダブルアタック型（挟み撃ち型）の活用によって育てたい新商品が売れやすくなる

5 省力化のための陳列方法

陳列作業にあたる従業員の数が少なくてすみ、かつ、だれにでも容易に陳列できるといった理由から、人件費の削減に役立つ陳列方法として「バラ積み陳列」、「カットケース（ダンボール）陳列」などが用いられています。

❶ バラ積み**陳列**

バラ(単品)のままで商品を積み上げる陳列方法。垂直ゴンドラ(奥行 50cm くらいが望ましい)や棚板(棚板を手前に少し傾けると商品の前出し補充がしやすくなる)を使うと、さらに作業時間の短縮が図れる

❷ カットケース(ダンボール)**陳列**

ダンボール箱をカットしてそのまま棚にのせるため、商品を取り出す手間が省ける

バラ積み陳列

カットケース陳列

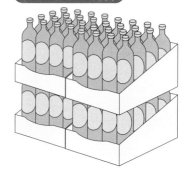

加点のポイント 意味を考えながら覚えよう

それぞれの陳列方法は、なぜそうするのか、メリットを理解しながら覚えましょう。

ビジュアルマーチャンダイジング(VMD)

✿重要ポイント

☑ 顧客に対して生活シーンの提案やイメージの訴求を具体的なビジュアルディスプレイで行うことは、関連購買を含む購買促進につながる

☑ ビジュアルマーチャンダイジングは、生活提案を視覚的に表現して購買促進を促すものである

1 ビジュアルマーチャンダイジングとは

ビジュアルマーチャンダイジング(VMD)とは、品ぞろえをはじめとして、売場づくりを視覚面から訴求することにより、購買意欲を促進する売場づくりをする技法のことです。

顧客に対して生活提案やイメージ訴求を具体的なビジュアルディスプレイを通して行うことで、関連購買を含む購買促進につながります。
ビジュアルマーチャンダイジングの主な展開場所は以下の3つです。

❶ ショッププレゼンテーション(SP)…店内の一部を専門展示スペース(ショップ)として、店の提案する季節やイベントに応じたプレゼンテーションを行う

❷ コーナープレゼンテーション(CP)…ひとつの売場の一部に特定のテーマについての演出場所をテーブルやゴンドラなどを使って作り、特定のアイテムをプレゼンテーションする方法

❸ アイテムプレゼンテーション(IP)…ひとつのスペースに、特定のアイテムを訴求するための場所をつくって、ハンガーラックやゴンドラ、エンドを活用してプレゼンテーションする方法

2 AIDMA(アイドマ)の法則

消費者が商品を購買するまでの心理過程には、「注意(Attention)」、「興味(Interest)」、「欲望(Desire)」、「記憶(Memory)」、「行動(Action)」と

いう5つのプロセスがあります。それぞれのプロセスの頭文字をとって
AIDMA(アイドマ)の法則と呼んでいます。

消費者の購買心理プロセス

行動段階	消費者	販売者
認知段階	注意(Attention)	知ってもらう
感情段階	興味(Interest)	興味・関心をもってもらう
	欲望(Desire)	共感・納得してもらう
	記憶(Memory)	想像してもらう
行動段階	行動(Action)	買ってもらう・使ってもらう

　顧客が商品に興味をいだいて購入するまでの心理過程であるAIDMAの原
則に添ってプレゼンを行うのが効果的です。以下にファッション衣料品の例
を挙げます。

❶ 注意(Attention)…声がけや効果的なディスプレイにより、まずは商品
を見てもらう
❷ 興味(Interest)…顧客が関心をもちそうな情報(セールスポイント)を伝
えるなどして商品に興味をもってもらう
❸ 欲望(Desire)…試着をしてもらったり、会話をする中で顧客の嗜好に合っ
た商品であることを伝えたりして、「興味」を「欲しい」という気持ちに変
える
❹ 記憶(Memory)…着回しのパターンを紹介しながら、顧客が商品を使っ
ている姿を具体的にイメージしてもらう。あるいは、他者の評価(今シー
ズン一番の人気商品であることなど)を話し、欲求を強める
❺ 行動(Action)…「残りあと一着です」などと、購入を促す言葉がけをして
クロージングを行う

加点のポイント 　**現場をイメージしてみよう**

AIDMAの法則については自分が実際に接客をするときや接客を受けているこ
とをイメージすると覚えやすいです。

売場の効率化を図る指標

頻出度
A

✿重要ポイント

☑ 売場の効率化を図る指標については、計算式とともに内容をしっかり押さえる

☑ 売場の効率化は数値で管理する

1 人時生産性

人時生産性とは、「ある一定期間における労働時間1時間あたり（1人時）で、どれだけ粗利益を稼ぎ出したか」という尺度であり、以下の計算式で求められます。

$$人時生産性（円）＝\frac{粗利益高}{総労働時間}$$

粗利益高の代わりに売上高を使って「人時売上高」を計算する小売業もあります。人時生産性を高めるには、①売上に対する粗利益率を高める、②仕事内容や作業割当ての合理化により1人1時間あたりの担当坪数を拡大する、③デッドストックの排除、④重点商品・売れ筋商品の適正在庫維持、⑤商品回転率を高める、などの5つのポイントが重要です。

2 労働分配率

労働分配率とは、粗利益のうち人件費に振り分けられる率をいい、以下の計算式で求められます。労働分配率は、一般的に30％以下であることが健全経営の目安となります。

$$労働分配率（％）＝\frac{総人件費}{粗利益高}×100$$

労働生産性は、従業員1人あたりが生み出す粗利益についての指標です。

$$労働生産性（円）＝\frac{粗利益高}{従業員数}$$

人時生産性の計算例

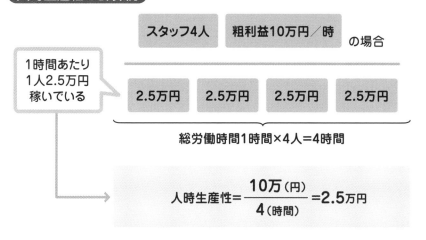

| スタッフ4人 | 粗利益10万円／時 | の場合 |

1時間あたり
1人2.5万円
稼いでいる

| 2.5万円 | 2.5万円 | 2.5万円 | 2.5万円 |

総労働時間1時間×4人＝4時間

$$人時生産性＝\frac{10万（円）}{4（時間）}＝2.5万円$$

第3章 ストアオペレーション

 加点のポイント 人時生産性の計算式の覚え方

人時生産性はよく出題されます。「人時＝1人あたり、1時間あたり」の総利益と覚えておきましょう。

レイバースケジューリング
プログラム（LSP）

頻出度
A

✿ 重要ポイント

☑ **レイバースケジューリングプログラム（LSP）**は、売上予測と適切な従業員の**配置**によって、**効率的な店舗運営を目指すもの**である

---

1 LSPのルーツと基本原則

　レイバースケジューリングプログラム（LSP）のルーツは、アメリカの工業近代化時代における生産性向上システムです。アメリカの小売業チェーンが導入し、バックヤードの作業改善を皮切りとして、主にグローサリーの品出し作業や生鮮食品の加工作業におけるスケジューリング技術として構築されてきています。

　LSPの基本原則は、チェーンストア本部が作業と作業量を明確に捉え、作業ごとに必要な従業員数と適正な作業員数を振り分けることにあります。

2 LSPによる効率的店舗運営のポイント

　LSPにより効率的な店舗運営を行うには、①精度の高い日々の売上予測により、作業量の算出精度を上げる、②売上予算に応じて適正な日割り人時枠（従業員数）を設定する、③繁忙日と閑散日を考慮して人時割当てを調整する、という3つの点がポイントとなります。

3 人時計算に基づく発注作業モデル

　商品の発注時における人時の改善には、発注作業を細かく分解して、人時計算ができるプログラムを作成する必要があります。人時計算の値を求めるには、発注の対象となっている商品（発注候補）が何品目であるかが基準となります。例えば、次ページの図の例では対象商品1,000品目のうち仮に発注率を25％にした場合、週あたり発注人時が2.97人時となります。

4 LSPの活用による発注作業の改善

　小売店における発注作業のうち、発注数量の決定が最も時間を要する作業です。LSPの活用により、この発注作業時間を効率化できれば、作業全体の効率が高まります。例えば、下図からも週あたりの発注回数を減らすことは作業効率的に役立つことがわかります。

発注作業の人時計算例

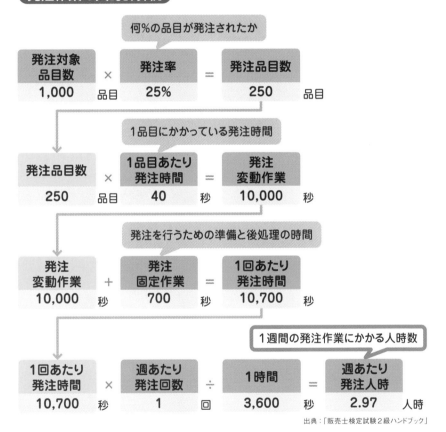

出典：「販売士検定試験2級ハンドブック」

実際の発注について事例で学びましょう。

前ページの表のデータをもとに、グローサリーの発注事例を見てみましょう。発注に必要な指標は、以下の7つです。①発注期間日数(発注日から次回の発注日までの日数)、②入荷日数(発注リードタイム:発注日から商品が入荷されるまでの日数)、③安全在庫日数(欠品防止の面からみた最低限必要な在庫日数)、④平均日販数(一日平均いくつ売れているかという数)、⑤帳簿在庫数量(理論在庫:計算のみで算出された現在の在庫、実際に棚卸をして数えたものではない)⑥発注数量(理論的に計算で算出した発注数)⑦最大在庫数(発注から入庫までの販売数を判断した上で最大と考えられる在庫数)

理論的発注数量の計算フロー

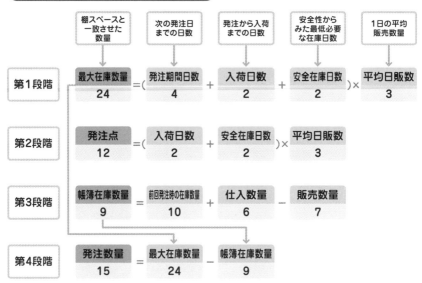

出典:「販売士検定試験2級ハンドブック」

● 第1段階:**当該商品の最大在庫数量を求めます。**

本ケースでは、発注期間日数を4日、入荷数を2日、安全在庫日数を2日、一日当たりの平均販売数量を3個を条件として考えます。

$$最大在庫数量＝（発注期間日数＋入荷日数＋安全在庫日数）\\×平均日販数$$

こちらの計算式から、最大在庫数量は(4日＋2日＋2日)×3個＝24個となります。

● 第2段階：**売場在庫がいくつになったら発注すべきかという発注点（発注しなければいけない発注数）を求めます。**

$$発注点＝（入荷日数＋安全在庫日数）×平均日販数$$

こちらの計算式から、発注点は、（2日＋2日）× 3個＝12個となります。

● 第3段階：**帳簿在庫数量（理論在庫）を求めます。**

本ケースでは、前回の在庫数量10個、仕入数量6個、販売数量7個を条件として考えます。

$$帳簿在庫数量＝前回の在庫数＋仕入数-販売数$$

こちらの計算式から、帳簿在庫数量は、10個＋6個-7個＝9個となります。

この帳簿在庫の9個は、発注点の12個を下回っているので、発注を行いますが、実際の発注数は次の第四段階の計算で求めます。

● 第4段階：**発注数量を求めます。**

$$発注数量＝最大在庫数量－帳簿在庫数量$$

こちらの計算式から、発注数量は24個-9個＝15個となります。

 加点のポイント **LSP の精度を上げるには？**

> LSPのポイントは、本部が作業と作業量を明確に捉えることです。それにより、必要な従業員数と適正な作業員数を振り分けることができます。

販売員の接客技術

✿ 重要ポイント

☑ 待機からお見送りまでの各プロセスに応じた適切な顧客アプローチの方法を理解する

☑ 優良な人的販売は顧客の固定客化につながり、売上の安定化に役立つだけでなく顧客から情報を収集できる関係づくりにもなる

1 人的販売の重要性と効果

　人的販売は、特に初心者が商品を選択する際や、感性や感覚を要求する商品の選択の際に効果を発揮します。優良な人的販売は顧客の固定客化につながり、売上の安定化に役立つだけでなく、顧客から情報を収集できる関係づくりにもなります。

2 販売員の実践知識

　対面販売においては、顧客の購買心理の動きに合わせて接客することが最も重要です。一般的な接客販売プロセスは以下のようなものです。

❶ 動的待機…顧客が商品の間を回遊している間は、商品補充や軽作業をしながら顧客に圧迫感を与えないようにさりげなく準備を整えて待機する

❷ アプローチ…顧客が注目から興味の段階に移ったら、興味や連想を高める言葉をかける

❸ 商品提示…アプローチでよい感触を得たら、実際に商品を使う状態にして見せる

❹ 商品説明（セリングポイント）…顧客の好みや判断基準がわかってきたら、購買決定につながる商品の効用を短い言葉で表現する

❺ クロージング…顧客が自ら購買決定を決めるようにうまく誘導して、契約する

❻ 金銭授受…代金を受け取るときは、口頭できちんと確認して受け渡しを行う

❼ 包装…美しく、スピーディに、商品を丁寧に扱って包装する
❽ お見送り…顧客が帰るとき、感謝の気持ちで後ろ姿を見送れば販売員の誠意も顧客に通じる

購買心理過程と販売員の役割

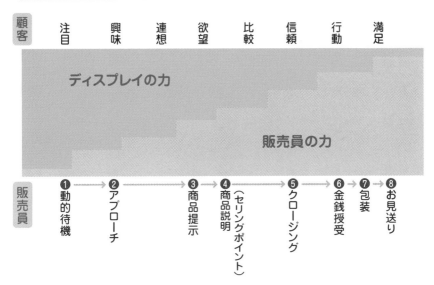

出典：「販売士検定試験2級ハンドブック」

3 セルフサービスの店舗における接客方法

セルフサービスの店舗では、顧客との接点が少ない分、接客の場（レジや問い合わせなど）では、よりしっかりとした対応が求められます。また、商品を選びやすく、売場ディスプレイを活気あるものにする工夫も必要です。

👑 **加点のポイント** 接客販売プロセスの覚え方

顧客の購買心理過程の動きに添って日常の接客を行うことで理解を深めましょう。普段接客をしない人は接客販売プロセスを思い出しながら接客を受けてみるとよいでしょう。

〇✕ 理解度チェック 一問一答

Q1 最低陳列数量を下回った状態のことを絶対的欠品という。

☑☑

Q2 プライベートブランド(PB)商品は、売上総利益の向上に役立つ。

☑☑

Q3 プロダクトライフサイクル(PLC)の衰退期にある商品は、製品の機能や
用途を強く訴求する広告・販促活動が重要となる。

☑☑

Q4 前出し作業とは、売場のクリンリネス作業の一部として位置付けられて
いる。

☑☑

Q5 売場が単調になることを避けるために実施される変形陳列は、売場の
50%以内までとすることが目安となっている。

☑☑

Q6 前進立体陳列では、先入先出法によって新しい商品を前に補充するよう
心がける。

☑☑

Q7 カラーストライプ陳列とは、同一色の商品を帯のように並べて陳列面に
縦縞模様を作ることで訴求力を高める陳列である。

☑☑

Q8 コーディネート陳列では、想定した生活シーンの中に必要な関連商品を
集めて上質な生活提案をすることで、組み合わせた関連する商品のまと
め買いを推奨している。

☑☑

Q9 ゴールデンラインとは、遠くから商品を見つけやすい顧客の目線くらい
の陳列の高さである。

☑☑

Q10 商品の顔にあたる一番魅力的な面をフェイシングという。

☑☑

| A1 | ✕ | 最低陳列数量を下回った状態のことは相対的欠品という。 |

| A2 | ◯ | プライベートブランド(PB)商品は、自社で製造企画から販売までを行うため利益率が高く、売上総利益の向上に役立つ。 |

| A3 | ✕ | プロダクトライフサイクルの衰退期にある商品は、撤退および売り切りによる在庫消化を行う。 |

| A4 | ◯ | 前出し作業は、フェイスを前面に出し、きれいで見やすく、取りやすい売場をつくるために行われる。売場のクリンリネス作業の一部として位置付けられている。 |

| A5 | ✕ | 50%以内ではなく、20%以内が正しい。 |

| A6 | ✕ | 前進立体陳列では、先入先出法によって古い商品を前に補充するよう心がける。 |

| A7 | ◯ | 設問文の通りである。顧客をひきつけて購買行動につなげることを目的として行われる。 |

| A8 | ◯ | コーディネート陳列では、販売スタッフが顧客に行う生活提案が重要となるため、社員教育の向上が大切となる。 |

| A9 | ✕ | ゴールデンラインとは、見やすく、触れやすく、手に取りやすい顧客の腰から肩くらいまでの陳列の高さのことである。 |

| A10 | ✕ | 商品の顔にあたる一番魅力的な面をフェイスという。フェイシングとは、「陳列棚の最前列に、同一、かつ、複数の商品(単品)を横(と縦)に最適な数量を並べる配列技法」のことである。 |

Q11 サンプル陳列では、顧客の商品カードの取り違えに注意が必要である。
☑ ☑

Q12 展示型陳列の目的は、その店のコンセプトや推奨商品を伝えることにある。
☑ ☑

Q13 人時生産性とは、労働時間1時間あたりでいくらの売上を稼ぎ出したかを測る尺度である。
☑ ☑

Q14 労働分配率は、総人件費÷粗利益率×100で導き出される。
☑ ☑

Q15 購買心理過程を考慮すれば、顧客入店時にはできるだけ早く可能な限りの商品紹介をすべきである。
☑ ☑

Q16 顧客が足を止めて商品を見たときは、クロージングのチャンスである。
☑ ☑

Q17 セリングポイントとは、商品の効用や特徴の中で、購買決定に最も影響を及ぼす点を短く効果的に表現した言葉である。
☑ ☑

Q18 ドラマチック陳列とは商品とモチーフ（主題）によって象徴的な表現をする方法で、例えば和楽器の陳列のバックに富士山の絵や日本の国旗をかかげるような手法である。
☑ ☑

Q19 シンボライズ陳列とは、物語の1シーンのような劇的な表現で顧客を物語の主人公になったような気持ちにさせる方法である。
☑ ☑

Q20 レイバースケジューリングプログラムとは、誰がいつからいつまでどの作業をどのくらいの量を担当して行うかを決める計画システムである。
☑ ☑

A11	○	取り違えがないか確認するために、顧客の目の前で実際の商品を見せてから商品を渡すようにする。
A12	○	展示型陳列はショーディスプレイともいい、ショーマンシップを発揮して重点商品を魅力的に演出することをいう。店のコンセプトを表現する場にもなる。
A13	×	人時生産性とは、労働時間1時間あたりでいくらの粗利益を稼ぎ出したかを測る尺度である。
A14	×	労働分配率は、総人件費÷粗利益高×100で導き出される。
A15	×	購買心理過程の点から考えると、少なくとも顧客が注目の段階に移るまでは、詳しい商品紹介を避けた方がよい。
A16	×	顧客が足を止めて商品を見たときは、アプローチのチャンスである。
A17	○	設問文の通りである。
A18	×	ドラマチック陳列とは物語の1シーンのような劇的な表現で顧客を物語の主人公になったような気持ちにさせる方法である。
A19	×	シンボライズ陳列とは商品とモチーフ(主題)によって象徴的な表現をする方法で、例えば和楽器の陳列のバックに富士山の絵や日本の国旗をかかげるような手法である。
A20	○	設問文の通りである。レイバースケジューリングプログラム(LSP)を作成することで、売上予測に応じた適切な従業員の配置が行うことができ、効率的な店舗運営につながる。

MEMO

第4章

マーケティング

この科目では、消費スタイルの変化に伴うマーケティング機能の強化、小売業のマーケティングミックスの実践、マーケティング戦略の方法、マーケティングリサーチの実施方法など、実践的なマーケティング戦略の知識を学び、さらに出店に関わる商圏分析の立案と実施方法、出店戦略の立案と実施方法なども学びます。また、販売促進策の企画と実践や業態開発の手順などについても具体的に学びます。

小売業のマーケティングミックス①
プレイス（ストアロケーション）

頻出度
A

✿重要ポイント

☑ 商業立地には、「ジオグラフィック要因」、「デモグラフィック要因」「サイコグラフィック要因」、の3つの要因がある

☑ 立地戦略を含むポジショニングの明確化は小売業にとって大変重要である

---

1 小売業のマーケティングミックス

　小売業では、競争の激化、消費需要の低迷などを背景として、自ら需要を喚起、創造するようなマーケティング活動が必要となっています。小売業のマーケティングは以下の4つのPの組み合わせで構成されます。

4P理論

プレイス
Place
立地戦略

プロダクト
Product
商品化政策

→ P143参照

プライス
Price
地域公正価格

→ P146参照

プロモーション
Promotion
購買促進策

→ P148参照

2 小売業の立地条件

　小売業では、店舗が立地する都市に関する諸条件である「商業立地」と、店舗の位置やその商圏に関する地理的条件である「店舗立地」に分けて捉えるのが一般的です。

　商業立地には、地理的な条件である「ジオグラフィック要因」、人口統計的な条件である「デモグラフィック要因」、消費者の価値観や購買習慣的な条件である「サイコグラフィック要因」の3つの要因があります。

小売店の立地条件

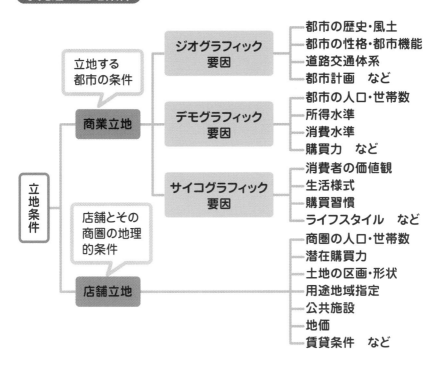

ジオグラフィック要因
- 都市の歴史・風土
- 都市の性格・都市機能
- 道路交通体系
- 都市計画　など

デモグラフィック要因
- 都市の人口・世帯数
- 所得水準
- 消費水準
- 購買力　など

サイコグラフィック要因
- 消費者の価値観
- 生活様式
- 購買習慣
- ライフスタイル　など

店舗立地
- 商圏の人口・世帯数
- 潜在購買力
- 土地の区画・形状
- 用途地域指定
- 公共施設
- 地価
- 賃貸条件　など

立地する都市の条件 → 商業立地

店舗とその商圏の地理的条件 → 店舗立地

立地条件

3 立地選定と店舗（業態）開発

　店舗開発には、最寄品を中心にした小規模商圏で採用される無差別的マーケティング戦略と、買回品、専門品を中心にした広域商圏で採用される差別的マーケティング戦略の2つがあります。

　小規模商圏では顧客をセグメントしにくいため、商圏内の主要顧客層、つまりコミュニティをターゲットにします。広域商圏ではターゲットを定めて効果的なマーケティングをする必要がありますので、ターゲットとして絞り込んだ顧客層のパーソナリティに対応するマーケティングを行います。小売業を、人的サービスの度合いと、商圏の広さで分類すると、おおむね次ページの図のようになります。それぞれの業態同士の距離が遠くなるようなポジショニングを目指すことで、それぞれの独自性や優位性を発揮することが重要です。

❶ 第1次象限（人的サービス強・商圏の広さ小）…第1次象限には、地域専

門店(業種店)が位置づけられる。人的サービスを中心に、コミュニティ(地域社会)に対応することにより存在意義を確立する

❷ **第2次象限(人的サービス弱・商圏の広さ小)**…第2次象限には、スーパーマーケットやドラッグストアなどが位置づけられる。セルフサービスをはじめとしてPOSシステムやEOSなどの装置(システム)に依存している。人的サービスの充実を図ることでさらなる発展が期待されている

❸ **第3次象限(人的サービス強・商圏の広さ大)**…第3次象限には、百貨店や高級専門店などが位置づけられる

❹ **第4次象限(人的サービス弱・商圏の広さ大)**…第4次象限は、人的サービスよりも装置的サービスに依存する。効率的な運営を行う総合品ぞろえスーパーやスーパーセンターなどが位置づけられる

店舗形態別小売業のポジショニング

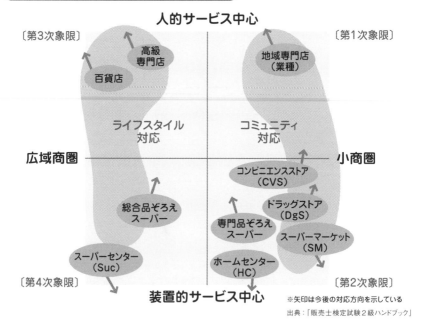

※矢印は今後の対応方向を示している
出典:「販売士検定試験2級ハンドブック」

 **加点のポイント** 小売業のポジショニング

店舗形態別のポジショニングについては、図で理解して整理しておきましょう。

小売業のマーケティングミックス②
プロダクト（マーチャンダイジング）

頻出度 A

✿重要ポイント

☑ ブランドにおいて、発音可能なものを「ブランドネーム」、発音できないシンボルを「ブランドマーク」という

☑ ブランドは、モノがありあまる時代の差別化策として重要である

1 ブランド（商標）の定義

　ブランドとは、「一企業またはそのグループの商品・サービスであることを識別させ、競合業者と区別するための名称、用語、記号、標識、デザインなど」のことであり、発音可能なものを「ブランドネーム」と呼び、発音できないシンボルを「ブランドマーク」といいます。

　ブランドのなかで、商標法に基づいて登録された商標は「登録商標」として法的に保護され、無断使用に対して損害賠償請求ができます。

2 ブランドの拡大プロセス

　ブランドは、以下の6つの段階で拡大・拡散します。

❶ 他社、他商品との区別と責任の明確化（出所表示）
❷ 品質保証と商品選択の目安
❸ 感性へのフィットとロイヤルティの確立
❹ 社会的な意味をもつブランドの確立
❺ 象徴的な意味をもつブランドの確立
❻ ブランドの象徴的な価値の崩壊

　❶～❺までの5段階でブランドはその社会的な意味を確立し、高い品質と保証のイメージによって顧客に選ばれるようになりますが、特に高級品の場合はあまりに大量に世に出回ると希少性が薄れてブランド価値が崩壊してしまいます。つまり誰でももっているものにはブランドとしての価値がないと認識されます。

第4章

マーケティング

ブランドの分類

　ブランドの所有者がメーカーである場合は、「ナショナルブランド」(NB)と呼ばれ、所有者が小売業や流通業である場合は「プライベートブランド」(PB)と呼ばれるのが一般的です。また、企業全体で使用しているブランドは「コーポレートブランドまたは統一ブランド」、商品グループ別に使用するものを「カテゴリーブランドまたはファミリーブランド」、商品アイテムごとに使用するものを「アイテムブランド」といいます。

商品範囲の広がりの程度によるブランドの分類

←商品個別―――――――――――――――――――――企業全体→

アイテムブランド	カテゴリーブランド	ファミリーブランド	コーポレートブランド

4 ブランドの機能

　ブランドには以下の6つの機能があります。

❶ 識別機能…ブランドは顧客が同種の商品から購入したいものを選び出す際に役立つ。また、反復購入の際に、指名買いがしやすくなる

❷ 出所表示機能…ブランドは商品の出所を示しており、商品に対しての責任の所在が明確になる

❸ 品質保証機能…同じブランドの商品は品質的に同一とみなされる。すでに一定の地位を獲得しているブランドであれば、ブランドが品質の高さを保証することになる

❹ 象徴機能…ブランドが高級イメージや信頼イメージを象徴するようになる。バッグや時計など、機能・性能にあまり差がなくてもブランドによって大きな価格差が生まれるのは、顧客がブランドの象徴的価値を認めていることの証である

❺ 情報伝達(広告)機能…ブランドは企業から顧客への情報伝達の手段とな

り得る。広告などでブランドとともに良い商品イメージが伝わると、顧客がブランドに接した際の訴求力が増大する

❻ 資産**機能**(ブランドエクイティ)…顧客から高い評価を受けているブランドは、企業間の売買取引の対象となったり、M&A(合併・買収)の際にブランドが資産として買収額に反映されたりと資産的な価値をもつようになる

5 プライベートブランド(PB)商品と小売業

　小売業にとってプライベートブランド(PB)商品は、利益確保をしやすく、競合との差別化にもつながるため、積極的に導入すべきものです。ただし、買取リスクと、開発コストリスクが発生するため、顧客ニーズを十分吟味することが重要です。なお、他社に製造委託をしても製造物責任は小売業が負うことになります。

第4章

マーケティング

👑 **加点のポイント** ブランドについての問題は頻出

ここ数年の試験でもブランドの分類、PB商品のメリット・デメリットが問われるなど、ブランドについてはよく問われます。しっかり押さえておきましょう。

小売業のマーケティングミックス③
プライス（EDFP:エブリデイフェアプライス）

頻出度
A

✿重要ポイント

☑ 売価設定政策のねらいと、売価の種類を理解する

☑ 売価設定政策は、競争戦略や市場戦略と深く関連している

---

1 売価設定政策のねらい

価格は購買検討・決定の大きな要素であるため、競争を考慮した戦略的な価格政策が必要です。基本は、①市場価格を基準として決定する方法と、②コストにマージンを上乗せする方法がありますが、競争をより意識したり、購買心理に働きかけたりするために、末尾を端数にして割安感を出す「端数価格政策」という方法もあります。

社会的に広く認知された慣習価格がある場合は、この金額以上の価格設定をしてもあまり売れません。「ドロシーレーンの法則」によれば、特定少数の商品を大幅に値下げするよりも、数多くの商品を少し引き下げるほうが、顧客は安いと感じます。

ドロシーレーンの法則の例

100品目中18%の商品を安くすると	→	85%の顧客が安いと感じる
100品目中30%の商品を安くすると	→	95%の顧客が安いと感じる
100品目中48%の商品を安くすると	→	ほとんどの顧客が安いと感じる

2 売価の種類

小売業の売価には以下のようなものがあり、それをもとにさまざまな売価政策がとられています。

❶ ディスカウントプライス…小売業のコスト削減努力で、価格を安く設定すること

❷ プロパープライス…値引きや廉売をしないで、小売業が定めた値入をした価格（定価）のこと

❸ ディープディスカウントプライス…特定の時期に、大量仕入で超低価格を設定すること

❹ ローワープライス…ナショナルブランド商品などを低価格に設定すること

❺ ポピュラープライス…その店の客層の大多数に受け入れられる価格のこと

❻ 目玉価格…数量を限定して客寄せのために仕入値ギリギリの商品価格を設定すること

❼ 特売価格…目玉商品より高く、定番商品より安い価格設定のこと。一般にチラシで訴求する

❽ インプロプライス…店内で告知する特売用特価のこと

❾ オープンプライス…メーカー小売価格ではなく、小売店が自由に売価を設定すること

❿ 二重価格…小売店がもともと表示した価格を二重線などで消して、さらに安い価格を表示すること。なお、元値をつり上げて安価に見せかけるなどの不当な二重表示については**景品表示法違反**となる

3 売価の決定方法

　仕入原価重視、市場動向重視のどちらかを選択し、市場動向重視の場合は、競争相手の価格重視、顧客が望む価格重視のいずれかの立場で売価を決定します。なお、タクシー料金や医療用医薬品など政府の方針にもとづく価格設定が行われている商品もあります。メーカーが流通業者への価格決定に関する圧力をかけることを防ぐため、公正取引委員会は、「流通・取引慣行に関する独占禁止法上の指針」で、再販売価格維持行為、非価格制限行為、リベートの供与行為、流通業者の経営に関する不当な関与などを違法としています。

👑 **加点のポイント** 売価の決定と市場戦略

高サービス・高品質の高級店とディスカウントストアでは、当然、とるべき価格戦略も変わってきます。競争戦略や市場戦略と連動させて売価決定政策と理解しましょう。

小売業のマーケティングミックス④
プロモーション

頻出度

B

★★☆

✿重要ポイント

☑ 厳しい競争のなかで固定客を増やしていくためには、差別化された販売促進策を進めていくとともに、「ストアロイヤルティ」を高めることが必要である

---

1 販売促進の今日的役割とストアロイヤルティの向上

　消費市場が成熟化し、常に激しい競争にさらされている今日の小売業では、「来店客数を増やす」ため、また「客単価を上げる」ために、差別化された販売促進策を進めていくことが課題です。そして、固定客を増やすためには「ストアロイヤルティ」を高めてお店のファンを増やすことが必要です。

　ストアロイヤルティとは、「いつも買っている小売店に対して、将来も継続的に購入する意向をもつ顧客がその店舗に抱く忠誠心」と定義されています。ストアロイヤルティを高めるためには、来店客の特性や店舗内での購買の特徴などを把握し、それに対応をした品ぞろえや販売促進をすることが必要です。

2 ストアイメージ向上の前提条件

　小売業は、誰をメインターゲットとし、どのように売るかという「売り方の方針」を重視し、この方針に沿って、「店頭の店舗吸引力の向上」、「店内回遊性の向上」、「売場立ち寄り率の向上」、「商品選択性の向上」、「商品の購買率の向上」などを目指す必要があります。

3 ストアイメージの形成要素

　よいストアイメージは、次の4つの要素で構成されます。
❶ 店舗環境(明るく、きれい)
❷ ターゲット顧客に合った商品の品質、品ぞろえ、価格、サービス
❸ ストーリー性豊かな生活提案型ディスプレイ
❹ 教育のゆきとどいた店員による高いレベルの顧客コミュニケーション

4 ストアイメージの形成に関する基本的機能

ストアイメージの形成は、店舗の次の4つの基本的機能を引き上げます。
❶ 顧客吸引機能
❷ 情報発信機能
❸ コミュニケーション機能
❹ 購買促進機能

5 ストアイメージの形成と販売促進政策

ストアイメージの形成は、販売促進政策の前段階でもあり、常に新鮮なイメージをつくり続けるという側面では販売促進政策の一部ともいえます。

小売店頭における消費者の購買決定の要件とプロセス

❶ 消費者を店内に呼び込むこと ➡ 店舗の吸引力 ⟨ 来店率

❷ 店内全体の見通しがよく、回遊しやすいこと ➡ 店舗の滞留力 ⟨ 視認率

❸ 消費者を売場に近づけること ➡ 売場の訴求力 ⟨ 立寄り率

❹ 商品がよく見えて選びやすいこと ➡ 売場（ゴンドラ）の認知力 ⟨ 注目率

❺ 買う気を起こさせる要因が強く働いていること ➡ 商品の購買促進力 ⟨ 購買率

6 小売業が展開するリージョナルプロモーション

メーカーのセールスプロモーションに対して、小売業が展開する限定商圏内特定多数プロモーションは売り場起点の売上と利益の増加策である狭域型購買促進（リージョナルプロモーション）と捉えられています。また、従来のメーカー型プロモーションより狭い範囲の来店促進策を Pull 戦略、販売促進策を Push 戦略、購買促進を Put 戦略と体系づける考え方も出てきています。

👑 加点のポイント　プロモーションの 3P

小売業のプロモーションの狭い体系づけとして来店促進策を Pull 戦略、販売促進策を Push 戦略、購買促進策を Put 戦略と体系づける考え方がありますので覚えておきましょう。

第4章 マーケティング

顧客中心主義の考え方

頻出度
B

✿重要ポイント

☑ グローバル化とインターネットの出現により、消費者の性格が捉えにくくなっている

☑ 従来の「顧客志向」から、顧客のメリットを優先する「顧客中心主義」に基づく商品開発やサービスが主流になりつつある

1 変化する消費者の購買意識

　消費生活のグローバル化とインターネットの出現などによる外的変化と、価値観の多様化による内的変化により消費者の性格は一層捉えにくくなっています。そのため、すべての顧客を平均的に満足させるようなサービスではなく、ターゲット顧客を絞り込み、顔が見える"個"客に向けてサービスを行うことが必要になってきています。

2 顧客中心の円

　特定のライフスタイルをもっている顧客に対して、商品の一つひとつに意味や価値をつけることが重要です。つまり、絞り込まれたターゲット顧客のライフスタイルに合わせたサービスを継続的かつ計画的に提案し、顧客とのリレーションシップを行うことが求められています。

3 顧客に価値を提供する新たなビジネスの構築

　消費者のニーズを含め、変化の激しい今日では、従来のスキルの延長線上にビジネスを行うのではなく、新たなビジネスの仕組みをつくり出すことが求められています。

👑 **加点のポイント** 顧客志向と顧客中心主義

顧客中心主義とは、顧客を真ん中において、それを包むようにビジネスを展開するという顧客志向を発展させた考え方です。

カスタマーリレーションシップ
マネジメント（CRM）

★★★
頻出度
A

🌸 重要ポイント

☑ カスタマーリレーションシップマネジメント（CRM）はデータベースによる購入履歴管理により顧客を囲い込む戦略である

1 CRMとは

　カスタマーリレーションシップマネジメント（CRM）は、顧客の維持、離反を防ぐ囲い込み戦略であり、データベースによる顧客ごとの購入履歴管理と、優良顧客のレベル別グルーピングにより、優良顧客に対する施策を強化することにより反復して購入してもらうことを目的に行います。

　この基本戦略となるワントゥワン・マーケティングでは、優良顧客との双方向・反復的なコミュニケーションが不可欠になり、短期ではなく中長期の視点での取り組みが必要です。

第4章 マーケティング

顧客と信頼関係を形成する学習サイクル

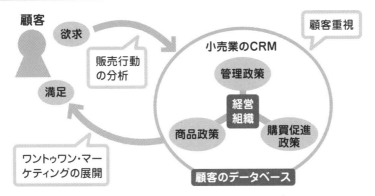

👑 加点のポイント　デシル分析とプロファイリング

CRMではカード会員となった顧客を10のグループ（デシル）に分けて分析を行い、上位グループにより多くの特典を提供します。顧客の特徴を多くのデータ分析から発見するプロファイリングも重要です。

フリークエントショッパーズ
プログラム（FSP）

頻出度
B

✿重要ポイント

☑ フリークエント・ショッパーズプログラム（「SP」）は、反復購買率が高い顧客を優遇することによって、より反復購買を繰り返してもらい、累積売上額を高めようというシステムである

1 FSPとは

アメリカン航空の「フリークエント・フライヤーズ・プログラム」が発祥であり「マイレージポイントによる特典の提供」によるサービス利用の多頻度化をヒントとして、小売業用に展開したものです。

2 FSP導入の目的

FSPは「上位2割の多頻度購買客が店全体の8割の利益を生み出している」という法則に基づき、優良顧客を判別し優遇することで、優良顧客のサービス利用頻度を向上させ、その結果として売上を拡大させることを目的として実施されます。また、優良顧客の囲い込みにつながるので、強いバイングパワーを活かしてマスマーチャンダイジングを実践する広域型チェーンストアとの差別化を図る目的でも実施されます。

3 FSPの導入の流れ

まず、データベースの元データ収集のために会員カードを発行し、個人情報と購買履歴をデータベース化します。顧客グループを10分割して分析するデシル分析などを活用し、そのデータをもとに差別化されたサービスを提案し、結果を検証します。

❶ 会員カードの発行による顧客データの収集

ポイントに応じて、特典商品や、値引き利用を可能とします。

❷ 顧客データを活用した上位顧客の割り出し

購買データランキングにより、上位顧客の割り出し、固定客率の割り出し、

新規客率の把握を行います。上位客の特徴をプロファイリングすることも重要です。

4 FSPの展開レベル

FSPの展開にはいくつかの段階があり、多くの小売業では第1段階に留まっています。なお、FSPの真価は第3段階から発揮されるとされています。

❶ 第1段階…ポイントプログラムの導入

単にポイントプログラムの導入に留まっている状態。競合店から自店を選んでもらう動機付けにはなり得ますが、顧客を多頻度に来店させるまでには至っていません。

❷ 第2段階…優良顧客への優遇策の実施

プログラム会員の購入データなどから優良顧客を判別して、特典を付けたり特別価格を用意したりして、プログラムの非会員、および、プログラム会員の一般顧客と差別化を図ります。

❸ 第3段階…顧客カテゴリーマネジメントの導入

プログラム会員の購入データなどから顧客をいくつかのカテゴリーに分類します。上位カテゴリーの顧客ニーズを分析し、手厚い特典を提供します。

❹ 第4段階…ワントゥワン・マーケティングの実施

顧客データの分析をさらに詳細に行い、個々の顧客に対するマーケティングを実施します。

5 顧客管理の背景と顧客管理のねらい

経営目標が売上から収益性となったことで顧客管理の必要性は高まりました。実務的にはデータベースシステムの進化により、低コストで精緻な顧客管理をすることが可能になってきました。FSPもそのひとつです。

顧客データベースをもとに、顧客の属性や購買行動、固定客としての売上貢献度合いなどを分析することにより、顧客ニーズを把握することができ、顧客により頻繁に購買してもらうためのマーケティングが可能になります。

 加点のポイント **FSP の目的**

> FSPとは、上得意の固定客を大事にしてより利益率の高い安定的なビジネスをしようという考え方です。覚えておきましょう。

マーケティング戦略の展開パターンと種類

✿重要ポイント

☑ 顧客から見たマーケティング戦略について代表的なものを理解しておくこと

☑ 固定客からの累積購買をねらうことが顧客マーケティング戦略の目的である

1 代表的なマーケティング戦略の展開パターン

マーケティング戦略には、以下のような代表的な展開パターンがあります。

❶ Pull戦略、Push戦略、Put戦略

Pull戦略は、顧客を引き寄せる方法であり、チラシ広告、DM戦略などが代表的です。一方、Push戦略は、積極的な販売提案を行うことで売上を高める方法で、店舗内でのデモ販売や、推奨販売などの人的販売による方法が代表的なものです。Put戦略はPOP広告などの店内での購買促進策です。

❷ 価格戦略と非価格戦略

低価格に重点を置くのが価格戦略であり、EDLP（エブリデイロープライス）戦略などがその代表的なものです。一方、非価格戦略では、機能やデザイン性のすぐれた商品を中心に、ブランド感を前面に出した提案活動を行います。

❸ 市場細分化戦略と商品の多様化戦略

市場を複数のカテゴリーに分類し、その中の特定層に販売力を集中するのが市場細分化戦略であり、主に専門業態がこの戦略をとります。一方、総合的な品ぞろえで、あらゆる顧客層をとりこもうとするのが商品の多様化戦略であり、総合品ぞろえスーパー（GMS）やフルラインのディスカウントストアなどがこの戦略をとります。

❹ 強者の戦略と弱者の戦略

強者の戦略は、商圏内での知名度の高さや、販売力の大きさを背景としたEDLP戦略などの規模の利益を目指すものです。一方、弱者の戦略は、顧客

を絞り込み、品質面やサービス面での差別化を図ることによって特定顧客層からの深い愛顧を目指す戦略です。

❺ 先発戦略と後発戦略

　先発戦略とは、他社にさきがけて新業態を開発し、新分野に進出して先行者利益を得る戦略であり、後発戦略とは、先発企業を研究して、新しい機能をさらに付加することで売上を上げ収益を得る戦略です。

2 マーケティング戦略の種類と特徴

　顧客から見た代表的なマーケティング戦略には以下のようなものがあります。

❶ ロイヤルティ・マーケティング

　FSPを代表とするもので、優良顧客を優遇することで、より多く、多頻度で購入してもらうためのマーケティングです。小売店への忠誠心が高い優良顧客とそれ以外を平等には扱いません。

❷ ワントゥワン・マーケティング

　マスマーケティングを否定して、一人ひとりの顧客ニーズに対応した商品やサービスを提供していこうという手法です。

❸ データベース・マーケティング

　顧客のデータをコンピュータ管理し、インターネットなどとも連動させて、マーケティング精度を高めていく手法です。データマイニング(探索)などにより、新たな戦略の切り口を発見することも可能です。

❹ エリア・マーケティング

　地域特性を考慮して地域市場を細分化し、販売方法や販売量を変化させるマーケティングです。

加点のポイント エリア・マーケティングの具体例

エリア・マーケティングの例としては、関東と関西などの地域によってダシの味を変えているコンビニエンスストアのおでんがあります。

販売促進広告（Pull戦略＝来店促進策）

頻出度 **B**

🌸重要ポイント

☑ 広告の基本要件と、媒体別の特徴について理解する

☑ 広告は、掲載料が有料であり、広告主が明示されるものである

---

1 広告の要件と小売広告の特質

　広告とは、広告主が発する有料のメッセージで、特定の広告主が明示されるものです。

　小売広告では、最終的に顧客が自店を選択し、商品を自店で購入してもらうことを目的に広告を展開します。この点で、商品選択を強く訴求するメーカーの広告とは異なります。

2 広告計画のプロセス

　広告計画は、①地域市場環境の分析、②広告目的の設定（情報提供型／説得型／想起型）、③広告目標の設定、④広告ターゲットの決定、⑤広告コンセプトの決定、⑥表現戦略の決定、⑦媒体戦略（メディアプランニング）の決定、⑧出稿パターンの決定、⑨広告原稿の作成と出稿、⑩広告効果の測定、といった手順で進められます。

3 マス媒体広告の特性

❶ 新聞

　発行部数、発行頻度が多く宅配により発行日に届けられるため、広い地域にタイムリーに告知する場合に向いています。また、テレビやラジオに比べると情報の記録性が高いという点も特徴。雑誌などと比べて広告料金は高くなります。

❷ 雑誌

　読者ターゲットが狭く、限定されているため、ターゲットを絞った広告が可能です。反復閲覧の可能性が高く、広告の寿命が長いことが特徴です。

❸ テレビ

視聴覚に訴えるため印象が強くなり、説得性が高く、また、広告の速効性も期待できます。市場での認知を高めたい場合やブランドイメージを浸透させたい場合に適しています。

全国展開の告知も可能です。が、その分、広告料金はかなり高くなります。10数秒程度で情報を伝える必要があるため、CM制作に工夫が必要です。

❹ ラジオ

番組によって愛顧性の高いリスナーがついている場合が多く、セグメンテーション効果が高い媒体です。「説得型」や「クローズ型」のコミュニケーションに効果を発揮する。ローカル向けには比較的安い広告出稿が可能です。

4 主な販売促進の特性

主な販売促進方法と特性は以下のようになっています。

❶ ダイレクトメール(DM)広告

特定のターゲット顧客に向けて直接郵送するため、通信販売などに向いています。ターゲットのニーズを間違えなければ費用対効果の高い宣伝が可能です。

❷ チラシ広告

特定地域に対して手撒きまたは新聞折込などで配布するため、即効性が期待でき、費用対効果の高い宣伝が可能です。

❸ 屋外広告

屋外に設置された看板、広告塔、ネオンサイン、屋外ビジョン、ポスターなどを指し、特定地域に対する継続的な訴求に向いています。以下の交通広告を合わせてアウトオブホームメディア(OOHメディア)と呼ばれています。

❹ 交通広告

電車の中吊広告、額面広告、駅貼りポスター、駅看板などを指し、沿線別のプロモーションに向いています。反復性が高いことが特徴です。

❺ インターネット広告

バナー広告、メールニュース広告など、インターネットを使った広告で、インタラクティブ(双方向)なメディアであること、高度なターゲティングが行えること、広告効果の測定が容易であることなどが特徴。急速に影響力が高まっています。消費者の検索履歴や行動履歴にもとづいて広

告を自動生成し配信する手法が開発されており、これをダイナミックリターゲティング広告といいます。

5 パブリシティと口コミ

パブリシティとは、マス媒体に掲載される無料の記事のことであり、第三者的な視点からの情報であるため信頼が得られる反面、記事の内容は編集者にゆだねられています。口コミは、自店のファンになった客が無料で友人・知人に紹介することによって、結果的に売上などに影響が出るものです。新たなマーケティング手法として注目されています。

6 ビッグデータとIOTを活用した新しいプロモーション

❶ ビッグデータとビッグデータビジネス

ビッグデータとは、インターネットの普及とIT技術の進化により生まれた大容量のデジタルデータ群のことです。検索、電子商取引（EC）、ソーシャルメディアなどのWebサービス分野において多量に生成、収集されるビッグデータを活用し、新しいマーケティング手法が開発されています。代表例はGAFA（ガーファ）と呼ばれるGoogle、Amazon、Facebook、Appleなどの米国のネット系プラットフォーム事業者であり、顧客の行動パターン、心理パターン、属性などをデジタルデータから分析することにより、1人のセグメンテーション、顧客1人ひとりのニーズや関心の変化にも対応したさらには1人の状況別ニーズに応える0.1人のセグメンテーションなど従来にはなかったマーケティングを展開し、売上増につなげています。

❷ IOTの活用

IOTとは、Internet of Thingsの頭文字をとったもので、「モノのインターネット化」と呼ばれています。センサーやソフトウェアを搭載した家電や自動車、ビルディングなど、身の回りのあらゆるものがインターネットにつながり、クラウドで管理されている状態をいいます。

IOTで収集したビッグデータを人工知能（AI）によって分析し、新しいサービスを生み出す動きも活発です。

❸ 小売業におけるIOT活用

小売業では、収集した膨大な量のデータを学習機能をもつコンピュータで管理し、買い物客の行動パターンを分析するシステムが注目されています。

事前に下調べをすることを好む行動パターンをもつ顧客に対しては、複数の商品の比較情報を提供するなど顧客に対して適切なアプローチをとることができ、売上増につながる効果が期待できます。

　このようなデータ利活用に関連した技術革新は、「第四次産業革命」と呼ばれ、第一次産業革命(動力の獲得、蒸気機関)、第二次産業革命(動力の革新：モーター)第三次産業革命(自動化：ICとプログラム)に続く変革として日本経済に大きな影響を及ぼすと考えられています。

第4章

マーケティング

加点のポイント　**それぞれの広告の特徴を覚えるコツ**

私たちは普段、多くの広告を目にしています。それぞれの広告の目的やターゲットを想像しながら見ることで、さまざまな広告の特徴を覚えることができます。

インストアプロモーション（Push戦略＝販売促進策）

頻出度 **A**

✿重要ポイント

- ☑ **インストアプロモーションとは店頭で行う販売促進活動である**
- ☑ **インストアプロモーションは人的販売活動と非人的販売活動に分類される**

---

1 インストアプロモーションとは

　顧客を来店させるための販売促進活動（Pull戦略）に対し、来店した顧客に商品の購買を促す取り組みをインストアプロモーション（Push戦略）といいます。インストアプロモーションは店員が直接顧客に対面して行う人的販売活動と、景品を付けるなどして購買を後押しする非人的販売活動があります。

2 人的販売活動

　人的販売活動には、①催事（北海道展などのイベント）、②消費者コンテスト（応募用紙を配布し、抽選で景品が当たるキャンペーンなど）、③消費者教育（実演販売や講習会の実施など）があります。

3 非人的販売活動

　非人的販売活動には、プレミアム（景品）の提供とサンプルの配布があります。プレミアムには以下のものがあります。なお、プレミアムなどによって提供される景品類の最高額は不当景品類及び不当表示防止法（景品表示法）によって規制されています（P212参照）。

❶ 添付プレミアム…景品があらかじめ商品に添付されている形式で、パッケージの中に同封されているパックイン方式と、別に添付されているパックオン方式がある

❷ 売場プレミアム…売場で商品に景品を付けて手渡す形式で、提供方法（先着順、抽選など）や提供する相手を選ぶことも可能である

❸ 応募プレミアム…商品のラベルやパッケージをキャンペーンの主催者に

送り、抽選や先着順で景品が提供される形式

❹ クーポン式プレミアム…商品に添付されたクーポンを一定数集めることで、引き換えに景品が提供される形式
インターネット上に掲載されているクーポン情報を印刷またはスマートフォンの画面を提示することで特典が受けられる電子クーポンは、利用者の位置情報や購買行動に対応することができるため、1対1（ワントウワン）のプロモーション手段として活用されている

 加点のポイント **インストアプロモーションの出題例**

ここ数年の試験でもインストアプロモーションについての出題があり、添付プレミアムの2つの方式について問われています。各種販売活動の名称だけでなく、実施の方法までしっかり理解しておきましょう。

Section 11

インストアマーチャンダイジング（Put戦略=購買促進策）としてのスペースマネジメント

頻出度 A

✿重要ポイント

☑ インストアマーチャンダイジング（ISM）とは、店内活動により、販売効率と顧客満足度を高める活動である

☑ インストアマーチャンダイジングを構成するスペースマネジメントについて理解する

1 インストアマーチャンダイジングとは

インストアマーチャンダイジング（ISM）とは、小売店内で行う販売効率と顧客満足度を高める購買促進活動です。小売店内でのスペースマネジメントや次の節で説明するPOP広告もインストアマーチャンダイジングのひとつです。

2 スペースマネジメント

スペースマネジメントは、フロアマネジメント（コーナー単位）とシェルフマネジメント（棚単位）に分類され、商品の位置を意図的にコントロールし、一定のスペースでの売上と利益の最大化を図る店頭技術です。

買上金額は以下の要素で決まるとされており、スペースマネジメントが大きく影響します。

導線距離（ゾーニング） × 立寄率（レイアウト） × 注目率（ディスプレイ） × 買上率（商品力）

店舗をくまなく回遊してもらう	できるだけ多くのコーナーに立ち寄ってもらう	できるだけ多くの商品に注目してもらう	注目商品のうちできるだけ多く買ってもらう

❶ フロアマネジメント…動線計画（建物内における人や物の動きを分析し、効率のよい経路にすること）、ゾーニング（機能や用途を指標として、建物空間をいくつかの小分類に分けること）、パワーカテゴリー（顧客吸引力のある商品群のこと）の配置、レイアウト計画などから構成されます。

❷ シェルフマネジメント…商品（品目）の陳列面の構成、陳列数、配置、品目数の決定などを効率化することであり、棚割計画手法であるプラノグラムで効率の良い構成を計画します。

スペースマネジメントの体系図

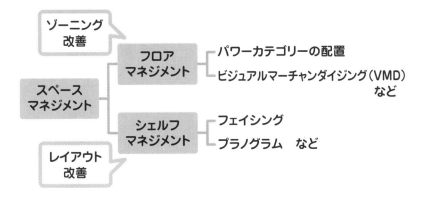

 加点のポイント スペースマネジメントの重要性

せっかく店内に呼び込んでも、店内でのスペースマネジメントが効率的でないと、顧客あたりの購買単価は上がりません。購買決定までをどのように導くのかがポイントです。

戦略的POP広告の活用方法

頻出度
C

🔧 重要ポイント

☑ **POP広告**のポイントは、**パーチェースポイント**を訴求することであり、内容は短時間で読みやすいものとする

☑ **POP広告**は、**店内**で購買アクションを促すための広告である

1 POP広告の定義と目的

POP（Point of Purchase）広告とは、店内で顧客の購買行動を促進することを目的としたすべての広告物をいいます。なお、POP広告のねらいを分類すると以下のようになります。

❶ 商品の印象を強める…マスコミで取り上げられるなど注目度の高い商品や、小売側で販売したい商品（推奨商品や特売商品）などを印象付けて、売上を伸ばす

❷ 生活提案と関連付ける…4月の新生活シーズンなど、その時期に合った生活提案と商品を関連付けることで、購買意欲を高める

❸ 販売効率を向上させる…上記の施策によって、販売効率を高める

❹ 販売目標を達成させる…広告商品（特売商品）の販売について、目標金額達成の後押しとする

❺ 他店との差別化に利用する…POP広告自体を他店との差別化戦略のひとつとして実施する

2 POP広告制作の基本的考え方

顧客が購買時にどういう商品なのかを判断するための、よき判断基準（パーチェースポイント）を明記することが重要です。5秒くらいの短い時間しか読まれないといわれるため、読みやすい内容とし、パーチェースポイントを訴求します。具体的には色は3色以内におさえ、読みやすいものとし、顧客の知りたいことをわかりやすく書くのがポイントです。

3 POP広告制作の留意点

　顧客からの質問が多い商品や、新商品や推奨商品には、POP広告をつけて訴求を高めます。また、単にセールスポイントを記載するのではなく、購入の判断基準(パーチェスポイント)を提供できているかを確認することが重要です。

POP広告制作のポイント

- 横書きの方が鮮明
- 業界用語、略語、英語などは避ける
- 価格表示はアラビア数字で
- 色は3色以内
- 誇張した内容は避ける
- 消費者にわかりにくい事項を明確に表示
- 誤字や価格間違いに注意

 加点のポイント 「簡潔にわかりすく」がポイント

POP広告の役割は、店内で最終的に購買を決意させることにあり、そのために効果的で短い表現が求められます。

市場調査（マーケティングリサーチ）

✿重要ポイント

☑ 市場調査は、変化する市場に対して有効な戦略を立てるために重要である

1 マーケティングと市場調査

市場は日々変化しているため、常に市場の状況を確認しながらマーケティング戦略も変化させていく必要があります。市場の状況把握のためには市場調査が必要です。市場調査には、大きく分けて①資料分析(外部資料、内部資料)、②市場実査、③テストマーケティングの3種類があります。

2 市場実査の進め方

既存の資料からだけでは得られない(存在しない)情報は、小売業側で独自に収集する必要があります。その手順は以下のようなものです。

❶ **調査方法の選択**…質問法(個別面接法、留置法[調査票を配布してそれを回収する方法]、郵送法、集団面接法、電話質問法)、観察法、実験法など
❷ **サンプル(標本)調査**…ランダム・サンプリングなど、無作為抽出法が基本
❸ **集計**…入力段階で処理しやすいように回答に1，2，3などの番号をつけ(コーディング)、入力されたデータをもとに傾向分析のための単純集計、要素間の関連をみるクロス集計などが行われる

3 エリア・データの情報源

マーケティングのデータ源には、①世帯収入と支出、貯蓄などを明らかにする家計調査報告(総務省)、②商業統計調査(経済産業省)、③人口統計(5年に一度の調査で、国内の人口や世帯の実態を明らかにする国勢調査[総務省]、住民基本台帳に基づく統計[総務省]、人口動態調査[厚生労働省])、④製造業、サービス業の企業活動の状況を明らかにする経済構造実態調査(総務省)などがあり、これらのデータを使って、需要予測、商圏調査、販売計画の立案やマー

ケティング活動を行います。

代表的なマーケティングリサーチの方法

個別面接法	調査員が調査対象者と対面して質問し、情報を収集する方法である。インターネット調査などと比較して、調査員の人件費や調査自体に時間がかかるというデメリットがある。
留置法	面接法と同じく訪問調査法の1つ。調査員が調査対象者に調査票を渡して、後日、再訪問のうえ調査票を回収する方法である。
観察法	顧客の購買行動を店内で観察したり、実際に顧客が商品をどのように使用しているのかを調べたりする方法である。顧客の行動を映像で記録するビデオ・トラッキングなどの手法を用いて人手をかけない手法が登場してきている。
実験法	店内環境の変更などを行い、その際の顧客の反応を測定する方法である。

データの解析方法

クロス集計	アンケート調査で複数の質問を掛け合わせて集計する方法である。例えば、商品の満足度と性別の質問を掛け合わせて、商品に満足していない女性の割合を調べることができる。
サンプリング	調査対象の集団のなかからランダムに一定数抽出し、そのデータから全体像を分析する方法である。例えば、テレビの視聴率など、調査対象すべてを調査することが難しい場合に用いられる。

 加点のポイント テストマーケティングとは

サービスの本格実施の前に小規模で試験的にサービスを提供し、ニーズの有無やサービス内容を実際の市場で調査するものです。

商圏の設定

頻出度

A

🔧 重要ポイント

☑ 扱う商品や業態によって適切な商圏は異なる

☑ 一般的に最寄品を扱う小売店の商圏は狭く、買回品を扱う店や専門店の場合は広い

☑ 商圏が狭い順に①近隣型、②地域型、③広域型、④超広域型となっている

1 商圏の特性

　商圏とは、商業施設の顧客誘引力が及ぶ範囲のことで、顧客が買い物のために来店する範囲とも言い換えられます。業態や売場面積、鉄道や道路の状況、河川や山林など地理的要因、駐車場の規模、競争環境、取扱商品の種類などによって変化します。なお、商圏には顧客が来店する地理上・時間上の範囲でとらえる顕在的商圏と、顧客となる可能性のある範囲を示す潜在的商圏があります。

　一般的に最寄品を扱う小売店の商圏は狭く、買回品を扱う店や専門店の場合は広いといわれています。また商業施設は、商圏が狭い順に①近隣型、②地域型、③広域型、④超広域型と分類されています。

2 市場細分化

　全体の市場を消費者の行動基準や、ニーズなどの類型に基づいて小規模市場に区分（セグメント）するのが、市場細分化（マーケット・セグメンテーション）です。市場細分化は顧客を絞り込み、そのニーズに応えるという意味で品ぞろえを専門化することともいえます。

3 商圏調査の方法

　商圏調査には、①アンケート調査、②会員情報（来店者）調査、③地図上の計測による商圏の推定、④ドライビングテスト、⑤GIS（地図情報システム

を活用した分析）などの方法があります。

商圏の比較

	近隣型商圏	地域型商圏	広域型商圏	超広域型商圏
取扱商品	食品、日用品、消耗品	衣類、住関連、文化品	流行品、高級品	高級ブランド品
商業集積	近隣型商店街、近隣型スーパーセンター	量販店、専門店、ドラッグストア、地域型スーパーセンター	総合品ぞろえスーパー、大型専門店、広域型スーパーセンター	百貨店、総合品ぞろえスーパー、超広域型スーパーセンター、国際ホテル
1次商圏	1km以内	2〜3km以内	地域型商圏	地域型商圏
2次商圏	2〜3km以内	3〜6km以内	地域型商圏＋近隣型商圏	地域型商圏＋近隣型商圏＋広域型商圏
3次商圏	3km以上	6km以上	15km以上	30km以上
商圏人口	都市部：3万人以下 町村部：8,000人程度	6〜9万人	10万人以上	30万人以上
来店頻度	週に数回	月に数回	月に1〜2回程度	年に2〜3回程度
特　徴	住宅地に近い	地域のコミュニケーションの場	住宅地からの距離が遠く、非常に商圏が広い	住宅地からの距離が遠く、非常に商圏が広い

👑 第4章

マーケティング

 加点のポイント 商圏は「プレイス」とともに理解しよう

ここで紹介した商圏の内容については、4章1「プレイス」（P140）の解説内容とともに問われることがありますのでよく整理して覚えておきましょう。

立地選定の方法

✿重要ポイント

☑ 小売業の競争力は第一に集客力であり、集客力を高めるためには立地戦略がきわめて重要である

☑ 大規模小売店舗立地法は、店舗面積1,000㎡を超える大型店を対象とし、駐車場の確保や騒音への配慮など、地域住民との調和を図るように定められている

1 立地調査の種類と方法

　よい立地とは、①商圏内人口が充分あり、しかも増加傾向である、②自店のターゲット顧客が多く居住している、③道路が整備されており店舗にアクセスしやすい、④駐車場が広くとれる、⑤直接的な競争店が少ない、などの条件に合うものです。

　商圏を検討するための指標・モデルはいくつかあります。地域商業の活性化度合いを測る「小売中心性指標」と、都市が小売消費者をひきつける度合いのモデルである「ライリーの法則」、消費者がどの商業集積を使うかのモデルである「修正ハフモデル」などです。必要に応じて、出店の立地を検討する際に利用されています。

小売中心性指標の算出方法

$$\dfrac{\dfrac{都市の小売販売額}{都市内の人口}}{\dfrac{都道府県内の小売販売額}{都道府県内の人口}} = \begin{array}{l} 数値が、1より大きければ流入 \\ 1より小さければ流出 \\ 1であればどちらでもない \end{array}$$

ライリーの法則の計算式

　ある地域からAとBという2つの都市に流れる購買力の比率を説明するものです。AとBの人口比に比例し、ある地域からA、Bまでの距離の2乗に反比例します。

$$Ba/Bb = (Pa/Pb)^N \times (Db/Da)^n$$

Ba：都市Aが中間都市から吸引する　　Pb：都市Bの人口
　　小売取引　　　　　　　　　　　　Da：中間都市から都市Aまでの距離
Bb：都市Bが中間都市から吸引する　　Db：中間都市から都市Bまでの距離
　　小売取引　　　　　　　　　　　　N ：通常1
Pa：都市Aの人口　　　　　　　　　　n ：1.5～2.5、通常2

修正ハフモデルの計算式

　ある地域の住民が、どの商業集積を利用する確率が高いかを計算するものです。

$$P_{ij} = \cfrac{\dfrac{S_j}{T_{ij}^2}}{\displaystyle\sum_{j=1}^{n} \dfrac{S_j}{T_{ij}^2}}$$

i ：居住区（i = 1、2、…m）
j ：買物先（j = 1、2、…n）
Pij：居住地iに住む消費者が商業集積jへ買物に出向く
　　確率（出向確率）
Sj：商業集積jの店舗面積
Tij：居住地iから商業集積jまでの距離

2 大規模小売店舗立地法

　大規模小売店舗立地法は、大型店が地域社会との調和を図っていくために、周辺の地域への影響について適切な対応を図ることを目的とする法律です。店舗面積1,000㎡を超える大型店を対象とし、駐車場の確保や騒音への配慮などにより地域住民との調和を図るように定められています。

👑 加点のポイント 細かい計算より意味を重視しよう

ライリーの法則や、修正ハフモデルは何を算出するための計算式なのか意味を覚えておきましょう。

出店戦略の立案と方法

頻出度 **A**

✿重要ポイント

- ☑ 出店戦略には、大きく「ドミナント型出店」と「大型拠点型出店」の2種類がある
- ☑ 出店立地の種類と、業態ごとの適切な出店立地を理解する

1　出店戦略の考え方

　出店立地のタイプには5つのタイプがあります。近隣の立地から郊外の立地の順に、「ダウンタウン（繁華街）」、「アーバン（都市エリア）」、「イクサーブ（都市エリアと住居エリアが混在）」、「サバーブ（住居エリア）」、「ルーラル（自然豊かなエリア）」の5つのタイプです。業態別の出店立地例は以下のようなものです。

❶ **総合品ぞろえスーパー（GMS）**…イクサーブからルーラルへ出店をすすめてきたが、最近ではアーバンエリアへの出店を強化してきている

❷ **ディスカウントストア**…サバーブエリア中心で展開している

❸ **カテゴリーキラー**…近年ではダウンタウンエリアへの出店が増えている

❹ **ファッション**…近年ではサバーブのショッピングセンター内出店が増えている

出店立地エリアのとらえ方

2 出店戦略の方法

　出店戦略には、大きく「ドミナント型出店」と「大型拠点型出店」の2種類があります。「ドミナント型出店」は、標的とする地域を多くの店で埋めていく手法であり、コンビニエンスストアなどがこの手法をとっています。出店地域の販売情報を高い精度で得ることができ、物流面でもメリットがあります。また競争店に対して、出店地域での優位性を獲得・保持することができます。「大型拠点型出店」は、標的地域に巨艦型店舗をつくり、圧倒的なパワーで顧客を吸引する方法です。

ドミナント型と大型拠点型

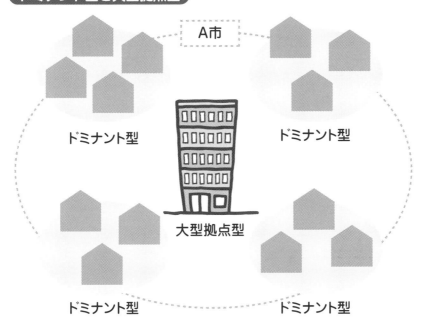

出典:「販売士検定試験2級ハンドブック」

 加点のポイント　ドミナント型出店のメリット

店舗同士が近いので、物流やスーパーバイザーの巡回などが効率的に行えるというメリットがあります。

第4章

マーケティング

ポジショニングの設定

> ## ✿重要ポイント
>
> - ☑ ポジショニングとは、自社のターゲットを明確にし、事業範囲をある程度狭く限定することで、焦点を絞ることである
> - ☑ ポジショニングは、「誰の」、「どんなニーズに」、「どのような独自能力で応えていくか」の3つの軸で決まる

1 ポジショニングの意味

ポジショニングとは、小売業におけるドメイン（事業領域）を設定することです。具体的には、自社のターゲットを明確にし、事業範囲をある程度狭く限定することで焦点を絞ることです。「誰の」、「どんなニーズに」、「どのような独自能力で応えていくか」を決めます。

2 事業領域の検討

ポジショニングによって「誰の」、「どんなニーズに」、「どのような独自能力で応えていくか」を決めたら、この3つの軸を実現する具体的な事業内容を検討していくことが必要です。

3 ポジショニング設定の要件

ポジショニング設定の前提となる要件は、外的要件と内的要件から構成されます。

❶ 外的要件…ライフスタイル・トレンド、立地条件、地域のデモグラフィック要因（P140参照）、地域のサイコグラフィック要因（P140参照）、競争関係など

❷ 内的要件…自社の経営理念・組織風土・戦略、経営資源（ヒト、モノ、カネ、情報など）

ポジショニングの設定フロー

現状における環境分析（市場調査）

外的要因

❶ **ライフスタイル・トレンド**
消費動向、需要予測

❷ **立地条件**
都市商業力の推移、都市の経済力、立地の構造分析、近隣商圏との比較

❸ **デモグラフィック**
人口構造、世帯構成、年齢、職業、所得水準、購買行動、在住期間

❹ **サイコグラフィック**
消費者の購買心理、考え方、人情、特質

❺ **競争関係**
吸引力、シェア比較、新業態

など

内的要因

❶ **経営理念**
組織風土、戦略

❷ **中期経営基本構想**

❸ **経営者や従業員の資質**

❹ **内部資源の評価と再活用**

❺ **市場機会の分析**

など

↓

予測

> どうあるべきか
> ドメイン（事業領域）
> の検討をする

↓

ポジショニングの設定

↓

ターゲットの明確化による業態の確立

エリアの設定
どんな商圏をとらえていくのか

商品構成
何を売るのか

主要顧客層の選定
消費者のどんな生活シーンに応えようとするのか

出典：「販売士検定試験2級ハンドブック」を一部改変

 加点のポイント　ポジショニングの意味

ポジショニングとは、誰の、どんなニーズに、どのような独自能力で応えていくかということを検討し、事業領域を狭く限定していくことです。

ストアコンセプトの策定方法

> **✿重要ポイント**
>
> ☑ **ストアコンセプト**が明確な小売店は、差別化された商品、サービスをターゲット顧客に効率的に提供できる
>
> ☑ ストアコンセプトを具体的に**ビジュアル化**することで、より明確にコンセプトに沿った店づくりが実現できる

1 ストアコンセプト設定の具体的なプロセス

「誰の」、「どんなニーズに」、「どのような独自能力で応えていくか」を具体的に決めるにあたり、以下のようなプロセスでストアコンセプトを検討します。

ストアコンセプトの策定プロセス例

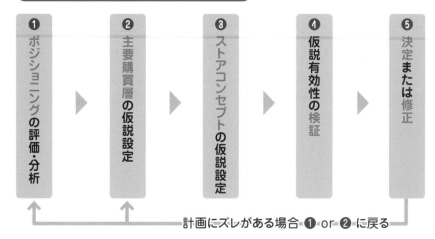

❶ ポジショニングの評価・分析…マーケットリサーチを評価し、主要顧客層がどういった属性(年齢・所得など)であるかの仮説を立てる

❷ 主要購買層の仮説設定…年齢や所得などで特定するのではなく、ライフスタイルや購買心理などを重視し、仮説を立てる

❸ ストアコンセプトの**仮説設定**…メインターゲットに合わせたストアコンセプトのイメージを具体的に文章にする

❹ **仮説有効性**の検証…メインターゲットに向けたストアコンセプトイメージが、どの程度有効であるかをグループインタビュー調査などにより検証する

❺ 決定**または**修正…メインターゲットとストアコンセプトの仮説にズレがある場合は、再び❶もしくは❷に戻る

2 ストアコンセプトを実現する品ぞろえとそのビジュアル化

欧米の有力小売店では、ストアコンセプトをストアデザイナーがレンダリングという手法で店舗内外の絵としてビジュアル化し、これにあらゆる部門の専門家が手を加えたものをベースに店舗のゾーニング、レイアウトを行うため、絵のとおりのきれいな売場となります。これを行うことをストアデザインといいます。

特に今日の商品のアソートメント（品ぞろえ）については、用途・機能・ブランドや商品特性による分類よりも、購買目的や生活提案をベースにした商品分類へと変化しつつあり、ストアコンセプトのビジュアル化は、効果的なディスプレイにも役立つといわれています。

 加点のポイント ストアコンセプトの設定プロセス

ストアコンセプトは「ポジショニング」「メインターゲット」を明確にしてから設定します。流れをよく理解しておきましょう。

動線計画とゾーニング

頻出度
B

✿ 重要ポイント

☑ 顧客動線を検討する場合は、忙しい方々のショートタイムショッピングニーズも考慮することが必要である

☑ 顧客動線と従業員動線の特徴を理解する

☑ 業態別のゾーニングについて理解する

---

1 顧客動線と従業員動線

　店内の動線には、「顧客動線」と「従業員動線」があり、顧客動線は、来店客の購買動機や心理に留意し、迅速性、便利性、選択性、安心性など買いやすさを基本とします。一方、従業員動線は、品出しや、バックルームへの取次などの際に顧客とぶつからない動線が重要です。

　セルフサービスの店では、ワンウェイコントロールを基本動線として、主通路を計画し、主通路からそれぞれの副通路への流れを計画します。

ゾーニング設定の基本的条件

通路は歩きやすく、商品は見やすく手に取りやすいこと

| できる限り多くの通路を歩いてもらう | できる限り長い距離を歩いてもらう |

↓　　　　　　　　　　　　　↓

しかし、店内滞留時間は、わかりやすいゾーニングと便利に使えるレイアウトによって短縮化させる

↓　　　　　　　　　　　　　↓

| 消費者の半数以上が通るコースをチェック | 隅から隅まで広く歩けるように工夫 |

出典：「販売士検定試験2級ハンドブック」

2 ショートタイムショッピングニーズへの対応

　忙しい現代の顧客は、なるべく短い時間で欲しいものだけを買いたい（ショートタイムショッピング）という傾向が強く、長く回遊をさせて店内滞留時間を増やし、ついで買いをさせようという動線が逆効果になる場合もあります。わかりやすい表示やシンプルな動線計画を立てることが結果的に売上向上につながることもありますので、注意が必要です。なお、スーパーマーケットなどでは来店の目的となりやすい惣菜やベーカリーコーナーを入り口近くに置いて導線を短くしたコンビニエンスゾーンが設置されています。

　ゾーニング設定の基本を前ページの図に示します。

3 業態別ゾーニング

　ゾーニングを検討する際には、メインターゲット商品は入り口から見やすく、吸引力の強いパワーカテゴリーは店奥に配置することで回遊性を高めるようにします。店舗形態別のゾーニングの特徴は以下のようなものです。

❶ スーパーマーケットのゾーニング

　最近では、共稼ぎ夫婦の増加により、これまでの青果から精肉、鮮魚という回遊方法だけではなくなっており、入り口付近にインストアベーカリーやデリカテッセンを設け、ショートタイムショッピングに対応する店も増えてきています。

❷ ドラッグストアのゾーニング

　医薬品を店外から見やすい場所に配置し、店奥に洗剤や紙おむつなど反復性の高い商品を配置することで、回遊性を高めます。品ぞろえとしては、医薬品以外の日用的な商品を置くことで来店頻度を高めます。

❸ コンビニエンスストアのゾーニング

　外から見える部分に雑誌ゾーンを設置し、店内への誘導を高めます。入り口正面には、弁当・惣菜などを配置し、目的買いへのスピーディな対応を図る一方、関連商品を対面のゴンドラに配置して衝動買いを誘います。

❹ 靴専門店のゾーニング

　ショーウインドには、ファッションを提案するディスプレイを行い、対話機会を増やします。プレゼンテーション、フィッティング、ディスプレイ、サービスなどのゾーンを明確に分けます。

スーパーマーケットのゾーニングの例

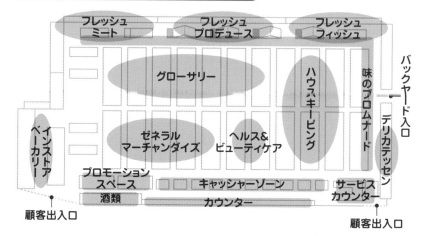

出典：「販売士検定試験2級ハンドブック」

コンビニエンスストアのゾーニングの例

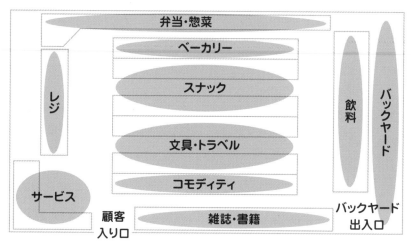

出典：「販売士検定試験2級ハンドブック」

👑 **加点のポイント** ゾーニングは現場で確認して覚えよう

業態別のゾーニングについては、実際に店に行って確認することがよい勉強になります。

フロアレイアウトと
スペースマネジメント

🌸 重要ポイント

☑ 効果のあるスペースマネジメントのためには、ゴールデンライン
に主力商品を配置し、関連商品は効果的に配置することが重要
である

☑ スペースマネジメントは、ゴンドラ単位での最適なディスプレイを
考えることである

1 レイアウト設定の基本と留意点

レイアウトとは、商品群ゾーンごとに商品カテゴリーを効果的に配置する
ことです。ゾーンごとのメイン商品を中心に、わかりやすく、サブ商品との
関連性も考慮して配置することが重要です。

通路をはさんでゴンドラの向かい合った面には、関連する商品を配置し、
関連購買率を高めます。

2 効率的な販売促進策としてのゴンドラ設定

レイアウトを設定した後に、ゴンドラ単位のスペースマネジメントを行い
ます。これは、ゴンドラごとの最適なディスプレイパターンを考えるもので、
商品価値と買い求めやすさを提案するのはもちろん、店のストアコンセプト
やターゲットとする顧客への生活シーンの提案も含めて、総合的な検討が必
要です。

3 品目配置の考え方

品目ごとの売上構成比に応じたスペース配分を行います。顧客の視野は、
縦20cm、横80cmといわれているため、この単位を1ブロックとして商品
配置を検討します。ゴールデンラインには主力商品を配置します。

4 フェイシング

　フェイシングとは、品種（アイテム）ごとに何列でディスプレイし、店頭在庫をいくつもつかという品目の面取り技術のことです。POSシステムなどで検討を行い、フェイス数の増減を決めます。

5 品目別のポジショニング

　売上と粗利益率の関係から見た品目別のポジショニングがあります。これは❶売上大、粗利益率大、❷売上大、粗利益率小、❸売上小、粗利益率大、❹売上小、粗利益率小の4つのポジションが考えられます。

　この中では❶が最重点商品となり、ゴールデンラインへの配置と欠品防止が必要となります。また、❹の商品をどう育てるかも検討が必要です。

売上高と粗利益率によるポジショニング

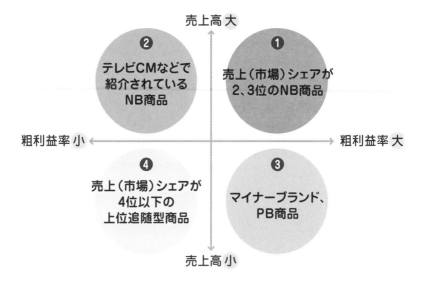

6 グルーピングのポイント

　商品をどうグルーピングするかも重要です。グルーピングする際には、買いたい商品が探しやすく、商品の使用目的に応じて比較選択ができ、関連商品にも気づくようなグルーピングが求められます。

インバウンド（訪日外国人）観光

頻出度

A

⚙ 重要ポイント

☑ 訪日外国人を対象としたインバウンド観光では、同一商圏内のさまざまな経営体（飲食業、宿泊業、運輸業他）が協同する「集団性（アセンブリー性）」が重要である

☑ 観光資源を発掘して街づくりを行うDMO（Destination Management Organization：観光地経営組織）が観光地域づくりの舵取りをする法人として期待されている

第4章

マーケティング

1 観光ビジネスの特徴

　政治的な影響、社会的な影響を受けやすく、訪日外国人の文化、宗教、道徳規範などを理解して配慮する必要があります。そうしたさまざまな影響を配慮しながら舵取りをする役割が期待されているのが日本版DMO（観光地域づくり法人）で、観光庁のホームページでは以下のように記載されています。

> 地域の「稼ぐ力」を引き出すとともに地域への誇りと愛着を醸成する「観光地経営」の視点に立った観光地域づくりの舵取り役として、多様な関係者と協同しながら、明確なコンセプトに基づいた観光地域づくりを実現するための戦略を策定するとともに、戦略を着実に実施するための調整機能を備えた法人です。

　具体的には、日本版DMOは、地元の魅力を発信するマーケティング活動、異業種連携のプラットフォーム機能、観光地全体のマネジメント活動などを担っています。なお、観光庁では日本版DMOの登録制度があります。

2 越境EC（電子商取引）

　訪日をきっかけとして日本の商品に興味をもつ人が増えており、インターネット上で国境を越えた取引が活発に行われています。訪日外国人の口コミ

で広まる取引もあり、国をまたいだEC(電子商取引)活動に向けて、帰国してからも継続的なコミュニケーションを維持することが重要となっています。

3 3C分析

インバウンドを意識したマーケティングでは以下の3つのCに関する分析が行われています。

❶ Customer(市場、顧客の分析)

市場規模、成長性などにとどまらず、国籍、文化、習慣、宗教なども含め、顧客の真のニーズにまで掘り下げた分析が重要です。

❷ Competiter(競争の分析)

競争の分析では、競争相手の数、経営資源、能力、参入障壁や、代替品となりえる商品、サービスも把握し、競争環境の分析を行います。観光地間の競争もあるため、その分析も必要です。

❸ Company(自社の分析)

自社の定性分析、定量分析ともに、インバウンド対応としては地域連携の度合いを確認することが重要です。

 加点のポイント **変化する情報にキャッチアップしよう**

国を挙げてインバウンド観光に取り組み始めたのは近年のことであり、国や地方で新たな施策や取り組みが生まれやすいジャンルです。日々のニュースにもアンテナを張り、情報を収集しておきましょう。

売場を演出する色彩の技術

頻出度
B
★★★

✿重要ポイント

☑ 色は心理的に購買行動に強い影響を与えるので、効果的に利用することが必要である

---

1 陳列装飾における色の組み合わせの効果

　色から受けるイメージを活かして陳列効果を高めるとともに店舗のイメージアップにもつながるよう、色による演出を行う積極姿勢が重要です。以下でディスプレイと色の組み合わせの効果について説明していきます。

2 明度順、色相順配色の陳列

　無彩色の商品を陳列する場合は、明度段階の順序で白から黒寄りへと配列するとよいといわれています。また、有彩色の色合いの商品を組み合わせる場合は、色相の順に陳列すると明るい楽しい感じが演出でき、顧客が自分の好みの色を選ぶときにも便利です。

3 同色配色の陳列

　ショーウインドにさまざまな色の商品があるより、同色の商品が集中して陳列されている方が訴求力は強いとされています。しかし、同色だけでは全体的にピンボケな感じになりますので1、2点の対照的な色の商品を入れ、アクセントをつけると効果が増します。

同色配色

第4章　マーケティング

185

4 類色、類似色、異色配色の陳列

❶ **類色配色の陳列**…類色とは、赤と澄、青と青緑のように最も近い色相の関係をいいます。柔らかさやムードのある調和のとれた色の組み合わせになり、低い明度や彩度どうしでは重厚感が出る半面、野暮な感じにもなるので注意が必要です。

❷ **類似色配色の陳列**…類似色とは、色相環で1類色の隣りの色どうしの色のことです。この組み合わせは、最もバランスのとれた鮮やかで効果的な配色であるといえます。

❸ **異色配色の陳列**…異色とは、類似色よりもさらにひとつ距離をおいた色の関係をいいます。この配色は自然に受け入れられる組み合わせといわれています。

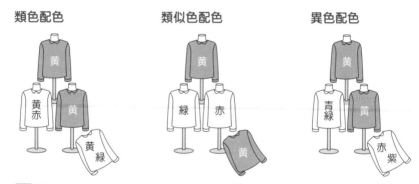

類色配色　　　　類似色配色　　　　異色配色

5 補色と準補色の陳列

❶ **補色配色の陳列**…色相環で反対側となる向かい合った位置にある色を補色といい、最も離れた色どうしの組み合わせです。お互いが強く自己主張するため、効果的に配色するためには色彩感覚がより必要となります。赤と青緑は情熱的な感じ、燈と青は男性的な感じを与えます。

❷ **準補色配色の陳列**…赤と緑、青と黄といった補色の手前の色を準補色といいます。非常に華やかな感じが出せます。

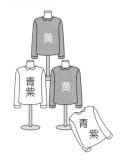

補色配色

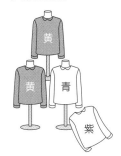

準補色配色

6 無彩色と有彩色の組み合わせ

　この場合は明度を中心に配色すると、まとまりが出ます。明度の差が大きくなるにしたがい、有彩色のもつ情感が強調されます。例えば高い明度の赤と低い明度の灰色の配色は、赤をより引き立てます。また、真赤と真黒のように、純色を組み合わせるとモダンな感じが強調されます。

7 カラーコントロールによるディスプレイ方法の基本

　商品をより美しくみせるためには、これまで説明してきたような色の組み合わせの基本(カラーコントロール)を理解しなければいけません。ディスプレイ方法には、種類や形・素材の異なる商品の中から色合いのよく似たグループを集めてまとめたり、同一商品を虹色の順番に並べたりする手法などがあります。これらのカラーコントロールにより商品の整理整頓や売場の演出が容易となります。

加点のポイント 店舗で具体例を観察してみよう

色彩による演出技術については基本を理解したら実際にお店に行ってイメージをつかみましょう。衣料品だけでなく、スーパーの青果売場なども参考になります。

売場を演出する照明の技術

頻出度
C

✿重要ポイント

☑ 照明の基本と、効果についてよく理解すること

---

1 照明の量、質、方向

　店舗における照明は、商品の陳列効果や顧客の購買意欲を高めるうえで大変重要な役割をもつため、照明の適否が売上を左右することもあります。照明による演出効果を高めるには、光の「量（明るさ）」、「質（色、輝き）」、「方向（照射角度）」などを効果的に組み合わせてコーディネートすることが大切です。

2 光の方向が与える影響のパターン

　店内を照らす光の方向・角度によって商品の見え方と、さらには顧客の購買心理にも影響を与えます。
❶ 真上からの光は陰影が濃く、荘厳な感じを演出できる
❷ 真正面からの光は陰影が少なく、平坦に見え、訴求力が弱まる
❸ 真後ろからの光は外形線が強調され、商品がシルエットになって期待感を演出できる
❹ 斜め上からの光は太陽光に似て自然な感じで安定感がある。ただ意外性やおもしろさに欠けるのが難点
❺ 下からの光は自然にはない角度で、危機感や現代的な感じが演出できる

3 明るさ（光の量）の決め方

　次の点に注意して、店舗の客層、取扱商品、店格、立地条件などにふさわしい明るさを見出します。
❶ 全般照明（ベースライティング）の明るさはどのくらいが適当か
❷ 照明の方式と器具の種類はどれがよいか
❸ 全般照明の必要灯数、配列方法などをどうするか
❹ 局部照明（アクセントライト）はどのような器具がよいか、効果的な位置はどこか

❺ 照明の組み合わせ、バランスをどのように配分するか

店舗照度の基準

　店舗の性質によって「適性な明るさ」の基準はさまざまです。店舗の適性な明るさを決める際に基準となるのは、以下のようなものです。

❶ 店舗の立地環境…立地する街の平均照度、隣接店舗、近くの競合店の照度などを考慮して明るさを決める。より明るい店舗は、顧客の店に対する安心感を高め、来店促進に貢献する

❷ 取扱商品…色彩の暗い商品や細かい商品を主とする店舗では、より高い照度が必要となる。また、高級品を主力とする店舗では、照度を抑えて落ち着いた明るさにすると照明効果が増す

❸ 店舗の構造…店の奥行や天井の高さなどの構造、そして床、壁、天井の仕上げの材質や色などによっても照度は変わってくる。例えば、天井や壁の反射率が高いと照度が低くても明るく感じられる

店舗照明の留意点

　店舗照明の計画および管理上の留意点は、以下のようなものです。

❶ 逆光や強い反射光が当たらないよう、光源と視線との関係に注意する

❷ 照明により商品の変色、退色および鮮度を低下させないよう器具の選択や設置位置（発生熱が排出できるようにする）を決定する

❸ 他の商品や顧客によって商品に影ができないよう器具の取付位置に注意する

❹ 店内の模様替えにも対応できるよう、器具および取付方法を工夫する。また、電源容量の確保とともに、コンセントを十分に設けておくことが重要

❺ 付近の建物や景色がガラス面に映るような店頭では、照明によりなんらかの対策を講じる必要がある

❻ 不要な電力を消費しないよう省エネルギーに努める（器具類の清掃、省力型電球の使用、スイッチ操作による光量の調節など）

加点のポイント　店舗照明の出題傾向

ベースライトとアクセントライトの定義や照明角度による効果の違いなどが出題されています。しっかり学習しておきましょう。

理解度チェック
一問一答

Q1 小売店の立地条件には、商業立地と店舗立地があり、さらに商業立地に
☑☑ はジオグラフィック要因、デモグラフィック要因、サイコグラフィック
要因の３つの要因がある。

Q2 ライリーの法則では、ある地域に居住する消費者が利用可能な商業集積
☑☑ のうち、どこを利用するかの確率を予測できる。

Q3 個別面接法は、市場調査の中では最も低コストで行える方法である。
☑☑

Q4 数多く有彩色の商品をディスプレイする際は、色相の順に配置してしま
☑☑ うと、ぼんやりとした印象になってしまう。

Q5 ワントゥワン・マーケティングとは、一対一で行う対面販売のことである。
☑☑

Q6 広告におけるメディアプランニングとは、ターゲット顧客に対して最適
☑☑ な露出をするために予算内でどのメディアを使いどのように伝えていく
かを計画することである。

Q7 ブランドは他社との違いを明確にする役割があるが、そのもの自体に資
☑☑ 産価値はない。

Q8 ブランドネームは発音できないもの、ブランドマークは発音できるもの
☑☑ である。

Q9 商業立地におけるサイコグラフィック要因とは、想定商業地における消
☑☑ 費者の価値観や購買習慣、ライフスタイルなどを指す。

Q10 ドロシーレーンの法則とは、消費者に安くてお得な店だと思わせるため
☑☑ には、特定の数点の商品を大幅値下げする方が、売り場の半数近くの商
品の価格を少しずつ値下げするより効果的だという法則である。

| A1 | ○ | 設問文の通りである。なお、商業立地とは立地する都市の条件を表すものであり、店舗立地は店舗とその商圏の地理的条件を表すものである。 |

| A2 | ✕ | 設問文の内容は修正ハフモデルの説明である。ライリーの法則は、「ある地域から2つの都市A、Bへ流れる購買力の比は、AとBの人口に比例し、その地域からAとBへの距離の2乗に反比例する」というものである。 |

| A3 | ✕ | 個別面接法は、市場調査の中では時間もコストもかかる方法である。 |

| A4 | ✕ | 色相の順に商品を配置することで、明るく楽しい感じが演出でき、顧客が自分の好みの色を選ぶときにも便利である。 |

| A5 | ✕ | ワントゥワン・マーケティングとは、顧客一人ひとりの情報を活用してより深く長い信頼関係を構築し利益を増やすことを目的としたマーケティング手法である。 |

| A6 | ○ | 設問文の通りである。広告を作成する前に、きちんとしたメディアプランニングを行うことが重要となる。 |

| A7 | ✕ | ブランドは他社との違いを明確にする役割があり、ブランドそのもの自体に資産価値がある。 |

| A8 | ✕ | ブランドネームは発音できるもの、ブランドマークは発音できないものである。 |

| A9 | ○ | 設問文の通りである。サイコグラフィック要因は、ジオグラフィック要因、デモグラフィック要因などではわからない消費者の価値観や購買習慣的な条件を分析したものである。 |

| A10 | ✕ | ドロシーレーンの法則とは、消費者に店全体が安くてお得と思わせるためには、売り場の半数近くの商品の価格を少しずつ値下げする方が特定の数点の商品を大幅値下げするより効果的だという法則である。 |

Q11 インターネット広告が他の広告メディアと違うのはインタラクティブな
☑☑ メディアだということである。

Q12 FSP(フリークエントショッパーズプログラム)は、ロイヤルティマーケ
☑☑ ティングの手法である。

Q13 フロアゾーニングでは、万引き防止のためにレジの販売員と顧客の目が
☑☑ なるべく頻繁に合うように設計することが大事である。

Q14 POP広告を見る時間は、一般に30秒程度といわれている。
☑☑

Q15 同色で統一されたディスプレイの中に少数の対照的な色の商品があると
☑☑ アクセントとなり訴求効果が高まる。

Q16 ポジショニングとは、小売業における事業領域(ドメイン)の設定のことで、
☑☑ 誰のどんなニーズにどのような商品・サービスで応えていくかを決める
ことである。

Q17 顧客の店内滞留時間が長いほど購買機会が増えるため、顧客動線は長く、
☑☑ 複雑にするとよい。

Q18 カスタマーリレーションシップマネジメント(CRM)とは、顧客一人ひ
☑☑ とりの情報の活用によって長期的な顧客関係を構築する仕組みづくりの
ことである。

Q19 端数価格とは、中途半端に売れ残った商品を値引きするときの価格である。
☑☑

Q20 スペースマネジメントとは、フロアマネジメントとシェルフマネジメン
☑☑ トに分類される。

A11 ◯ インターネット広告では、広告の受け手がクリックすることで必要だと思う情報を能動的に選択でき、広告主はインターネットを通じてその情報を提供することができる。このように、インタラクティブ（双方向性）な点がインターネット広告の大きな特徴である。

A12 ◯ ロイヤルティマーケティングとは、優良顧客を優遇してより多頻度購入をしてもらうための手法であり、FSP（フリークエントショッパーズプログラム）はその代表的なものである。

A13 ✕ ゾーニングの基本は、「通路を歩きやすく、商品は見やすく手に取りやすくする」ことであり、設問文のように顧客に威圧感を与えるような設計は避けるべきである。

A14 ✕ POP広告を見る時間は、一般に5秒程度といわれている。

A15 ◯ 同色のみの配列では、ピンボケしたような印象を与える場合があるが、少数の対照的な色の商品を入れることでアクセントになり、訴求力が高まる。

A16 ◯ ポジショニングを行うことによって、自社のターゲットを明確にし、事業範囲の焦点を絞ることができる。

A17 ✕ 顧客の店内滞留時間が長いほど購買機会が増えるのは確かであるが、忙しい現代の人々のショートタイムショッピング・ニーズに応えるため、無意味に滞留時間が長引く複雑な顧客動線を引いてはならない。

A18 ◯ カスタマーリレーションシップマネジメント（CRM）では、顧客データベースの情報を活用して顧客特性に合わせたサービスを行い、顧客の囲い込みを行うことを目的としている。

A19 ✕ 端数価格とは、100円に対する98円など、区切れがよい価格から若干安く、そして中途半端な価格を設定して安く見せる手法である。

A20 ◯ フロアマネジメントでは、店舗内の動線やゾーニングなどのコーナー単位を、シェルフマネジメントはでは、商品ごとのフェイス数などの棚単位でのマネジメントを行う。

MEMO

第5章

販売・経営管理

この科目では、販売管理者の基本業務と法令知識、販売事務管理者に求められる経営分析の手法など、販売管理者が身につけておくべき知識を学び、さらに店舗組織体制と従業員管理など人的管理も含むリーダーとして身につけておくべき知識や店舗施設の維持管理といった保守管理の知識も学びます。

契約に関する法知識

✿重要ポイント

☑ 契約に関する法律は実務にも役立つのでよく理解しておくこと

☑ 契約とは、いわゆる約束のことで、その約束により契約当事者の一方に債権が生じ、もう一方に債務が生じるものをいう

☑ 振出人が受取人に対し、一定の期日に一定の金額を支払うことを約束する有価証券を約束手形という

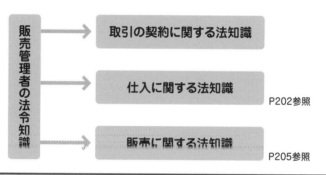

1 取引に関する契約の成立と契約内容

　契約の基本原則として、①所有物は自由に使用、収益、処分できるという「所有権の絶対」、②契約は当事者同士で合意すれば契約内容や契約方法などは自由だという「契約自由の原則」、③故意や過失ではない行為の責任を取る必要はないという「過失責任の原則」があり、近代市民法の３大原則と呼ばれています。ただし、契約内容については、当事者間の合意より優先される強行規定に抵触していないこと、公序良俗に反していないことが求められます。

　契約の中でも売買契約は、双方の意思表示があり、合意したときに成立します。つまり口約束でも成立します。ただし、契約成立の証明には証拠が必要となるため、書面による契約書が作成されます。その際、契約自由の原則に基づき、契約内容は当事者間で自由に定められます（特約という）。強行規定を除く商法や民法の規定は、特約が定められなかった場合に適用されます。このような規定のことを任意規定といいます。以下で買取仕入の契約内容の

法律常識を説明します。

❶ 商品の受け渡し時期と場所

受け渡し時期の特約では、期日、期間、期限の区分を明確にします。引き渡し場所は特約がなければ、特定物は契約のときにその物が存在した場所、不特定物では、原則として買主の営業所または住所です。これを持参債務の原則といいます。なお、運送費、荷造費は、特約がなければ売主負担となります。

❷ 商品代金の支払い

商品引き渡しと代金支払は同時履行が原則です。なお、特約がない場合は、商品受け渡し場所で現金支払が原則となります。手形支払は特約です。特約方法は、毎月○日締切月末現金（または小切手、手形）払とします。なお、契約すなわち約束を守らなければ、買主の債務不履行となります。

2 売主の買主に対する債務不履行のケース

一方で、売主の債務不履行には、以下のようなものがあります。

❶ 履行不能…売主の責任で商品を引き渡すことができない

❷ 履行遅延…商品の引き渡しなど、契約の履行が約束の期日までに行われない

❸ 不完全履行…商品が契約内容に不適合である

売主は買主に対して契約内容不適合の担保責任を負うため、数量や品質が契約内容と不適合だった場合は、売主に対して不足数量の引き渡し、代替品となる商品の引き渡し、修理などを請求できます。これを追完請求といいます。

追完請求をしても履行がなされない場合、あるいは契約の目的が達成できない場合は、代金の減額請求や契約を解除できます。また、債務不履行による損害が発生し、債務者に責任がある場合に損害賠償の請求をすることができます。

3 印紙税の基礎知識

商取引文書のうち、印紙の貼付と消印によって徴税できるのは、契約書、約束手形、金銭受取書などです。これらの課税文書を用いて納付や申告の手続きをする際は、印紙の貼付と消印を押さないと、科料（1,000円以上10,000円未満）・罰金（10,000円以上）や内容次第では、印紙税額の3倍の過怠税や、1年以下の懲役刑の処分を受けます。無貼付でも取引は成立しますので注意しましょう。

　小切手は、発行者(振出人)が第三者(支払人＝銀行)に宛てて一定の金額を支払うべきことを委託する形式の有価証券(支払委託証券)です。小切手を発行するには「小切手要件」と呼ばれる一定の事項を小切手用紙に記入しなければなりません。小切手には必ず記載しないといけない「絶対的記載事項」、記載すると小切手が無効になる「有害的記載事項」、記載は任意でどちらでもよい任意的記載事項があります。「絶対的」と「有害的」記載事項は出題されるので、しっかり覚えておきましょう。

小切手の絶対的記載事項と有害的記載事項

絶対的記載事項

❶ 小切手であることを示す文字

❷ 小切手金額と支払委託

❸ 支払人(銀行または銀行と認識できる名称)

❹ 支払地

❺ 振出日および振出地

❻ 振出人の署名または記名・押印

有害的記載事項

❶ 小切手の支払条件

絶対的記載事項

…記載しないと小切手が無効になる

有害的記載事項

…記載すると小切手が無効になる

　小切手に支払い条件などを記載すると無効になります(有害的記載事項)。

　小切手には、現金代用品のため、盗難、紛失、不正所持人への支払いなどの防止策として「線引小切手制度」というものがあり、厳重にチェックされます。これが「横線小切手」と呼ばれるものです。その内容は次のとおりです。

❶ 一般線引小切手…小切手の表面に2本の平行線を引き、その間に空白か、銀行、Bankなどの文字を記載したものです。持参人のなりすましによる詐取を防ぐため、支払銀行は、他の銀行か、または支払銀行の取引先に対してのみ小切手の支払いをすることができ、それ以外の人に対しては支払うことができません。つまり、銀行が信頼できる相手の口座を使っ

て払うことで、信頼のできない人物への支払いを防止しているのです。そして銀行は、自分の取引先か他の銀行にしか線引小切手の取立をすることができません。

❷ 特定線引小切手…2本の平行線の間に特定の銀行名を記載したもので、線引に指定された銀行、または、その銀行から委託された銀行を通じて、支払いの請求がなされたときにのみ支払われます。

❸ 小切手の呈示期間と時効…小切手振出日の「翌日から数えて10日」が呈示期間で、呈示期間後6か月経つと時効で債権が消滅します。小切手の遡求権の行使は、呈示期間内に呈示した場合です。

5 約束手形の基礎知識

約束手形は発行者（支払者）が一定の金額を支払うことを約束する、小切手と同じく代表的な有価証券のひとつです。

❶ 手形要件

約束手形には必ず記載しないといけない「絶対的記載事項」、記載すると約束手形が無効になる「有害的記載事項」、記載は任意でどちらでもよい任意的記載事項があります。「絶対的」と「有害的」記載事項は出題されるので、しっかり覚えておきましょう。

約束手形の絶対的記載事項と有害的記載事項

絶対的記載事項

❶ 約束手形であることを示す文字

❷ 手形金額と支払約束

❸ 手形満期

❹ 手形支払地

❺ 受取人の名称

❻ 振出日および振出地

❼ 振出人の署名または記名・押印

有害的記載事項

❶ 法定外の満期記載

❷ 手形の支払いについて反対給付を条件とすること

絶対的記載事項
…記載しないと小切手が無効になる

有害的記載事項
…記載すると小切手が無効になる

199

絶対的記載事項は、ひとつでも欠落すると効力を生じません。しかし、実務では振出人の署名がなくてもよいものと、振出後に手形要件を補充する白地手形があります。額面金額や支払日を空白にした白地手形は、勝手に金額や支払日を書き込まれる危険があります。手形金額の記載方法は小切手と同様です。

❷ 手形の裏書と支払いの呈示・時効

受取手形は、支払期日に記載された金額を受け取る権利なので、例えばAさんがBさんから商品の代金の支払いとして手形をもらった場合、支払期日が来るまでの間、Aさんは、別のCさんへの支払いのために、Bさんからもらった手形をお金のかわりとして渡して、BさんからCさんへ支払うように変えることができます。このとき、誰から渡した手形なのか原因となっている人がわかるように、手形の裏に自己の署名または記名押印をして渡します。これを手形の裏書といいます。もしこの手形の満期日になってBさんの銀行口座のお金が足りずにCさんがお金を受け取れなかった場合、裏書をしたAさんに支払い義務が戻ってきます。そして手形は、支払いを受ける人が取立てを申し立ててはじめて支払いが行われる仕組みなので、支払いを求めないと振出人に対しては振出日から3年、裏書人に対しては1年で時効となり、権利が消滅します。

また、「手形の裏書譲渡」は以下のとおりです。

❶ 記名式裏書…譲渡人（裏書人）が署名し、譲受人（被裏書人）を記入して譲渡する方法で、裏書の連続が必要です。

❷ 白地式裏書…形式上の裏書連続で、譲受人が数人いても、最後の所持人が裏書すればよいものです。

《約束手形の呈示期間》

手形に対する請求権の時効期間は、振出人は満期日の翌日起算3年間で、裏書人は1年間です。

---

6 クレジット、プリペイドカードなどの基礎知識

クレジットカードは、カード会社が一時的に代金の支払いを立て替え、その立て替え代金の回収時に手数料をとるという仕組みです。

クレジットカードは代金後払いですが、プリペイドカードは代金前払いのシステムで、利用者は現金を持ち歩く必要がなく、カードによってはポイン

トなどを増やすメリットを受けられます。

　デビットカードは、すでに預金されている口座から即時・直接決済する手段で、消費者にとっては、現金が不足した時に銀行に行く必要や大金を持ち歩く必要がなく、夜間・休日でも手数料がかからないというメリットがあります。加盟店にとっても早期の代金回収による資金繰りの円滑化、現金のハンドリングコストの抑制、クレジットカードを所持しない層の取り込みなどのメリットがあります。

約束手形による取引の流れ

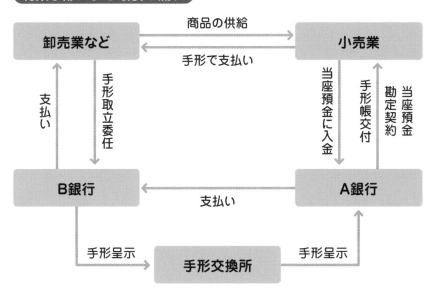

加点のポイント **小切手や手形の記載事項は頻出！**

小切手や手形の絶対的記載事項、有害的記載事項はよく出題されますのできっちり覚えておきましょう。

仕入に関する法知識

頻出度 B

> **🌸重要ポイント**
>
> ☑ 独占禁止法では、独占的な取引と不公正な取引の排除を定めている

1 仕入の種類

　代表的な仕入方法には、買取仕入と委託仕入があり、販売在庫リスクを誰が負担するかが異なります。よく整理して理解しましょう。

❶ **買取仕入**…自己の商品計画によって発注し、商品を仕入れます。仕入先から商品の所有権が移転されるので売れ残りは返品できません。

❷ **委託仕入**…受託者である小売商は、販売商品に一定率の報酬を受け取る委託契約(商法第552条)に従い販売を行います。売れ残り損失、利益計上の損益は、所有権をもつ委託者が負担します。具体的には商品は返品可能です。

　受託者は商品を善良に管理し(民法第644条)、売却代金は速やかに引き渡します(民法第646条)。販売代金回収不能の場合は、立て替えて委託者に支払います(商法第553条)。善良に管理するとは、受託者の属する職業や社会的地位、能力などに応じて通念上通常に期待される注意義務を遂行するということで、善管注意義務と呼ばれます。

　なお、販売方法、販売価格などの決定権は委託者にあり、受託者はこれに従いますが、指値(委託者が指定した販売価格)を割るときは自己負担します。

2 商品仕入の特殊な形態

　仕入には、買取仕入や委託仕入のほか、小売店が販売代理店となる「代理店・特約店契約」による仕入、フランチャイザーの仕入システムを使用する「フランチャイズ契約」による仕入などがあります。

❶ 代理店・特約店契約…法的な代理人として権限を与えられた代理人が、本人の代わりに販売行為をする仕組みのことです。契約の影響は代理を依頼した本人に及びます。契約を仲介しているだけの場合(旅行代理店、保険代理店など)もあります。

❷ フランチャイズ契約…フランチャイズ契約により、本部であるフランチャイザーのビジネスシステム、ノウハウ、ブランド、仕入システムを加盟店であるフランチャイジーが使えるようにしたものです。フランチャイジーは使用の対価としてロイヤルティをフランチャイザーに支払います。

買取仕入の例

委託仕入の例

例：書籍流通

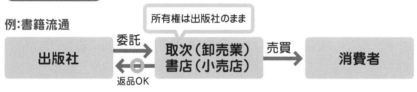

3 独占禁止法

独占禁止法の正式名称は、「私的独占の禁止及び公正取引の確保に関する法律」です。内閣府の外局に設置された公正取引委員会が運用にあたっています。以下のような行為を排除し、自由な競争を確保することを目的としています。

①私的独占、不当な取引制限、不公正な取引方法を禁止

②事業支配力の過度の集中を防止

③価格カルテル、生産カルテルなど、その業界の中心企業が共同して価格や生産量を決め、お互いに拘束しあい、健全な競争を制限

具体的には、相談して共同で特定企業との取引を拒絶する「共同の取引拒絶」、報酬を差別して取引をする「差別対価」、不当に安く売る「不当廉売」、サプライヤーが小売業者に販売価格を指定する「再販価格維持」、立場の強さを利用して不当な要求をする「優先的地位の乱用」の5つを法的に不当な取引行為と

して規定しています。

　また、公正な取引を阻害する行為として、すべての事業者に対して適用される一般指定では、取引拒絶、排他条件付取引、拘束条件付取引、再販売価格維持行為、優先的地域の乱用、欺瞞的顧客取引、不当廉売、抱き合わせ販売などが指定されており、特定の事業者を対象とする特定指定では、コンビニエンスストア、スーパーマーケットチェーンなど大規模小売業者が行う不公正な取引方法、特定荷主が行う不公正な取引方法、新聞業の3つが指定されています。

4 下請代金支払遅延等防止法

　資本金3億円以上の法人が、資本金3億円以下の企業に発注する場合は「下請代金支払遅延等防止法」が適用されます。書面による契約を結ぶことや、物品等を受領した日(役務の提供を受けた日)から60日以内の支払いをすることが義務づけられています。

加点のポイント　独占禁止法

独占禁止法については正式名称や、どのような事柄が禁止されているかが問われやすいので、よく覚えておきましょう。

販売に関する法知識

★★★
頻出度
A

♦ 重要ポイント

☑ 訪問販売や通信販売など消費者トラブルを生じやすい取引類型を対象に、事業者が守るべきルールと、「クーリングオフ」などの消費者を守るルールを定めた法律のことを、特定商取引法という

1 契約の諸原則

契約の原則は、①信義則に基づくこと、②公序良俗に反しないこと、③誰とでも契約自由であること、の３つです。

2 消費者の保護から自立支援へ

「消費者基本法（2004（平成16）年）」の制定により、①事業者の責務：消費者に理解のための情報を必要に応じて提供する、②消費者の責務：自らも新しい知識を学び、リサイクルに配慮する、③他の関連法との関係、などが明確になりました。

消費者基本法の基本的施策と他の法令との関係

消費者基本法の基本的施策	関係する法律の規定
安全の確保	製造物責任法（PL）、食品安全基本法、医薬品医療機器等法など
消費者契約の適正化など	消費者契約法、特定商取引など
計量の適正化	計量法など
規格の適正化	JAS法、JIS法など
広告そのほかの表示の適正化など	食品衛生法、特定商取引法など
公正自由な競争の促進など	独占禁止法、景品表示法など

出典：「販売士検定試験2級ハンドブック」

3 消費者契約法

消費者契約法は、「基本的に事業者の方が情報や知識をもっている」という

前提のもとに、弱者である消費者を保護するために、一定の条件のもとで消費者が契約を解除できる法律です。一方的に消費者に不利な契約内容はそもそも無効であるとされます（不当に高額な解約金や、遅延損害金、賠償責任免除など）。また、消費者にとって重要な情報を操作する「誤認」や、正確な判断ができない精神状態にする「困惑」なども契約無効の原因です。

「誤認」には、①重要なことについて事実と違うことを告げる「不実告知」、②将来の不確実な未来について、絶対こうなるから儲かるというように告げる「断定的判断」、③消費者に不利益となる事実をわざと告げない「不利益事実の不告知」の3つがあります。

「困惑」には、①家に押しかけて、契約しないと帰らないと居座る「不退去」、②消費者が勧誘場所から帰ろうとしているのに、契約しないと帰らせないようにする「退去妨害」（監禁）の2つがあります。

4 電子商取引に関する法律効果

インターネットによる通信販売では、事業者のインターネット上での商品案内は、取引の申し込みではなく誘因と考えられ、消費者がインターネット上で購入申し込みをしたタイミングではなく、事業者が購入申し込みに対して受注した旨をメールで発信し、消費者の指定したメールアドレスのサーバーに到達した時点で契約成立となります。

また、特定商取引法の適用によって以下のような事項が規制されています。①広告であることを表示しなければならない、②誇大広告の禁止、③前払い式通信販売の承諾等の通知、④顧客の意に反して申し込みをさせようとする行為の禁止、などです。未成年は親の同意なしの申込み契約はできないという原則があります。

5 特殊な販売方法に関する法律

トラブルになりやすいビジネスを規制する「特定商取引法」では、❶訪問販売、❷通信販売、❸電話勧誘販売、❹特定継続的役務提供、❺連鎖販売取引、❻業務提供誘引販売取引、❼訪問購入の7つについて、事業者による不公正な勧誘行為を規制し、クーリングオフ（一定期間内の無条件解約許可）などの適用を行っています（❶、❸、❹、❼は8日間、❺、❻は20日間。なお、❷通信販売についてはクーリングオフの規定はありませんが、返品特約についての記載がない場合は消費者が送料を負担したうえで商品到着から8日以内

であれば返品することが可能です）。

❶ **訪問販売**…自宅への訪問販売、キャッチセールス（路上などで呼び止めたあとに営業所などに同行させて販売）、アポイントメントセールス（電話などで販売目的を告げずに事務所などに呼び出して販売）など

❷ **通信販売**…新聞、雑誌、インターネットなどで広告し、郵便、電話などの通信手段により申込みを受ける販売方法（「電話勧誘販売」に該当するものは除く）。インターネットを使った広告については、消費者があらかじめ承諾しない限り、原則として電子メール広告をしてはいけないという「オプトイン規制」があり、最後に電子メール広告を送信した日から３年間、相手の承諾の証拠となる記録を保存する義務がある（以前は、受信拒否をしなければ電子メール広告を送ってもいいというオプトアウト規制だったが、大量にメールを送りつける業者があらわれたことで、オプトイン規制に変更された）

❸ **電話勧誘販売**…電話で勧誘し、申込みを受ける販売方法

❹ **特定継続的役務提供**…長期・継続的な役務（サービスの意）の提供とこれに対する高額の対価を約束する取引（エステティックサロン、語学教室、家庭教師、学習塾、結婚相手紹介サービス、パソコン教室の６役務が対象）

❺ **連鎖販売取引**…いわゆるマルチ商法。個人を販売員として勧誘し、さらに次の販売員を勧誘させる形で、販売組織を連鎖的に拡大して行う商品、役務の販売取引

❻ **業務提携誘引販売取引**…「仕事を提供するので収入が得られる」と誘引し、仕事に必要であるとして、高額な資格取得講座の受講や、高額なパソコン、商品などを売って金額負担を負わせる取引

❼ **訪問購入**…消費者の自宅など、購入業者が店舗以外の場所で貴金属や高額なものを購入する営業活動においては、事業者は氏名や契約目的の明示、勧誘内容や支払内容の書面での呈示など、消費者が被害を受けないようにするための規制がある

❽ **ネガティブオプション**…購入の申し込みをしていない人に、一方的に商品を送りつけて、相手から購入の意思についての連絡や返品がない場合に購入したとみなす商法で、送りつけ商法とも呼ばれる。特定商取引法では、商品の送付があってから14日（商品の引き取りを業者に請求した日から７日）までの間に商品引き取りも購入承諾もない場合は、販売業者は商品の返還請求ができないというルールがあり消費者を守っている

6 小売業の販売責任

　小売業の販売責任としては、①販売商品の瑕疵担保責任、②請負契約の瑕疵担保責任、③返品と代金の返還請求を受ける責任、④保証書を発行する責任などがあります。

❶ 販売商品の瑕疵担保責任

　販売商品に隠れた瑕疵のある場合で、顧客が購買目的を達せられないときは、契約解除と損害賠償請求を顧客が求めることができます。商品の数量不足では不足分について代金減額か損害賠償請求をすることができます。期間は瑕疵を知ってから1年以内です。なお、現れた瑕疵とは、傷や欠点を表示した特売の場合、客が不具合を承知で買うことを指し、返品、代替品の請求には応えなくてもよいことになっています。しかし、隠れた瑕疵がある場合は、責任を負う必要があります。

❷ 請負契約の瑕疵担保責任

　請負契約の原則として、瑕疵補修請求、損害賠償請求ができ、契約目的が達成不能なら契約解除ができます。なお、引き渡し後1年以内に請求する必要があります（民法第637条）。

❸ 返品と代金の返還請求を受ける責任

　商品の品質、価格表示の誤りは、商品選択の判断を間違わせます。要素の錯誤による契約は無効（民法第95条）となり、顧客は返品することができます。逆に、商品には不備がなく顧客が選択を誤って購買し、その後、返品や代替品を要求する場合、販売側には法的な責任は生じません。返品等への対応は営業上のメリットがあれば対応をし、メリットがなければ断ってもよいということです。

❹ 保証書を発行する責任

　販売商品の品質・機能を保証し、一定期間の無料修理や取り替えを保証するのは発行者の保証責任によるもので、契約責任ではありません。

7 消費者保護と苦情処理

　消費者基本法により、苦情処理を迅速に対応する体制の整備が義務づけられています。独立行政法人国民生活センターでは、都道府県が設置している消費生活センターから苦情・問い合わせ情報をPIO-NET（全国消費生活情報ネットワーク）システムに集約し、消費者政策の立案や、消費者相談などに

活用されています。

8 割賦販売法

　割賦販売法はクレジット取引などにおいて、購入者などの利益を確保し、公正な取引を確保し、商品の流通や役務の提供を円滑にすることを目的とした法律で、以下の5つの取引について適用されます。

（1）割賦販売（自社割賦）

　売り主と買い主が直接取引を行い、2か月以上の期間に3回以上の分割払いで商品や役務を購入する取引のこと。

　売り主が義務を果たさない場合でも契約を解除できないという特約や、民法の定めを超えた不利な契約、商品やサービスに問題があった場合に責任を取らない瑕疵担保責任の免責などはできません。契約解除の場合の損害賠償額に限度額があり、契約で定められた期限まで支払いを開始しなくてよいという期限の利益は20日以上の期間をとらなくてはならないと規定されています。

❶ 個品方式

　　個々の商品やサービスごとにそれぞれ分割払い契約や金銭消費貸借契約を結ぶ方式です。

❷ 総合方式

　　クレジットカードを利用して、先に上限金額を決め、その金額までは商品やサービスを何度でも利用できる方式です。

❸ リボルビング払い方式

　　クレジットカードを利用して、先に上限額と毎月の支払額を決め、その金額までは商品やサービスを何度でも利用できる方式。借り過ぎになりやすい問題があります。

❹ 前払い割賦方式

　　商品の引き渡し前に購入者から2回以上の支払い（代金の一部または全部）を受ける方式で、事前に経済産業大臣の許可が必要です。

（2）ローン提携販売

　消費者が金融機関からローンを借りて、2か月以上の期間に3回以上の分割払い契約で商品や役務を購入する取引について、ローン会社と提携してい

る売り主が消費者の債務を保証する販売方式です。現金で払ったらいくらになるのか、ローンで買ったら結局支払総額がいくらで利息はいくら払うのか、手数料はいくら払うのかなどについて売り主は表示する義務があり、契約締結時に上記内容を書面で渡さなければいけません。売り主が義務を果たさない場合でも契約を解除できないという特約や、民法の定めを超えた不利な契約、商品やサービスに問題があった場合に責任を取らない瑕疵担保責任の免責などはできません。4万円以上の取引については、商品に欠陥や遅延がある場合はそれを理由に金融機関への支払いを拒むことができます。

(3) 包括信用購入あっせん

信販会社やクレジット会社(包括信用購入あっせん業者)のカードを利用して消費者が商品やサービスを購入し、販売業者は、信販会社やクレジット会社から立替払いを受け取り、消費者は信販会社やクレジット会社に代金を払っていく仕組みです。

翌月一括支払い以外の支払方法で、商品購入から支払完了が2か月以上の取引は規制対象となっています。カードの発行や限度額変更にあたっては、経済産業大臣が指定する調査会社の信用調査を行い、取引条件を書面で交付することが必要で、広告の際にも取引条件の開示が必要です。売り主が義務を果たさない場合でも契約を解除できないという特約や、民法の定めを超えた不利な契約、商品やサービスに問題があった場合に責任を取らない瑕疵担保責任の免責などはできません。契約解除の場合の損害賠償額に限度額があります。また、契約で定められた期限まで支払いを開始しなくてよいという期限の利益は20日以上の期間をとらなくてはいけません。

(4) 個別信用購入あっせん

クレジット契約やショッピングクレジットと呼ばれる形態で、商品やサービスを購入するときに、販売業者が提携しているクレジット会社(個別信用購入あっせん業者:経済産業省登録業者)を消費者に紹介し、消費者はクレジット会社に立替払いしてもらって、支払いはクレジット会社に対して行います。(3)の包括信用購入あっせんと同様の規制がありますが、さらにトラブルが多い支払方法のため、次のようなルールがあります。

❶ 虚偽説明による契約解除

訪問販売での説明にウソがあった場合は、クレジット契約の取り消しが

可能です。

❷ 常識外の大量購入による契約解除

常識を外れた大量購入をさせられた場合は、一年以内なら個別クレジット契約を解除可能です。

❸ クーリングオフ

クレジット契約でも以下の日数内ならクーリングオフ可能です（連鎖販売取引、業務提供誘引販売取引は20日間、訪問販売、訪問購入、電話勧誘販売、特定継続的役務提供は8日間）。

(5) 前払い式特定取引

　大手百貨店や専門店の「友の会」のように、先に一定額を商品購入目的として前払いで集め、期間満了後にその金額にふさわしい商品やサービスを提供する方法で、婚礼や葬祭に必要な備品や施設の提供などの指定役務提供や、商品売買の仲介・連絡の取次ぎを行う取引のうち、対価を2か月以上3回以上に分割して受け取る取引が対象です。経済産業大臣の許可が必要です。

 加点のポイント 消費者契約法と割賦販売法は頻出

消費者契約法、割賦販売法についてはよく出題されますので、どのような契約が対象で、どのような規制があるのか、よく整理して理解しておきましょう。

商標法、不正競争防止法、景品表示法

頻出度

A

1 商標法

　商標は、他の事業者と、自社を区別するためのものであり、商標の悪用を防ぐために登録制度によって保護を行うことが商標法で定められています。登録を受けた商標を「登録商標」といいます。

2 不正競争防止法

　不正競争防止法では、以下の内容を禁止しています。

❶ 混同惹起行為…他人の商標と同一、または類似の商標を使用して他人の商品と混同させる行為

❷ 商品形態模倣行為…他人の商品の形態を模倣する行為

❸ 営業秘密に関する不正競争行為…営業秘密を侵害する行為

❹ デジタル・コンテンツの技術的制限手段の無効化装置を譲渡等する行為
…複製禁止プログラムなどの規制を解除する行為

❺ ドメイン不正登録等行為…不正な利益を得たり損害を与えたりする目的で、同一、もしくは類似のドメインネームを取得する行為

❻ 原産地等誤認惹起行為…商品などに虚偽の産地を表示したり、誤認をさせたりする行為

❼ 営業誹謗行為…他人の営業上の信用を害する行為

❽ 著名表示冒用行為…他人の著名な商品表示等と同一、または類似の表示を用いて自身の事業活動をする行為

❾ 代理人等による商標冒用行為…商標権をもっている人の承諾なしに、契約していない商品にも類似商標を使う行為

3 景品表示法

　景品表示法では、事業者が供給する商品サービスの取引について、「価格などの取引条件が、実際のものや他の業者よりも著しく有利であると認識させるような表示」を禁止しています。顧客を誘引する手段として景品を使う場合は、景品表示法により景品類の最高額、総額、提供方法などが制限されます。

景品規制の概要

	一般懸賞	懸賞による景品類の最高額および総額の制限		
景品表示法	抽選で当たると宣言しているもの	懸賞による取引価額	景品類の限度額	
			①最高額	②総額
		5,000円未満	取引価額の20倍	懸賞に関わる売上予定総額の2%
		5,000円以上	10万円	

※①と②両方の限度内でなければならない

	共同懸賞	懸賞による景品類の最高額および総額の制限		
	複数の業者が参加して行う懸賞	懸賞による取引価額	景品類の限度額	
			①最高額	②総額
		取引価額にかかわらず	30万円	懸賞に関わる売上予定総額の3%

※①と②両方の限度内でなければならない

	総付（べた付）景品	総付（べた付）景品の最高額の制限	
	商品を購入すると必ずついてくる「おまけ」のようなもの	取引価額	景品類の最高額
		1,000円未満	200円
		1,000円以上	取引価額の10分の2

	オープン懸賞	オープン懸賞による景品の最高額の制限
独占禁止法	商品購入や来店などの取引とは関係ない	提供できる金品に上限の定めはありません

👑 加点のポイント マーケティング（4章）との関連を押さえておこう

商標法については第4章2(P143)、景品表示法については第4章10(P163)など関連する内容と合わせて覚えておきましょう。

第5章　販売・経営管理

リスクマネジメント

頻出度
B

❀**重要ポイント**

☑ 個人情報保護法は、個人情報の保護と従業員情報の保護を定めている

---

1 リスクマネジメントとは

リスクマネジメントとは、小売業がさらされているさまざまなリスクへの防衛手段を考慮した経営のことです。特にポイントカードなどで個人情報を扱う場合は「個人情報保護法」に準拠した対応が必要です。

2 個人情報保護法

個人情報とは、生存する特定の個人を識別できる情報（本人氏名、映像情報、生年月日、連絡先、顔認識データなど）をいいます。個人データのうち、6か月を超えて開示、訂正、利用停止の権限を保有しているものを保有個人データといいます。個人情報保護法では、顧客の情報を取り扱う際にはあらかじめ利用目的をできる限り特定して通知・公表し、適正な方法で情報を取得した上で、特定した目的の範囲内で使用することと定められています。第三者に個人データを提供する場合には基本的に本人から同意を得る必要があります。不正な目的で個人情報データベースを第三者に提供すると、データベース提供罪に問われます。

❶ **個人情報の保管方法**…顧客情報は責任者を決めて保管し、パソコン管理の場合はパスワードを設定し、不正アクセスを防ぐとともに従業員の閲覧も管理責任者の許可を得ないと閲覧できないようにする

❷ **従業員情報の保管方法**…従業員採用時の履歴書は、不採用の場合は返送し、採用の際は責任者が厳重に保管する

👑 **加点のポイント** **個人情報の定義**

個人情報の保護は社会的な関心が高まっており、今後も出題の可能性があります。個人情報の定義や内容についてはよく整理して理解しておきましょう。

経営分析とは何か

❀重要ポイント

☑ 損益計算書は収益性を、貸借対照表は流動性や安全性など会社の健康状態を分析する

☑ 経営分析は、会社の状況を数値的に理解することであり、経営改善のためのヒントを得ることができる

---

1 経営分析の概要

　経営分析とは、企業の状況を損益計算書、貸借対照表、キャッシュフロー計算書などから分析し、現状を把握したり将来の改善へとつなげたりするためのものです。

　経営分析の主な方法に、①財務諸表等による分析［収益性（利益の上がる度合い）、流動性（支払い能力）、成長性（売上拡大能力）］、②損益分岐点分析（利益体質の分析）、③キャッシュフロー分析（現金についての分析）、④企業価値分析（M&Aなどに使う）があります。①の財務諸表分析は損益計算書と貸借対照表を使用します。

第5章

販売・経営管理

損益計算書	貸借対照表
1年間の利益または損失を明らかにする	1年経過した後の財産の変化を明らかにする
収益性や成長性をみる	流動性や安全性など会社の健康状態をみる

上場企業には、損益計算書と貸借対照表に加え、
キャッシュフローの計算書の報告が義務づけられている

2 経営分析に使用する用語

❶ 流動資産

　流動資産とは1年以内に現金が受け取れる可能性のある権利がある資産という意味です。

❷ 流動負債

　流動負債とは1年以内に現金で支払う義務がある負債という意味です。

❸ 固定資産

　固定資産とはゆっくりお金を長期的に生む資産なので、この固定資産に投資した現金は1年では全額回収はできない資産という意味です。

❹ 固定負債

　固定負債とは1年を越えて支払う義務がある負債という意味です。

❺ 総資産

　総資産とは資産合計から負債合計を引いた差額のことで、つまり自分の会社の実質的な資産ということです。

貸借対照表
（20XY年3月31日）

単位：百万円

資産の部		負債の部	
勘定科目	金額	勘定科目	金額
Ⅰ 流動資産		Ⅰ 流動負債	
現金預金	105,000	支払手形	1,000
売掛金	18,500	買掛金	80,000
有価証券	40,000	短期借入金	4,000
棚卸資産	75,000	未払金	30,000
その他の流動資産	30,000	未払費用	10,000
流動資産合計	268,500	流動負債合計	125,000
Ⅱ 固定資産		Ⅱ 固定負債	
有形固定資産		長期借入金	10,000
建物	120,000	社債	120,000
構築物	8,000	退職給付引当金	36,000
車両運搬具	400	固定負債合計	166,000
什器備品	13,000	負債合計	291,000
土地	150,000		
有形固定資産合計	291,400	純資産の部	
		Ⅰ 株主資本	
無形固定資産		資本金	48,000
借地権	3,000	資本剰余金	
ソフトウェア	3,400	資本準備金	100,000
無形固定資産合計	6,400	その他の資本剰余金	1,000
		資本剰余金合計	101,000
投資その他の資産		利益剰余金	
投資有価証券	11,700	利益準備金	10,000
関係会社株式	154,000	別途積立金	500,000
長期差入保証金	300,000	繰越利益剰余金	80,000
投資その他の資産合計	465,700	利益剰余金合計	590,000
固定資産合計	763,500	株主資本合計	739,000
		Ⅱ 評価・換算差額など	2,000
		純資産合計	741,000
資産合計	1,032,000	負債・純資産合計	1,032,000

他人資本（負債合計）
自己資本（純資産合計）
総資本（負債・純資産合計）

出典：「販売士検定試験2級ハンドブック」

損益計算書の例

損益計算書
自 20XX年4月1日　至 20XY年3月31日

単位：百万円

Ⅰ	売上高		1,500,000	
Ⅱ	売上原価※		1,085,000	ざっくりとした儲け（粗利益）
	売上総利益		415,000	
Ⅲ	販売費および一般管理費			
	人件費	110,000		
	販売費	150,000		
	減価償却費	30,000		
	その他	100,000	390,000	本業の儲け
	営業利益		25,000	
Ⅳ	営業外収益			
	受取利息・配当金	20,000		
	雑収入	4,000	24,000	
Ⅴ	営業外費用			
	支払利息・割引料	5,000		本業と金融活動の結果の儲け
	雑損失	1,000	6,000	
	経常利益		43,000	
Ⅵ	特別利益		2,000	
Ⅶ	特別損失		2,800	
	税引前当期純利益		42,200	企業全体の活動結果の儲け
	法人税など		16,880	
	当期純利益		25,320	

※売上原価＝期首商品棚卸高＋当期仕入高－期末商品棚卸高
・期首商品棚卸高：　　80,000百万円
・当期仕入高：1,080,000百万円
・期末商品棚卸高：　　75,000百万円（貸借対照表の棚卸資産）

出典：「販売士検定試験2級ハンドブック」を一部改変

 加点のポイント まずは基本を押さえよう

貸借対照表や損益計算書を見て経営分析計算をする問題は毎回出題されていますので、まずは、ここでしっかりそれぞれの用語や、数字の意味を学びましょう。

主要な経営分析指標①
貸借対照表中心の分析

頻出度 **A**

🔧重要ポイント

☑ 貸借対照表中心の分析は、主に企業の安全度（倒産しないかどうか）や健全性（どのくらい自前の資金で経営ができているか）について分析している

☑ 固定資産は、現金資金を投下して手に入れるが、長期にわたって現金資金として回収されない。この固定資産を借金で手に入れている場合は、気をつけないと、返済資金がショートして倒産する場合がある

1 貸借対照表中心の分析

　貸借対照表中心の分析では、企業の支払能力や安定性、投下資本の効率を中心とした分析が行われます。

❶ 流動比率

　流動比率とは、1年以内に現金化できる可能性のある流動資産と1年以内に現金で返済する義務である流動負債との割合を表した指標です。短期支払い能力を判断するために用いられます。その企業の資金繰りの状態や、企業の安全性、信用度を判断する最も重要な比率です。150%から200%までになるのが理想の数字です。会計の言葉でいえばこの数字は余裕をもって現金で短期の負債が返済できることを意味します。

> 流動比率（%）＝流動資産÷流動負債×100

❷ 当座比率

　当座資産とは流動資産の中でも換金性の高い資産です。当座比率とは、現金預金、売掛金、受取手形などその当座資産と、支払手形、買掛金、未払金、短期借入金などの流動負債との比率です。つまり、会計の用語でいえば当座資産で流動負債をどの程度返済できるかを判定する比率です。換金性の高いもののみを資産としていますので、流動比率と比べると、より短期での支払

い能力をみた指標であり、当座比率は、支払能力の判断基準として流動比率と併用されます。100%以上が望ましいとされています。

　流動比率がいかに高く示されていても、流動資産の中にまだ売却されていない棚卸資産やデッドストックが多く含まれている場合には、当座比率は低くなり、支払能力に大きな差が出てきます。不良債権が含まれているかどうかも重要なポイントです。

当座比率（%）＝当座資産÷流動負債×100

❸ 固定比率

　固定資産は事業に必要な設備などのことであり、それをどのぐらい自己資本でまかなっているかを見る比率です。長期の支払い能力の指標となります。100%未満になるのが理想の数字です。100%を超えると、固定負債（≒借金）などを使ってまかなっている部分もあるということになります。

固定比率（%）＝固定資産÷自己資本×100

❹ 固定長期適合率

　固定資産への投資は自己資本でまかなうことが理想的ですが、生産設備は高額であることが多く、現実的には、非常に困難な面があります。そこで、自己資本に加えて返済が長期にわたる固定負債を含めて、企業のもっている固定資産に対する健全性を検討する比率が、固定長期適合率です。

　この比率が100%を超えるということは、長期負債と自己資本を超えて買っているということなので、つまりは流動負債も使って買っています。つまり、1年以内に現金化できない固定資産を1年以内に返済しなければいけない借金で買っていることになるので大変危険です。

固定長期適合率（%）＝固定資産÷（自己資本＋固定負債）×100

❺ 自己資本比率

　総資本に占める自己資本（純資産合計）の割合を示します。つまり、どの程度自前のお金で会社を運営しているのかを見る比率で、これが低いと借金経営体質ということになります。

　急成長している企業では、拡大のために借入を活用するのでこの比率は低くなります。単純にこの比率だけで判断せず、企業の成長段階を見て判断す

る必要があります。

$$自己資本比率（\%）＝自己資本÷資産合計×100$$

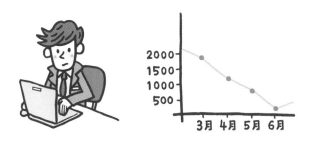

 加点のポイント **それぞれの指標の「使い方」を押さえよう**

貸借対照表中心の分析では、会社の現金が借金を払うのに十分あるかといった支払い能力を見る流動性（流動比率、当座比率など）、長期にわたって徐々に現金回収をしていく資産である固定資産を、自前のお金でまかない切れているかを見る安全性（固定比率や固定長期適合比率など）、どのくらい自前の資金で運営できているかという健康状態の良し悪しを見る自己資本比率などを確認します。それぞれ自分で計算できるようにしておきましょう。

✿重要ポイント

☑ 損益計算書分析では、経費構造の問題点を発見し、改善することが重要である

1 損益計算書中心の分析

　損益計算書の分析では、企業の収益性という観点から項目ごとに適正かどうかを見ていきます。

　売上原価が高ければ、仕入担当者に仕入原価を下げるよう指示を出し、販売費が高ければ、広告担当者に広告費の効率化について指示を出し、人件費が高ければ、人事部に給与システムに問題がないかどうか調べるよう指示を出します。具体的に効率の悪い費目を発見し、経費構造を見直していくことが重要です。

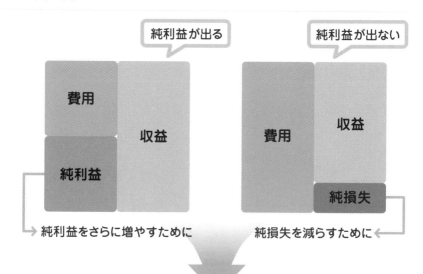

❶ 売上高総利益率

売上高総利益率とは、売上高から売上原価を引いたものである売上総利益を、売上高で割って算出するもので、一般には、粗利益率と呼ばれます。この時点でそれなりに利益が出ていないと、損益計算書でこの後に続くさまざまな経費を吸収することができないため、本業では基本的に赤字になると予測できます。基本的にビジネスが成立するかどうかを判定する最初の指標であるといえます。

$$売上高総利益率（\%）＝売上総利益÷売上高×100$$

❷ 売上高営業利益率

売上高営業利益率とは、販売費・一般管理費も含めて、本業でどれくらいの利益を出しているのかを見る比率です。売上高総利益率が高いのに、この比率が低い場合は、販売費や一般管理費に問題があるケースが多く、個別費目を調べて改善することが必要です。

$$売上高営業利益率（\%）＝営業利益÷売上高×100$$

❸ 売上高経常利益率

経常利益は、営業利益に営業外収益（受取利息や受取配当金など）を足し、営業外費用（支払利息など）を引いて計算されるため、本業に加えてその会社の金融活動の腕が加味された結果となります。これが売上に対して何パーセントあるかという指標なので、本業の腕と、金融活動の腕の両方が問われます。

$$売上高経常利益率（\%）＝経常利益÷売上高×100$$

第5章

販売・経営管理

 加点のポイント 損益計算書からわかること

損益計算書中心の分析では、上から段階的に表示される売上総利益、営業利益、経常利益が、それぞれ売上高に対して何パーセントあるかを確認していきます。それぞれの利益の意味を理解し、各段階の計算結果を見ることで、その会社の強みや弱みがすぐわかります。

効率性の分析

頻出度
A

❀重要ポイント

☑ 回転率には商品を仕入れたらどのくらいの期間で売れるか、そしてその代金がどのくらいの期間で現金回収されるかという2つの方向性の指標があり、どちらもビジネスの効率性の分析に用いる

1 効率性の分析

ビジネスの効率性をさまざまな面から確認する方法です。

❶ 売上債権回転率

掛取引とは、商品を先に納品して現金は後で払ってもらう取引です。その掛取引で発生する売上債権（受取手形や売掛金）を、どのくらいのスピードで現金回収しているのかを見る指標です。回転数が高い方が、早く現金回収できているので資金効率がよいという意味になります。

売上債権回転率（回／年）＝売上高÷売上債権

❷ 売上債権回転期間

売上債権（受取手形や売掛金）が発生してから平均何日くらいで現金回収できているのかを見る指標です。短い日数で現金回収ができている方が効率がよいということです。

売上債権回転期間（日）＝365日÷売上債権回転率

❸ 仕入債務回転率

掛取引で発生する仕入債務（支払手形や買掛金）について、どのくらいのスピードで現金払いをしているのかを見る指標です。回転数が遅い方が、現金の流出が遅いので、その間に現金を別の投資に使ったりすることもできるため経営的には楽ですが、この指標で経営の善し悪しやビジネスの効率性を判断することはありません。

仕入債務回転率（回／年）＝仕入高÷仕入債務

❹ 仕入債務回転期間

　仕入債務（支払手形や買掛金）が発生してから平均何日くらいで現金払いしているのかを見る指標です。長い日数で現金払いをしている方が、現金の資金繰りが楽ということですが、支払の遅滞が生じていないか確認した方が良い場合もあります。

$$仕入債務回転期間（日）＝365日÷仕入債務回転率$$

❺ 商品回転率（棚卸資産回転率）

　仕入れをして在庫した商品が、どのくらいの速さで売れているのかを示す指標です。回転数が多いほど、仕入れたらすぐ売れるという効率のよいビジネスをしていることになります。

$$商品回転率（棚卸資産回転率）（回／年）＝売上高÷棚卸資産（商品）$$

❻ 平均在庫日数（商品回転期間）

　商品を仕入れしてから、平均何日くらいで売れているのかを示す指標です。日数が少ない方が効率的に販売できているという意味です。

$$平均在庫日数（商品回転期間）（日）＝365日÷棚卸資産（商品）回転率$$

第5章

販売・経営管理

 加点のポイント 貸借対照表などとの対応を確認しておこう

貸借対照表と損益計算書を使って各種回転率を計算させる問題が出ています。計算に必要な数値がどこに載っているのか貸借対照表と損益計算書を確認しておきましょう。

小売業の組織形態の種類

頻出度
A

🔧 重要ポイント

- ☑ 組織の作り方には垂直的分業と水平的分業がある
- ☑ 5つの組織形態それぞれについてメリットや考え方を理解することが大事

1 小売業の組織形態

　小売業は、組織として効果的な動きをするために、水平的分業（職種によって部門を分け、それぞれが専門性の高い働きをする分業。部門化と呼ばれる）と、垂直的分業（組織権限と責任の関係から階層構造を作って、コントロールしやすく組織をまとめること。階層化と呼ばれる）を行います。この具体例としては、以下の5つの組織形態があります。

❶ 事業部制

　本社の下に、中心となるビジネスごとに分割した事業部を設け、各事業部に経営意思決定の権限をもたせてスピードアップを図る形態です。メリットは従来のピラミッド構造の組織よりも早く成長するリーダーが育てられること、各事業部へそれぞれの事業運営が移行されるため本部の経営負担が減り、より全社的・戦略的な機能に集中できること、利益責任がわかりやすくなるため、業績連動型の報償（インセンティブ）が効果的に使えることです。デメリットは、事業部を横断するような新製品やサービスが生まれにくくなること、短期利益にこだわる経営になりやすいこと、各事業部に経営機能が重複する場合に無駄が生じることなどです。

❷ カンパニー制

　本社の下にほぼ会社のような分割された組織を置き、個々が人事権をもつなど独立した会社のように経営を行うことで、より独自性のあるスピーディな経営運営ができるようになっている組織形態です。メリットは、各カンパニーに貸借対照表と損益計算書の責任をもたせることで、カンパニー内での意思決定が事業部制からさらに迅速になり、より効率的なビジネスが追求できる

ことや、責任感あるリーダーが育つことです。デメリットとしてグループ全体の最適化を行うことや、相乗効果を高めることが難しくなることがあります。

❸ 機能別組織

機能別組織は、社長の下に仕入、販売、商品開発、管理などの機能別の部門組織をおき、それぞれに専門性のある仕事をさせる組織です。各部門での専門性が高まりやすく、スキルの継承もしやすくなるメリットがありますが、部門間の調整をトップがしなくてはならなくなるデメリットもあります。

❹ 学習する組織

自ら学び、自らが設定した目標達成のために自主的に成長した結果を出していこうという組織で、ハーバード大学のクリス・アージリスが提唱しました。

❺ フラット組織

管理職の階層を削減し、組織の下のメンバーに権限を委譲して、自立的な成長と結果を求めていく組織で、階層が少ない分、意思決定が早くなる一方、管理職一人あたりの部下が増加して面倒をみにくくなり、昇格ポストが減るためモチベーションを高めにくくなるというデメリットもあります。フラット組織の対極にあるものとしてピラミッド組織があります。

事業部制とカンパニー制の違い

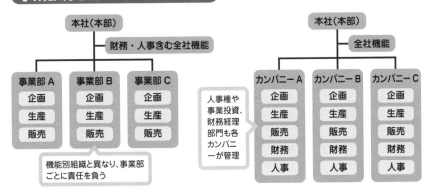

👑 **加点のポイント** 特徴を正確に押さえておこう

5つの組織形態については最近の試験でも問われています。それぞれの特徴や目指すべき姿について整理して理解しておきましょう。

組織化における
代表的な5つの原則

頻出度
A

✿重要ポイント

- ☑ 効率的に組織化を行うためには、組織化における代表的な5つの原則が重要である
- ☑ 組織化の基本原則には実務で役立つものが多くある

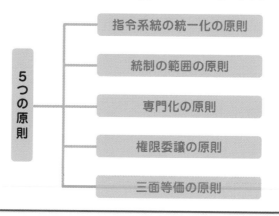

5つの原則
- 指令系統の統一化の原則
- 統制の範囲の原則
- 専門化の原則
- 権限委譲の原則
- 三面等価の原則

1 指令系統の統一化の原則

命令一元性の原則ともいいます。すなわち、組織の中で複数の上司から指示・命令を受けると混乱するので、1人の部下に指示・命令できる上司は1人に限るようにするという原則です。ただし、厳密に適用すると緊急時の指示・命令に支障が出たり、組織を硬直化させたりすることもあるので、実務では必ずしも厳密に守られているわけではありません。むしろ、最終的な結果責任を、誰が負うのかについて明確に理解されていることが重要といえます。

2 統制の範囲の原則(スパン・オブ・コントロール)

管理範囲の原則ともいいます。英語の「Span of Control」の直訳です。この原則の意味は、「組織の秩序を保つためには、1人の管理者が直接にしかも有効に管理・統制できる部下の数に限界がある」ことを示しています。す

なわち、高度の判断業務を行う組織の上層部では5～6名、単純な繰り返し作業である末端では20名程度といわれています。

しかし、これを形式的に適用すると、従業員が多人数の組織では階層の数が増大し、その結果、命令系統も長くなってしまいます。また、情報伝達のスピードが遅くなりかつ不正確になるので、従業員の経営帰属意識を弱めるなどの欠点が出ます。

したがって、実務では、教育訓練による従業員の質の向上やコミュニケーション体系の整備により、上司1人あたりが管理・統制する人数を増大したり、課制廃止、権限委譲などをしたりすることにより、階層の減少に努める必要があります。これらの統制方法の改善により、管理者の質は向上し、従業員の士気も高揚するというメリットが得られます。

3 専門化の原則

専門化の原則とは、「業務を効率よく行うためには、同種類の仕事や、関連性の高い限定された分野に専念させることがよい」という原則です。具体的には、部門化、階層化がこの原則に沿っています。個々の職務に対しては、効率性を求め習熟度を高めるために同質の職務を割当てます。これを「同質的な職務割当の原則」といい、専門化の原則の一部として専門化の原則とともに適用されます。

専門化には、単純な反復的職務としての単純職化と、限定された職務であっても、高度の知識・技術および経験を要する研究・開発などの専門職化があります。単純職化が過度になると疎外感や勤労意欲の低下が生じ、専門職化が過度になるとセクショナリズムを生み、組織の効率が低下します。したがって、実務では、職務内容を多様化させる職務の拡大や、単純な現場業務だけでなく計画段階から参加させたり、調整業務まで含めたりする職務内容の充実化に留意する必要があります。

4 権限委譲の原則

権限委譲の原則とは、「階層の上位者が、その職務の一部を下位者に委任する場合、その委任した職務を遂行するために必要な権限も委譲しなければならない」という原則です。しかし、権限を委譲しても責任はなくなりません。すなわち、権限を委譲したことの責任は上位者に残ります。したがって、権限を委譲された下位者は、委譲されたことに関する結果については、上位者

へ報告する義務をもつものといえます。

　通常、日常的で定型的な業務に関する権限は、可能な限り委譲すべきです。しかし、管理上の重要問題や業務遂行に対して新たな創造を要するものなど例外事項は管理者が専念し、権限の委譲を行ってはいけません。これを「例外の原則」といいます。

　権限の委譲は部下の意欲増大や業務処理の迅速化といったメリットが大きくなるため、努めて委譲することが望まれます。ただし、権限を委譲される者の能力を超えた権限を与えてもかえって部下の負担になり、マイナス効果にもなりかねないので注意が必要です。いかに権限を委譲するかという量的な問題より、むしろ結果責任のあり方という質的な問題が、より重要となりうるのです。

5 三面等価の原則

　三面等価の原則とは、「職務を明確にするには、各職務の権限・責任・義務が互いに同等の大きさをもって対応しなければならない」という原則です。

　権限とは、職務責任を公に果たしうる権力（パワー）であり、命令権、指示権、助言権などがあります。責任とは、職務の担当者が果たさねばならない活動の個々の内容で、職務の構成要素、責任事項のことです。義務とは、責任と権限を行使する義務であり、その遂行の結果に対する責任ともいえます。

　すなわち、職務担当者が責任を果たすうえで、権限はきちんと与える必要があり、この権限を行使した仕事の結果についての責任は、本人が負わなければいけません。ただ、わが国では、職責が不明確なことが多く協調性を重視するので、この原則は必ずしも守られてはいません。

 **加点のポイント　部下か上司か**

「指令系統の統一化」は部下の側からみた原則を示すものであり、「統制の範囲の原則」は上司の側からみた原則と覚えるとよいでしょう。

職場の人事管理

頻出度
B

❀重要ポイント

☑ **人間関係管理**を学ぶことは、よりよいチームづくりに役立つ

☑ **セクシャルハラスメント**とは「職場」、「性的な言動」、「嫌がらせ」の3つを満たすものである

1 職務割当

適材適所の人事を図るためには、職務の目的を明確化するとともに、職務分析、職務評価などにより職務の内容を体系化し、適材を適所に配置することが重要です。職務に個々人を配置することを固有の職務割当といいます。なお、固有の職務割当を行うためには、職務の性質を明らかにする職務分析と配置する従業員のスキルや意向の把握が必要です。職務分析の方法には、すべての職務を分析する職務個別調査法と基準となる職務を分析し、その他の職務については基準からの差異部分のみ分析を行う職務分析比較法があります。また、分析のための情報収集には①観察法、②質問法、③体験法、④実験法などの方法があります。

2 就業管理

労働基準法では、常時10名以上の労働者を雇用する雇用者は「就業規則」を作成し、行政官庁に届け出ることを定めています。就業規則では、会社の規律を守るために必要な規定と、違反者に対する懲戒規定などが示されます。管理者は、就業規則をもとに、具体的な業務命令を出して就業規則が守られるよう配慮します。労働基準法では、所定労働時間が週40時間、1日8時間と示されていますが、休憩時間はこれに含まれません。

今日ではセクシャルハラスメントへの対応も必要となってきています。セクシャルハラスメントとは、職場において行われる性的な言動が原因で、労働条件に不利益を受ける、または、就業環境が害されるものです。

職場で権限のある上司が、業務の適正な範囲を超えて精神的、身体的な苦

第5章

販売・経営管理

231

痛を与えるパワハラ（パワーハラスメント）も大きな問題となっています。

3 パートタイマーの活用

　パートタイマーの活用も小売業の大きな課題です。「パートタイム労働法」および「パートタイム労働指針」などに準拠することが必要です。
パートタイム労働法では一般の正規社員に対して低くなりがちなパートタイマーの待遇が、より公平な待遇の改善されることを目指しています。

職務割当に必要な管理者の業務手順

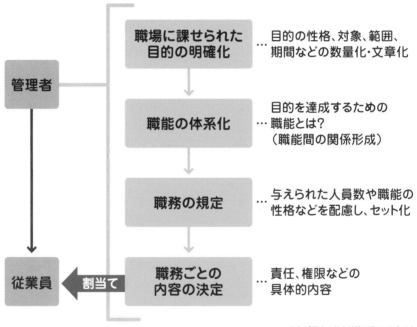

出典：「販売士検定試験2級ハンドブック」

👑 **加点のポイント** ◀ **注目を集める働き方改革**

労働に関する法律や制度は近年変化の大きい分野です。関連するニュースにも目を通し、動向を追っていきましょう。

人材育成と
リーダーシップのあり方

★★★

頻出度

A

✿重要ポイント

- ☑ ミラー効果とは何を意味するのか理解しておきましょう。
- ☑ 教育の代表的な4つの手法と、3つの提供手段については整理して学んでおきましょう。

1 顧客接点の人材マネジメント

　心理学に、親密な間柄では好意をもっている相手と同じ行動をとりがちになる「ミラー効果（同調効果）」というものがあります。管理者が従業員やパートタイマーに「しょせん給料以下の働きしかしない」などとよくない感情を抱いていると、それに同調するように、給料と同等もしくは、それ以下の働きしかしてもらえなくなるものです（ミラー効果の逆現象）。好意的かつ期待感あふれる態度で育成すべき部下に接することが大事です。

2 人材育成の留意点

　人材育成では、何のための教育を誰が行いどのような成果を目指すかを明確にすることが大事です。教育の手法の代表的なものとして以下の4つがあります。

❶ 階層別教育

　　組織の階層ごとに行われる職位レベル別教育。最近では不正が起きない仕組みである内部統制や、さまざまな企業を取り巻く利害関係者への責任を企業が果たすCSRなどを行うため、組織強化を図る必要があり、階層別教育による効果が期待されています。

❷ 職能別教育

　　職種別にOJT（職場での実務を通して行う教育）やOffJT（通常業務を離れて行う教育）によってそれぞれの職場で必要な技能を学ぶものです。

❸ 選抜型教育

　　特に優れた人材や強化したい人材を選抜し、集中的な教育をするものです。

第5章

販売・経営管理

❹ 選択型教育

従業員がそれぞれのキャリアパス（自分が到達したいゴールまでの道のり）を描いて、選択式で受講できるさまざまな教育講座から必要なものを選んで学ぶものです。カフェテリア研修とも呼ばれています。

また、近年では、上司が部下を教育する際のスキル向上策として「コーチング」が注目されています。

コーチングとは、目標達成にむけて必要な「知識」と「スキル」、「ツール」などを身につけさせ、成果があがるように継続的にサポートしていく双方向のコミュニケーションプロセスのことです。コーチは、指導を受けるクライアントとコミュニケーションを交わすことで、クライアントが実現したいゴールに向けてサポートします。一方的に指示を出すのではなく、対等な立場から効果的な質問を投げかけることでクライアント自身が答えを見つけることを促すところにコーチの役割があります。

また、教育の提供方法については以下の3つが代表的なものとなります。

❶ 一斉講義

教室内講義形式で、講師が教える方式です。集中力を保たせ、それぞれの理解度に注意することが重要です。

❷ ワークショップ

参加者が自ら参加、体験しながら学ぶ方式で、進行役（ファシリテーター）がうまく場をコントロールしながら、自発的かつ創造的な時間になるよう留意することが大事です。

❸ 通信教育

テキスト、DVD、CD-ROMなどの教材を使って受講生自らが学び、理解ための問題演習などで実力養成を図るものです。インターネットで学ぶEラーニングやモバイル端末を使うMラーニングも、学習手段に加わっています。

3 リーダーシップの類型

リーダーシップは、「部下の成熟度の度合いによって、リーダーシップのスタイルを変えていかなくてはならない」というSL理論によって、次の4つに分類されています。SL理論ではリーダーシップは指示（命令）と支援（相談による引き出し、コーチング）から成り立っていると考えます。

❶ 指示的リーダーシップ

部下の成熟度合いが低い場合は、部下に相談を行っても意見が出てきにくいと考えられるため、指示が主体で支援は少なめにします。

❷ 説得的リーダーシップ

2〜3年目の部下のように、自分で考えさせることが成長に大切な場合は、指示を減らし支援を増やしていきます。

❸ 参加的リーダーシップ

部下の成熟度合いが中程度に達したら、指示も支援も減らしていくことが望ましいです（担当業務については部下の方が知っている場合も多く、必要以上の介入は避ける）。

❹ 委任的リーダーシップ

部下の成熟度合いが高いレベルに達したら、権限を大きく移譲していきます。

 **加点のポイント** **用語の意味は確実に押さえよう**

ミラー効果、キャリアパス、ファシリテーター、ワークショップなど、専門用語の内容をきちんと押さえておきましょう。

防犯対策と店舗施設の保守・衛生管理

頻出度 **C**

🌸 重要ポイント

☑ 防犯対策は、店の利益を守るためにも欠かせない

1 防犯対策

防犯対策の対策をとるべき代表的なテーマは以下のようなものです。

❶ **万引き対策**

声がけなどの人的アプローチや、防犯カメラなどの防犯設備を設置して店舗の防犯能力を強化します。

❷ **不審者・強盗対策**

従業員の店舗見回りを強化するほか、駐車場など店舗周辺の照明を整備することも重要です。

❸ **防火対策**

不審者に対する警戒を強めるだけでなく、ゴミ箱等、放火のターゲットになりそうな可燃物の管理を強化します。

❹ センサータグシステム

商品に専用のタグを取り付けて、精算時に取り外しか不活性化を行う防犯システムで、万引き対策になります。そのまま商品を持ち出すと警報がなります。

2 付帯施設管理

各種賠償責任保険に加入するなどしてリスク対策をします。駐車場対策としては立体駐車場も検討します。廃棄物対策や、衛生管理、安全対策なども常に検討する必要があります。なお、ショッピングセンターといった業態では、テナント管理が必要になります。管理規約などをしっかり定め、業種業態ごとに適正な管理を行うようにします。

3 事業継続計画(BCP:Business Continuity Planning)の導入

　事業継続計画(BCP)とは、いつ発生するかわからない緊急事態に対して企業としての備えを文章化したものです。大地震など自然災害だけでなくさまざまな企業を襲うリスクに対する対応を文章化しておくことは今日では必須となっています。

　中小企業庁が策定した中小企業BCP策定運用指針などを参照することで作成の要点を理解することができます。

4 衛生管理

　世界保健機関(WHO)によれば、食品衛生とは「生育、生産、製造から最終的に人に消費されるまでのすべての段階における食品の安全性、完全性、および健全性を確保するのに必要なあらゆる手段のこと」とされています。厚生労働省、都道府県、市区町村により、獣医学、薬学を学んで配置されている食品衛生監視員が監視・指導を行っています。

 加点のポイント 現場でも確認してみよう

防犯対策や衛生管理については、どのような対策がとられているのか、実際の店舗でも確認してみましょう。

第5章

販売・経営管理

○✕ 理解度チェック 一問一答

Q1 フラット組織とは、1つの階に従業員を全員集めるなど従業員同士のコ
☑☑ ミュニケーションを取りやすくした組織のことである。

Q2 学習する組織とは、組織の構成員に自主的な学習を促し、その成果を組
☑☑ 織全体で共有することで高い競争力を実現する組織である。

Q3 振出人の署名または記名押印は、小切手の有害的記載事項である。
☑☑

Q4 約束の期日までに契約内容を履行しないことを不完全履行という。
☑☑

Q5 ある会社の流動負債が100万円で流動資産が150万円のとき、流動比
☑☑ 率は100%である。

Q6 契約は文書でなく口頭でも締結することができる。
☑☑

Q7 約束手形が不渡りとなった場合は、所持人は裏書人から請求があれば手
☑☑ 形金額を支払う義務がある。

Q8 事業支配力の過度の集中を防止することは独占禁止法の目的のひとつで
☑☑ ある。

Q9 消費者契約法は消費者と事業者の間に情報の質、量および交渉力の格差
☑☑ があることを前提としている。

Q10 ローン提携販売は、割賦販売法の規制範囲の取引ではない。
☑☑

A1 ✕ フラット組織とは、管理職の階層を削減することで下の階層のメンバーに権限を委譲し、自立的な成長と結果を求めていく組織のことである。

A2 ○ ハーバード大学のクリス・アージリスが提唱した概念である。

A3 ✕ 振出人の署名または記名押印は、小切手の絶対的記載事項である。小切手の有害的記載事項には、小切手の支払条件がある。

A4 ✕ 約束の期日までに契約内容を履行しないことを履行遅延という。

A5 ✕ 流動比率は「流動資産÷流動負債×100」で導くことができ、設問文の場合、150÷100×100＝150％となる。

A6 ○ 設問文の通りである。売買契約は双方の意思表示があり、合意したときに成立する。契約書の有無は契約成立に直接的には影響しない。

A7 ✕ 約束手形が不渡りとなった場合は、裏書人は所持人から請求があれば手形金額を支払う義務がある。

A8 ○ 独占禁止法の正式名称は「私的独占の禁止及び公正取引の確保に関する法律」であり、設問文の通り「事業支配力の過度の集中の防止」は法律の目的のひとつである。

A9 ○ 消費者契約法は、設問文の内容を前提としており、弱者である消費者を保護するための法律である。

A10 ✕ ローン提携販売は、割賦販売法の規制範囲の取引である。

Q11 消費者トラブルを生じやすい取引を対象に、特定商取引法では事業者が守るべきルールやクーリングオフなどについて定めている。
☑☑

Q12 固定比率は企業の短期の支払能力を知る指標として用いられる。
☑☑

Q13 当期純利益とは、本業のみの儲けを表したものである。
☑☑

Q14 自己資本比率は、純資産合計を資産合計で割ることで計算される。
☑☑

Q15 あらかじめ消費者の承諾を得ずに、電子メール広告を送信してはいけないというルールを、オプトイン規制という。
☑☑

Q16 個人情報取扱事業者には、個人やNPO法人は含まれない。
☑☑

Q17 原産地等誤認惹起行為は、不正競争防止法で禁止されている。
☑☑

Q18 従業員情報の保管方法を検討することは、個人情報保護法に基づくリスクマネジメントの一部といえる。
☑☑

Q19 統制の範囲の原則とは、一人の部下に指令を出せるのは一人に絞ることで組織の混乱を防ぐ原則である。
☑☑

Q20 センサータグシステムは、万引き対策の一種である。
☑☑

A11	○	設問文の通りである。クーリングオフが対象となる取引や条件についてもしっかりとおさえておこう。
A12	×	短期ではなく長期の支払能力をみる指標として用いられる。
A13	×	当期純利益は、本業と金融活動の儲け（経常利益）に特別損失・利益を加え、さらに法人性などを引いた企業全体の活動結果の儲けを表すものである。本業の儲けのことは営業利益という。
A14	○	自己資本比率は、純資産合計÷資産合計で求められる。
A15	○	設問文の通りである。特定商取引法で定められている。
A16	×	個人情報取扱事業者には、個人やNPO法人も含まれる。
A17	○	原産地等誤認惹起行為とは、いわゆる産地偽装にあたる行為であり、不正競争防止法で禁止されている。
A18	○	例えば、従業員の採用にあたっては、採用された従業員の情報はもちろん、不採用となった応募者の情報も履歴書を返送するなどして適切に管理しなければならない。
A19	×	設問文の内容は指令系統統一化の原則であり、統制の範囲の原則は「組織の秩序を保つためには、1人の管理者が直接にしかも有効に管理・統制できる部下の数には限界がある」ことを示したものである。
A20	○	センサータグシステムは、商品を店外に持ちだそうとした際に警報がなるように、商品に専用のタグをつけるもので、万引き対策の一種である。

第5章

販売・経営管理

MEMO

リテールマーケティング
（販売士）検定試験 2 級
模擬試験問題

この模擬試験問題は実際の試験に即した出題形式になっています。試験時間は合計 70 分です。
試験に合格するためには、平均の得点が 70 点以上であり、かつ、1 科目ごとの得点が 50 点以上である必要があります。

【注意事項】
模擬試験問題は、書籍制作時点の情報に基づいて作成しています。ネット試験は書籍刊行後に新たに開始されるものであり、実際の試験と一部異なる可能性があります。掲載内容と実際の試験内容に大きな相違が発生した場合には、翔泳社 HP の購入者特典ページ (本書 323 ページ参照) にて新しい模擬試験問題を公開予定です。

小売業の類型

| 合計得点 | ／100点 |

第1問 次の各問の空欄にあてはまる答えとして、最も適当なものを選択肢から選びなさい。（各5点）

① 在庫を流通事業者が集中的に保有することで、個々の生産者が分散的に保有する場合の在庫の総和よりも在庫数量が減少し、市場全体の流通コストが節約されることを説明する原理を【　　】の原理という。

＜選択肢＞

1．小売の輪　　　　　　　　　　2．集中貯蔵

3．取引総数単純化　　　　　　　4．アコーディオン

② レギュラーチェーンは、同一法人の会社組織であるため、正式には、【　　】チェーンという。

＜選択肢＞

1．フランチャイズ　　　　　　　2．ボランタリー

3．独立　　　　　　　　　　　　4．コーポレート

③ ボランタリーチェーンがスケールメリットを追求するためには、本部への【　　】集中率を高める必要がある。

＜選択肢＞

1．販売　　　　　2．仕入　　　　　3．広告　　　　　4．人員

④ ローコストオペレーションの基本は、店舗やチェーンオペレーションの【　　】による店舗運営の効率化と、大量発注による仕入価格の低減化である。

＜選択肢＞

1．標準化　　　　2．集中化　　　　3．分散化　　　　4．縮小化

⑤ 百貨店は、自主マーチャンダイジングを強化しており、在庫リスクを負って売り切る【　　】を積極的に行うようになってきている。

<選択肢>

1．継続仕入　　　2．買取仕入　　　3．消化仕入　　　4．集中仕入

⑥　総合品ぞろえスーパーは大型店舗で衣食住の【　　　】をセルフサービス方式
　で提供する業態である。

<選択肢>

1．ネットショッピング　　　　　　2．ブランドショッピング
3．ワンストップショッピング　　　4．ウィンドウショッピング

⑦　コンビニエンスストアの基本フォーマットは、100㎡の売場面積に約【　　　】
　の商品アイテムを品ぞろえするというものである。

<選択肢>

1．500　　　　　2．1,000　　　　　3．2,000　　　　　4．3,000

⑧　ドラッグストアでは、自分の体は自分がケアするという【　　　】のニーズに
　対応した商品の導入が進んでいる。

<選択肢>

1．セルフメディケーション　　　　2．セルフアソートメント
3．セルフロケーション　　　　　　4．セルフメディテーション

⑨　特定の企業などで組織される生協を【　　　】という。

<選択肢>

1．協力生協　　　2．職域生協　　　3．地域生協　　　4．協同生協

⑩　スーパーセンターは、ディスカウントストアとドラッグストアとスーパーマー
　ケットを融合した大型小売形態であり、【　　　】という店舗構造を基本フォー
　マットにしている。

<選択肢>

1．垂直型構造　　　　　　　　　　2．衛星型構造
3．多層階構造　　　　　　　　　　4．ワンフロア構造

	第1問-①	第1問-②	第1問-③	第1問-④	第1問-⑤
解答欄					
	第1問-⑥	第1問-⑦	第1問-⑧	第1問-⑨	第1問-⑩

次の各問について、正しいものは1誤っているものは2を選びなさい。
（各5点）

① アコーディオン理論は、小売形態が低コストで低マージンの価格訴求型形態と、
高コストで高マージンの非価格訴求型形態の繰り返しであることを説明して
いる。

＜選択肢＞

1．正しい　　　　　2．誤り

② ワンマンツーボスシステムは、チェーンストア組織の管理者と部下の関係を
良好に形成するための基本である。

＜選択肢＞

1．正しい　　　　　2．誤り

③ ボランタリーチェーンとは、複数の中小小売業が合併してひとつの会社組織
となり、共同化や協業化を行うチェーン形態のことをいう。

＜選択肢＞

1．正しい　　　　　2．誤り

④ フランチャイズ契約によって、フランチャイジーがフランチャイザーに支払
うものには、イニシャルフィーとロイヤルティがある。

＜選択肢＞

1．正しい　　　　　2．誤り

⑤ 委託仕入とは、小売業が商品の所有権は買い取らずに販売を行い、販売時点
で手数料を販売報酬として受け取る仕入方式である。

＜選択肢＞

1．正しい　　　　　2．誤り

⑥ 大規模小売店舗立地法は、小規模店や地域社会と大規模店が共生する方向を
目指す法律である。

＜選択肢＞

1．正しい　　　　　2．誤り

⑦ コンビニエンスストアは基本的にレギュラーチェーン方式で運営され、個々の店舗は本部の資本によって直営店として運営されている。

＜選択肢＞

1．正しい　　　　　2．誤り

⑧ ドラッグストアは、多くの場合調剤部門と学歴部門をもつという特徴がある。

＜選択肢＞

1．正しい　　　　　2．誤り

⑨ 消費生活協同組合では、組合員が出資、利用、運営のすべてを行う。

＜選択肢＞

1．正しい　　　　　2．誤り

⑩ EDLPとは、常に低価格で販売することで、チラシなどの費用をかけずに高い集客力を維持する手法のことで、単に値引きで利益を減らすのではなく、大量仕入による低コスト化や店舗設計の標準化による低コスト化など経営努力で低価格でも利益が出る仕組みをつくることがポイントである。

＜選択肢＞

1．正しい　　　　　2．誤り

解答欄	第2問-①	第2問-②	第2問-③	第2問-④	第2問-⑤
	第2問-⑥	第2問-⑦	第2問-⑧	第2問-⑨	第2問-⑩

マーチャンダイジング

第1問 次の各問の空欄にあてはまる答えとして、最も適当なものを選択肢から選びなさい。（各5点）

① コンピュータを利用して、最も収益性が高い棚割を計画する仕組みを【　　　】という。

<選択肢>
1．フェイシング　　　　　　　　　　2．ディスプレイパターン
3．スケマティック・プラノグラム　　4．ゴンドラエンド

② ABC分析とは、【　　　】を活用して商品を売上実績でAランク、Bランク、Cランクと分類し、売上の大半をしめるAランクにより細かなマーチャンダイジングを行うための分析である。

<選択肢>
1．POSデータ　　　　　　　　　　2．損益計算書データ
3．貸借対照表データ　　　　　　　　4．広告出稿データ

③ 売上高4,000,000円、変動費800,000円、固定費1,000,000円のとき、損益分岐点売上高は【　ア　】万円で、損益分岐点比率は【　イ　】である。

<選択肢>
ア　1．100　　　　　2．110　　　　　3．120　　　　　4．125
イ　1．30.5　　　　　2．31.5　　　　　3．31.25　　　　4．32.5

④ 目標利益を決め、その利益が得られるように価格を決定する方法を【　　　】という。

<選択肢>
1．シールド・ビット法　　　　　　　2．ターゲット・プロフィット法
3．ゴーイング・レイト法　　　　　　4．コストプラス法

⑤ 小売業間の受発注や請求のデータ交換を標準的な手順や規約を用いて行うシステムを【　　　】という。

<選択肢>
1．QR　　　　　　2．EDI　　　　　3．VAN　　　　　4．EOS

⑥　カテゴリーマネジメントの最初のステップは、【　　　】である。

＜選択肢＞

1．メインターゲットの設定　　　　　2．購買促進計画の作成

3．業績の評価・分析

4．サプライヤー・主要メーカーとのパートナーリング

⑦　買回品の仕入では、季節感やイベントスケジュール、流行に合わせた【　　　】仕入活動を心掛ける必要がある。

＜選択肢＞

1．タイムリーな　　　　　　　　　　2．品切れしない

3．毎日、毎月の顧客ニーズに配慮した　4．過去のデータを重視した

⑧　メーカーから小売業に対して支払う販売奨励金のことを【　　　】という。

＜選択肢＞

1．マークアップ　　　　　　　　　　2．リベート

3．マージン　　　　　　　　　　　　4．アローワンス

⑨　原材料から生産段階や流通段階を経て、最終消費者に届くまでの複数企業間の連鎖を【　　　】という。

＜選択肢＞

1．ディマンドチェーン　　　　　　　2．フランチャイズチェーン

3．サプライチェーン　　　　　　　　4．ボランタリーチェーン

解答欄	第1問-①	第1問-②	第1問-③ア	第1問-③イ	第1問-④
	第1問-⑤	第1問-⑥	第1問-⑦	第1問-⑧	第1問-⑨

第2問 次の各問について、正しいものは1誤っているものは2を選びなさい。（各5点）

① 買取仕入では、小売業において売れ残りが発生した場合、小売業がその責任を負担する。

＜選択肢＞

1．正しい 　　　　 2．誤り

② 商品計画の策定においては、売場づくりのフローに基づき、「フロアゾーニング→フロアレイアウト→シェルフマネジメント→フェイシング」へと大きなテーマから細分化へと進む。

＜選択肢＞

1．正しい 　　　　 2．誤り

③ 百分率変異法は、最寄品など定番商品の月初計画ストック高の算定に活用される。

＜選択肢＞

1．正しい 　　　　 2．誤り

④ CPFRとは、サプライヤーが小売業の販売、在庫データに基づいて、需要予測と自動補充を行う仕組みのことである。

＜選択肢＞

1．正しい 　　　　 2．誤り

⑤ 集中仕入とは、仕入単価を引き下げるために、一括大量仕入を行うことである。

＜選択肢＞

1．正しい 　　　　 2．誤り

⑥ ITFコードとは、仕入先企業が各取引先チェーンストアからの受注に応じて品ぞろえする単品集合単位ごとの段ボール箱に貼り付けるラベルのことである。

＜選択肢＞

1．正しい 　　　　 2．誤り

⑦ チェーンストアにおいて、棚割、販売促進の企画の作成は、通常本部の商品部が行う。

<選択肢>

1．正しい　　　　　2．誤り

⑧ 変動費の代表的な費目としては、水道光熱費、人件費、不動産賃貸料などがある。

<選択肢>

1．正しい　　　　　2．誤り

⑨ 小売業の予算統制で販売価格差異が生じる一般的な原因としては、市場での価格競争激化や商品の品質レベルの低下などが考えられる。

<選択肢>

1．正しい　　　　　2．誤り

⑩ 価格弾力性が高いとは、価格の変化に対応して商品の需要に対する度合いも変化することを意味し、価格弾力性が1より小さい場合をいう。

<選択肢>

1．正しい　　　　　2．誤り

解答欄	第2問-①	第2問-②	第2問-③	第2問-④	第2問-⑤
	第2問-⑥	第2問-⑦	第2問-⑧	第2問-⑨	第2問-⑩

ストアオペレーション

第1問 次の各問の空欄にあてはまる答えとして、最も適当なものを選択肢から選びなさい。（各5点）

① ストアオペレーションを改善して売上や利益を高められるような仕組に直すことにより、【　　】にあらわれる最終利益が増加する。

＜選択肢＞

1．株主資本等変動計算書　　　　2．キャッシュフロー計算書

3．損益計算書　　　　　　　　　4．貸借対照表

② 納品された商品を売場に正しく配置することを【　　】という。

＜選択肢＞

1．補充　　　　　2．発注　　　　　3．検品　　　　　4．棚卸

③ 欠品を防ぐためには、【　　】を考慮して補充発注を行う必要がある。

＜選択肢＞

1．発注ロット　　　　　　　　　2．安全在庫日数

3．発注サイクル　　　　　　　　4．発注リードタイム

④ 商品を垂直に高く積み上げてディスプレイする方法を【　　】という。

＜選択肢＞

1．ステップ陳列　　　　　　　　2．パイルアップ陳列

3．プッシュアウト陳列　　　　　4．ウィング陳列

⑤ コーディネート陳列は、生活シーンからテーマを選んでそのシーンに役立つ関連商品をまとめてビジュアル提案を行う陳列方法で、主に【　　】の店で取り入れられている。

＜選択肢＞

1．店頭販売　　　　　　　　　　2．セルフ販売

3．ドライブスルー販売　　　　　4．対面販売

⑥ 接客プロセスにおいて、【　　　】の段階では、顧客が商品の間を回遊している間は、商品補充や軽作業をしながら顧客に圧迫感を与えないようにさりげなく準備を行う。

＜選択肢＞

1．動的待機　　　2．アプローチ　　　3．商品提示　　　4．商品説明

⑦ 人時生産性は、粗利益高を【　　　】で割って求める。

＜選択肢＞

1．従業員数　　　2．総人件費　　　3．売上高　　　4．総労働時間

⑧ カラーストライプ陳列は、一か所に同じ色の単品を集めて縦に色の縞をつくり選びやすく見た目も魅力的にするディスプレイであるが、【　　　】デザインの商品の方が効果的である。

＜選択肢＞

1．色の組み合わせが派手な　　　　　2．奇抜な

3．シンプルな　　　　　　　　　　　4．複雑な

⑨ LSPによる効率的な店舗運営のポイントは、(1)売上予測による作業量の算出精度向上、(2)売上予算に応じた適正な日割り人時枠(従業員数)の設定、(3)繁忙期と閑散期を考慮した【　　　】の調整の3つである。

＜選択肢＞

1．売上割り当て　　　　　　　　　　2．在庫割り当て

3．人時割り当て　　　　　　　　　　4．予算割り当て

⑩ ゴールデンラインには、【　　　】を配置し、アピールすべきである。

＜選択肢＞

1．最重要商品　　　2．格安商品　　　3．在庫商品　　　4.非売商品

解答欄	第1問-①	第1問-②	第1問-③	第1問-④	第1問-⑤
	第1問-⑥	第1問-⑦	第1問-⑧	第1問-⑨	第1問-⑩

次の各問について、正しいものは1誤っているものは2を選びなさい。
（各5点）

① 季節性の高いファッション商品は、再発注できない商品が多いため、なるべく一度に大量発注することが重要である。

＜選択肢＞

1．正しい　　　　　2．誤り

② 在庫型のステープル商品（加工商品、衣料、生活雑貨など）は、欠品や過剰在庫にならないよう、留意して発注することがポイントである。

＜選択肢＞

1．正しい　　　　　2．誤り

③ ディスプレイの基本は、お客様から見て「見やすく、手に取りやすい」を心掛け、商品の性格を考慮して適切に行うことが必要である。

＜選択肢＞

1．正しい　　　　　2．誤り

④ 商品の補充では、納品された商品を補充作業者の経験と勘をもとに、売場に適正にディスプレイする。

＜選択肢＞

1．正しい　　　　　2．誤り

⑤ コーディネート陳列は、生活シーンから選んだテーマに合わせて、そのシーンを想起させるビジュアルコーディネートを行いアピールする。主にセルフ販売店に取り入れられている。

＜選択肢＞

1．正しい　　　　　2．誤り

⑥ 労働生産性は、粗利益高を従業員数で割って求める。

＜選択肢＞

1．正しい　　　　　2．誤り

⑦ AIDMAの法則の最後のAはActionを表しており、購入を促す言葉をかけてクロージングへ導く行動をすることである。

＜選択肢＞

1．正しい　　　　　2．誤り

⑧ 営業利益は、売上高から売上原価を引いて求める。

＜選択肢＞

1．正しい　　　　　2．誤り

⑨ 過剰に在庫を持つことは、販売機会を逃すことを考えればよいことであり、なるべくたくさんの在庫を持った方がよい。

＜選択肢＞

1．正しい　　　　　2．誤り

⑩ セルフサービスの店においては、顧客と直接コミュニケーションを取る接客要員がその店の評価に直接的に影響をもたらすため、接客要員の教育が非常に重要である。

＜選択肢＞

1．正しい　　　　　2．誤り

解答欄	第2問-①	第2問-②	第2問-③	第2問-④	第2問-⑤
	第2問-⑥	第2問-⑦	第2問-⑧	第2問-⑨	第2問-⑩

マーケティング

第1問 次の各問の空欄にあてはまる答えとして、最も適当なものを選択肢から選びなさい。（各5点）

① 端数価格とは、価格の末尾を意図的に8や9などの価格として、【　　　】印象を与える価格戦略である。

＜選択肢＞

1．激安な　　　　　　　　　　　　　2．割安な

3．割高な　　　　　　　　　　　　　4．高級感のある

② ブランドの機能のうち、そのブランドの商品は同じ品質レベルの高さを維持しているとみなされる機能のことを【　　　】という。

＜選択肢＞

1．情報伝達機能　　　　　　　　　　2．識別機能

3．出所表示機能　　　　　　　　　　4．品質保証機能

③ 家計調査は、【　　　】が毎月実施している調査で、世帯収入と支出および貯蓄に関する調査である。

＜選択肢＞

1．文部科学省　　2．経済産業省　　3．総務省　　　　4．厚生労働省

④ CRMは優良顧客の維持、囲い込みを目指す戦略で、顧客ごとの【　　　】管理と優良顧客のレベル別グルーピングにより、優良顧客をより優遇して反復購入を増やすことを目的としている。

＜選択肢＞

1．年収の情報　　　　　　　　　　　2．投資履歴

3．購入履歴　　　　　　　　　　　　4．勤務先の情報

⑤ スペースマネジメントは、フロアマネジメントと【　　　】に分類され、商品の位置を意図的にコントロールすることで、一定のスペースでの売上と履歴の最大化を図る活動である。

＜選択肢＞

1．ゾーニングマネジメント　　　　　2．シェルフマネジメント

3．プロダクトマネジメント　　　　　4．カテゴリーマネジメント

⑥ パブリシティはマス媒体に掲載される【　　】の記事のことで、編集者の第三者的な視点からの情報とみられて広告よりも信頼性が高い評価を得られる。

＜選択肢＞

1．未取材　　　　　2．広告主発信　　　3．有料　　　　　4．無料

⑦ FSPを実施するための第一段階は、【　　】の導入である。

＜選択肢＞

1．ワントゥワンマーケティング　　　　2．優良顧客への優遇策実施
3．顧客カテゴリーマネジメント　　　　4．ポイントプログラム

⑧ 固定客を増やすためには、【　　】を高めることが重要である。

＜選択肢＞

1．ストアロイヤルティ　　　　　　　　2．激安セールの頻度
3．企業のイメージ広告の回数　　　　　4．従業員の休憩時間の回数

⑨ ブランドにおいて、発音可能なものを【　　】という。

＜選択肢＞

1．ブランドバッグ　　　　　　　　　　2．ブランドネーム
3．ブランドマーク　　　　　　　　　　4．ブランドシール

⑩ 店舗小売業態のポジショニングを「人的サービス中心と装置サービス中心軸」、「広域商圏と小商圏軸」の2軸で分類した場合、百貨店は、【　　】を対象とした人的サービス中心の小売業である。

＜選択肢＞

1．近隣商圏　　　2．郊外商圏　　　3．小商圏　　　4．広域商圏

解答欄	第1問-①	第1問-②	第1問-③	第1問-④	第1問-⑤
	第1問-⑥	第1問-⑦	第1問-⑧	第1問-⑨	第1問-⑩

次の各問について、正しいものは1誤っているものは2を選びなさい。
（各5点）

① ブランドエクイティとは、そのブランドがもつ無形の資産価値のことである。
＜選択肢＞
1．正しい　　　　　2．誤り

② インターネット広告は、従来型の紙や電波を媒体とした広告に比べて広告の
効果測定が困難である。
＜選択肢＞
1．正しい　　　　　2．誤り

③ 商業統計調査は、経済産業省が全国の卸売業、小売業の事業所を対象に販売
活動の実態を調査するものである。
＜選択肢＞
1．正しい　　　　　2．誤り

④ ドロシーレーンの法則によれば、100品目中48％の商品を安くすると、85％
の顧客が安いと感じる。
＜選択肢＞
1．正しい　　　　　2．誤り

⑤ ワントゥワンマーケティングとは、顧客の購買履歴データベースをもとに、
個別の最適な提案を継続することで、優良顧客との双方向、反復的なコミュ
ニケーションにより優良顧客の囲い込みを目指す戦略である。
＜選択肢＞
1．正しい　　　　　2．誤り

⑥ インストアマーチャンダイジングとは、店外活動の強化により、販売効率と
顧客満足度を高める活動である。
＜選択肢＞
1．正しい　　　　　2．誤り

⑦　ドミナント展開におけるメリットには、一定地域への集中出店によって、一日複数回の納品ができる物流システムや、その地域内の細かな顧客ニーズを拾い上げられる情報の精度の高さがある。

＜選択肢＞

1．正しい　　　　　2．誤り

⑧　電子メールによるダイレクトメール広告は、受取人の興味や関心に合わせて表現や送信タイミングを変えることができるため購入につながりやすく、しかも低コストであることがメリットである。

＜選択肢＞

1．正しい　　　　　2．誤り

⑨　コンビニエンスストアは、小商圏を対象とした装置的サービス中心の業態である。

＜選択肢＞

1．正しい　　　　　2．誤り

⑩　商標法に基づいて登録された商標は、ブランドマークとして法的に保護される。

＜選択肢＞

1．正しい　　　　　2．誤り

	第2問-①	第2問-②	第2問-③	第2問-④	第2問-⑤
解答欄					
	第2問-⑥	第2問-⑦	第2問-⑧	第2問-⑨	第2問-⑩

販売・経営管理

第1問 次の各問の空欄にあてはまる答えとして、最も適当なものを選択肢から選びなさい。（各5点）

① 職務を明確にするためには、責任と【　　　】と義務の大きさを同じにすることが必要であるという原則を三面等価の原則という。

＜選択肢＞

1．業務量　　　　2．部下の数　　　　3．権限　　　　4．予算

② 景品表示法では、事業者が供給する商品、サービスについて「価格などの取引条件が、実際のものや他の業者よりも著しく【　　　】であると認識させるような表示」を禁止している。

＜選択肢＞

1．有利　　　　2．複雑　　　　3．単純　　　　4．不利

③ セクシャルハラスメントとは、【　　　】における性的な言動が原因で、労働条件に不利益を受けたり、就業環境が害されたりするものをいう。

＜選択肢＞

1．大規模商業施設　　　　　　　2．家庭
3．公共施設　　　　　　　　　　4．職場

④ 常時【　　　】人以上の労働者を使用する企業では、就業規則を制定することが法律で義務付けられている。

＜選択肢＞

1．10　　　　2．30　　　　3．50　　　　4．100

⑤ 流動比率とは、【　　　】を流動負債で割った比率で、企業の短期的な支払い能力の高さを判断する指標である。

＜選択肢＞

1．固定負債　　　　2．自己資本　　　　3．固定資産　　　　4．流動資産

⑥ リボルビング払いとは、クレジットカードを利用する際に先に上限額と毎月の【　　　】を決め、支払残額がゼロになるまで支払い続ける方式のことです。

<選択肢>

1．投資額　　　　2．支払額　　　　3．受取額　　　　4．積立額

⑦　いつ発生するかわからない緊急事態に対して企業としての備えを文書化したものを【　　】という。

<選択肢>

1．BCP　　　　2．BBC　　　　3．BCN　　　　4．BPC

⑧　次の文章は、A社の損益計算書と貸借対照表をもとにした経営分析指標について述べている。下記に示すア〜ウのそれぞれの語群から、最も適当なものを選びなさい。計算上の端数は小数点第二位以下を切り捨てすること。

■A社貸借対照表（決算処理後）

資産の部		負債の部	
勘定科目	金額	勘定科目	金額
現金	700,000	流動負債合計	800,000
受取手形	100,000		
売掛金	200,000	固定負債合計	200,000
棚卸資産	300,000	負債合計	1,000,000
その他の流動資産	100,000	純資産合計	500,000
流動資産合計	1,400,000		
固定資産合計	100,000		
資産合計	1,500,000	負債・純資産合計	1,500,000

■A社損益計算書

売上高	1,500,000	経常利益	510,000
売上原価	700,000	特別利益	30,000
売上総利益	800,000	特別損失	40,000
販売費および一般管理費	300,000	税引前当期純利益	500,000
営業利益	500,000	法人税等	150,000
営業外収益	50,000	当期純利益	350,000
営業外損失	40,000		

A社の総資本経常利益率は【　ア　】％である。

A社の流動比率は【　イ　】％である。

A社の当座比率は【　ウ　】％である。

<選択肢>

ア	1．30.0	2．34.0	3．35.0	4．38.0
イ	1．160.0	2．170.0	3．175.0	4．180.0
ウ	1．125.0	2．130.0	3．135.0	4．140.0

	第1問-①	第1問-②	第1問-③	第1問-④	第1問-⑤
解答欄					
	第1問-⑥	第1問-⑦	第1問-⑧ア	第1問-⑧イ	第1問-⑧ウ

第2問 次の各問について、正しいものは1誤っているものは2を選びなさい。（各5点）

① 商品仕入においては、売り手に商品引き渡しの請求権が、買い手に商品引き渡しの債務が発生する。

<選択肢>

1．正しい 　　　　2．誤り

② 流動負債とは、一年以内に現金で支払う義務がある債務のことである。

<選択肢>

1．正しい 　　　　2．誤り

③ 消費者契約法は、事業者が行うべき責務が規定されており、消費者の責務については規定されていない。

<選択肢>

1．正しい 　　　　2．誤り

④ 職場で権限のある上司が業務の適正な範囲を超えて精神的、身体的な苦痛を与えることをパワーハラスメントという。

<選択肢>

1．正しい 　　　　2．誤り

⑤ 法定労働時間には、休憩時間は含まれていない。

＜選択肢＞

1．正しい 　　　 2．誤り

⑥ センサータグシステムとは、店内から店外に会計をすませずに商品を持ち出そうとすると専用タグが反応して警報音がなり、管理者に異常を知らせる防犯システムである。

＜選択肢＞

1．正しい 　　　 2．誤り

⑦ 独占禁止法の正式名称は、「私的独占の禁止および公開取引の確保に関する法律」である。

＜選択肢＞

1．正しい 　　　 2．誤り

⑧ 職務個別調査法とは、すべての職務を分析する調査法である。

＜選択肢＞

1．正しい 　　　 2．誤り

⑨ 契約には契約書が必要であり、口頭による買い手側の申し込みと売り手側の承諾だけでは成立しない。

＜選択肢＞

1．正しい 　　　 2．誤り

⑩ 契約書など課税文書では、既定の額の印紙を貼付けて消印しないと印紙税法違反となるが、契約は成立する。

＜選択肢＞

1．正しい 　　　 2．誤り

	第2問-①	第2問-②	第2問-③	第2問-④	第2問-⑤
解答欄					
	第2問-⑥	第2問-⑦	第2問-⑧	第2問-⑨	第2問-⑩

小売業の類型

第1問 次の各問の空欄にあてはまる答えとして、最も適当なものを選択肢から選びなさい。（各5点）

① 経済活動は、財の「生産－【　　　】－消費」という循環システムで形成されている。

＜選択肢＞

1．廃棄　　　　　　2．在庫　　　　　　3．物流　　　　　　4．流通

② レギュラーチェーンとは、同一資本で結ばれた通常11店舗以上の直営店舗が、中央本部の規制のもと規格化された経営原則に基づいて、【　　　】な商品やサービスの提供を行うものである。

＜選択肢＞

1．画一的　　　　　2．個別対応的　　　3．分散的　　　　　4．臨機応変的

③ フランチャイズとは、【　　　】を意味し、フランチャイズ契約とは、フランチャイザーがもつ特定の商標、称号を使用する権利を契約者であるフランチャイジーに与える契約である。

＜選択肢＞

1．特権　　　　　　2．所有権　　　　　3．債権　　　　　　4．選択権

④ スパン・オブ・コントロールの原則とは、管理者1人当たりが管理する【　　　】の数を制限することで効果的な管理を維持することをいう。

＜選択肢＞

1．販売先　　　　　2．商品　　　　　　3．仕入先　　　　　4．従業員

⑤ 小売業が自ら商品の企画を行い製造業に発注を行う業態を【　　　】という。

＜選択肢＞

1．SPC　　　　　　2．SAP　　　　　　3．SPI　　　　　　4．SPA

⑥ 総合品ぞろえスーパーでは、ストアブランド商品の導入や【　　】の開発・販売により粗利益率をアップする取り組みが進んでいる。

＜選択肢＞

1．プライベート商品　　　　　　　　2．高級ブランド商品
3．輸入商品　　　　　　　　　　　　4．地場産品

⑦ POSデータは、徹底的に死筋商品を排除して売場の販売効率を上げることに貢献しているが、その基本は【　　】ごとの売上動向を個別にデータベース化する仕組みにある。

＜選択肢＞

1．商品群　　　　　2．単品　　　　　3．季節　　　　　4．年次

⑧ ドラッグストアでは、【　　】の資格取得者がいれば、薬剤師がいなくても第二類、第三類の医薬品を販売することができる。

＜選択肢＞

1．登録購買者　　　2．登録分析者　　　3．登録販売者　　　4．登録紹介者

⑨ 商店街の活性化を目的とした共同事業として、ハード事業のことを【　　】という。

＜選択肢＞

1．組織運営事業　　　2．共同工事事業　　　3．環境整備事業　　　4．建築事業

⑩ スーパーマーケットでは、食に関する顧客ニーズに応える【　　】として惣菜に力を入れる店も多くなっている。

＜選択肢＞

1．ミールソリューション　　　　　　2．ミートソリューション
3．料理ソリューション　　　　　　　4．献立ソリューション

解答欄	第1問-①	第1問-②	第1問-③	第1問-④	第1問-⑤
	第1問-⑥	第1問-⑦	第1問-⑧	第1問-⑨	第1問-⑩

第2問 次の各問について、正しいものは1誤っているものは2を選びなさい。 （各5点）

① 小売の輪の理論は、小売形態が、商品構成の総合化と専門化を繰り返すということを説明している。

＜選択肢＞

1．正しい 　　　　　2．誤り

② レギュラーチェーンは、単一資本で同一のチェーン名および店舗形態で多店舗展開し、販売力を高めるとともに、大量販売を前提とした大量仕入で仕入コストを低減化し、画一的店舗展開で出店コストを低減化させて低価格でも利益が出る仕組みとなっている。

＜選択肢＞

1．正しい 　　　　　2．誤り

③ 取引総数単純化の原理とは、複数の生産者と複数の消費者がそれぞれ個別に取引するよりも、間に卸売業者が介在することで取引総数が減少し、市場のトータルな流通コストが低下するという原理である。

＜選択肢＞

1．正しい 　　　　　2．誤り

④ レギュラーチェーンでは、チェーン全体の効率を上げるために、商品の仕入、開発、マーケティングに責任をもつスーパーバイザーと、各店舗を適切かつ効率的に運営支援するマーチャンダイザーを設置している。

＜選択肢＞

1．正しい 　　　　　2．誤り

⑤ 専門店の販売員には、取引商品に関する豊富な商品知識や顧客に対するコンサルティングセールスの技術は必要ない。

＜選択肢＞

1．正しい 　　　　　2．誤り

⑥ DIY 型ホームセンターでは、高い商品知識や専門性の高い接客は必要がないため、基本的にセルフサービスで販売が行われる。

＜選択肢＞

１．正しい　　　　　２．誤り

⑦ コンビニエンスストアでは、店舗内在庫を最小限にとどめ、経営効率を高効率にするため、多頻度小口配送の物流システムを採用している。

＜選択肢＞

１．正しい　　　　　２．誤り

⑧ ドラッグストアはヘルスアンドビューティケアカテゴリー商品を中心とした品ぞろえをもつセミ・セルフサービス店である。調剤部門があることが多いが、調剤部門がない店もある。

＜選択肢＞

１．正しい　　　　　２．誤り

⑨ 過剰在庫やB級品を格安で販売する小売業態をアウトレットセンターという。

＜選択肢＞

１．正しい　　　　　２．誤り

⑩ 大手小売業がプライベートブランドを強化する理由に、顧客ニーズへの細かな対応が可能になることがあるが、利益率は減少することが多い。

＜選択肢＞

１．正しい　　　　　２．誤り

解答欄	第2問-①	第2問-②	第2問-③	第2問-④	第2問-⑤
	第2問-⑥	第2問-⑦	第2問-⑧	第2問-⑨	第2問-⑩

マーチャンダイジング

第1問 次の各問の空欄にあてはまる答えとして、最も適当なものを選択肢から選びなさい。（各5点）

① チェーンストアの本部が行うマーチャンダイジング業務は、まず【　　】の策定からはじまる。

＜選択肢＞

1．仕入計画　　　　2．商品計画　　　　3．販売計画　　　　4．在庫計画

② ターゲット・プロフィット法とは、目標【　　】が得られるように売価を決定する方法である。

＜選択肢＞

1．利益　　　　　　2．売上　　　　　　3．原価　　　　　　4．顧客数

③ サプライチェーンマネジメントにおいて、小売業の販売・在庫データに基づいて、サプライヤーが需要予測と自動補充を行う仕組みのことを【　　】という。

＜選択肢＞

1．ECR　　　　　　2．QR　　　　　　3．CPFR　　　　　　4．CRP

④ 売上高4,000,000円、変動費率40%、固定費1,500,000円のとき、損益分岐点売上高は【　ア　】万円で、損益分岐点比率は【　イ　】％である。

＜選択肢＞

ア　1．150　　　　　2．200　　　　　3．250　　　　　4．300

イ　1．61.5　　　　　2．62.5　　　　　3．63.5　　　　　4．64.5

⑤ 商品の所有権は買い取らずに商品を預かって販売を行い、販売実績に応じて販売手数料を取る仕入形態を【　　】という。

＜選択肢＞

1．委託仕入　　　　2．買取仕入　　　　3．消化仕入　　　　4．当用仕入

⑥　売価を100と考えて、そのうち何パーセントを値入額にするかという考え方を【　　　】という。

＜選択肢＞

1．損益分岐値入率 　　　　　　　　　　2．売価値入率

3．原価値入率 　　　　　　　　　　　　4．売上高値入率

⑦　利益計画における目標利益は、売上高から【　　　】を引いて求める。

＜選択肢＞

1．営業外損益 　　　2．販管費 　　　3．売上原価 　　　4．許容費用

⑧　一般的にブランド品などの買回品は、需要の価格弾力性が【　　　】傾向にある。

＜選択肢＞

1．狭い 　　　　　　2．広い 　　　　3．高い 　　　　4．低い

⑨　カテゴリー別価格政策において、あるカテゴリーの中で最も多く売れている品目の価格のことを【　　　】という。

＜選択肢＞

1．プライスダウン 　　　　　　　　　　2．プライスポイント

3．プライスライン 　　　　　　　　　　4．プライスアップ

模擬試験　問題

第2回

解答欄	第1問-①	第1問-②	第1問-③	第1問-④ア	第1問-④イ
	第1問-⑤	第1問-⑥	第1問-⑦	第1問-⑧	第1問-⑨

次の各問について、正しいものは1誤っているものは2を選びなさい。
（各5点）

① プライスゾーンとは、顧客にとって値ごろ感がある価格帯のことである。
＜選択肢＞
1．正しい　　　　　　2．誤り

② 仕入原価50円のみかんに売価値入率30％を設定したときの売価は100円である。
＜選択肢＞
1．正しい　　　　　　2．誤り

③ 商品回転率は、通常一年間を目安として、手持ち在庫が平均何回販売されたのかを示す比率である。
＜選択肢＞
1．正しい　　　　　　2．誤り

④ 予算編成とは、将来の一定期間における売上目標を達成するための計画を貨幣額で示したもので、利益計画ではない。
＜選択肢＞
1．正しい　　　　　　2．誤り

⑤ プライスゾーンを広げるほど顧客の商品選択は容易になる。
＜選択肢＞
1．正しい　　　　　　2．誤り

⑥ 商品回転率を高めるためには、平均在庫を減らし、売上を増やすことが必要である。
＜選択肢＞
1．正しい　　　　　　2．誤り

⑦ チェーンストアが実施している集中仕入は、各店舗が個別に仕入れるのに比べ、仕入コストの低減化や、取扱商品の統一化が図れるメリットがある。
＜選択肢＞
1．正しい　　　　　　2．誤り

⑧　マーチャンダイジングサイクルは、売場に商品を陳列補充する「ディスプレイ」
　　を終点としている。

＜選択肢＞

１．正しい　　　　　　２．誤り

⑨　固定費の代表的なものは水道光熱費、人件費、不動産賃借料など、売上の増
　　減とかかわりなく発生する費用である。

＜選択肢＞

１．正しい　　　　　　２．誤り

⑩　損益分岐点売上高とは、限界利益(売上高－固定費)と変動費が同額になる点
　　のことで、利益ゼロの売上高のことである。

＜選択肢＞

１．正しい　　　　　　２．誤り

解答欄	第2問-①	第2問-②	第2問-③	第2問-④	第2問-⑤
	第2問-⑥	第2問-⑦	第2問-⑧	第2問-⑨	第2問-⑩

ストアオペレーション

第1問 次の各問の空欄にあてはまる答えとして、最も適当なものを選択肢から選びなさい。（各5点）

① ハンガー陳列のメリットは、【　　】であり、デメリットは、商品の陳列が乱れやすいため、定期的なメンテナンスが必要なことである。

＜選択肢＞

1. 顧客が手に取りやすいこと
2. 商品の汚濁が防げること
3. 高額商品を売りやすいこと
4. 店の店格を上げるブランド感を示せること

② 店舗の主要な売場を使って顧客を引き寄せる商品のことを【　　】という。

＜選択肢＞

1. 見切り商品
2. 在庫商品
3. マグネット商品
4. 定番商品

③ LSPの基本原則は、【　　】が作業と作業量を明確にとらえ、作業ごとに必要な従業員と適正な作業員数を振りわけることにあります。

＜選択肢＞

1. パート社員
2. アルバイト
3. 正社員
4. チェーンストア本部

④ 補充型陳列の実施にあたっては、【　　】陳列の順守や商品フェイスを定期的に整える管理が必要である。

＜選択肢＞

1. 展示型
2. ムードアップ
3. 先入先出
4. 後入先出

⑤ 労働分配率は、総人件費を【　　】で割って求める。

＜選択肢＞

1. 経常利益
2. 粗利益高
3. 総売上高
4. 営業利益

⑥ 棚卸は、伝票ベースの在庫数と実際に倉庫や店舗にある在庫数をすり合わせることにより、【　　】を発見することがひとつの目的である。

＜選択肢＞

1．商品ロス　　　　　　　　　　　　2．販売員のモチベーションの高さ

3．非効率な人件費　　　　　　　　　4．非効率な販売費

⑦ 通常の陳列ラインから突き出す形で前面にディスプレイし、顧客の注目を集める陳列手法を【　　】という。

＜選択肢＞

1．フェイスアップ陳列　　　　　　　2．プッシュアウト陳列

3．ステップ陳列　　　　　　　　　　4．パイルアップ陳列

⑧ プロダクトライフサイクルにおける「成長期」では、【　　】による販売機会の損失を防ぐために仕入体制の強化が重要である。

＜選択肢＞

1．従業員のモチベーションダウン　　2．販売スペース不足

3．欠品　　　　　　　　　　　　　　4．棚卸

⑨ プライベートブランド商品を自社で企画し商品開発することは、企業の【　　】に最も効果が高い。

＜選択肢＞

1．利益率向上　　　　　　　　　　　2．顧客数の拡大

3．販売エリアの拡大　　　　　　　　4．情報システムの充実

⑩ 品ぞろえをはじめ売場づくりを視覚の側面から訴求することで購買意欲を促進する売場づくりをする技法全体のことを【　　】という。

＜選択肢＞

1．アイテムプレゼンテーション　　　2．コーナープレゼンテーション

3．ショッププレゼンテーション

4．ビジュアルマーチャンダイジング

解答欄	第1問-①	第1問-②	第1問-③	第1問-④	第1問-⑤
	第1問-⑥	第1問-⑦	第1問-⑧	第1問-⑨	第1問-⑩

次の各問について、正しいものは1誤っているものは2を選びなさい。（各5点）

① 顧客が「欲望」の段階に入ったときには、販売員は「お客様のように細身の方に適したデザインです」などと商品購入の決め手になるセリングポイントを説明するのが有効である。

＜選択肢＞

1．正しい　　　　2．誤り

② カットケース陳列やバラ積み陳列、ドラマチック陳列は、経営の効率化を助ける陳列方法である。

＜選択肢＞

1．正しい　　　　2．誤り

③ 展示型陳列は対面販売主体の売場づくりに用いられ、補充型陳列は、セルフ販売主体の売場づくりに用いられる。

＜選択肢＞

1．正しい　　　　2．誤り

④ 労働分配率は、従業員の平均給与を社長の平均給与で割って求める。

＜選択肢＞

1．正しい　　　　2．誤り

⑤ 季節性の高いファッション商品は、再発注できない商品もあるためなるべく一度に大量に発注する。

＜選択肢＞

1．正しい　　　　2．誤り

⑥ 在庫型のステープル商品（加工食品、衣料、生活雑貨など）は、欠品や過剰在庫にならないように留意して発注する。

＜選択肢＞

1．正しい　　　　2．誤り

⑦　人時生産性は売上高を総労働時間で割って求める。

＜選択肢＞

1．正しい　　　　　2．誤り

⑧　LSPにより効率的な店舗運営を行うためには、売上予算に応じて適正な従業員を設定することが大切である。

＜選択肢＞

1．正しい　　　　　2．誤り

⑨　ゴールデンラインは、補充型陳列（オープンストック）において顧客が最も取りやすい高さのことをいう。

＜選択肢＞

1．正しい　　　　　2．誤り

⑩　欠品を起こさないためには、最低在庫数量に留意すればよく、発注リードタイムを考慮に入れる必要はない。

＜選択肢＞

1．正しい　　　　　2．誤り

解答欄	第2問-①	第2問-②	第2問-③	第2問-④	第2問-⑤
	第2問-⑥	第2問-⑦	第2問-⑧	第2問-⑨	第2問-⑩

マーケティング

第1問 次の各問の空欄にあてはまる答えとして、最も適当なものを選択肢から選びなさい。（各5点）

① セルフサービスの店では、【　　　】を基本動線として主通路を計画し、その後主通路から副通路への流れを計画する。

<選択肢>

1．回遊型コントロール　　　　　　　2．ワンウェイコントロール

3．作業動線コントロール　　　　　　4．複線型コントロール

② 広告とは、有料でマス媒体に自社の商品・サービスの紹介情報を掲載する活動であり、無料で第三者の視点からの編集が影響する【　　　】に比べ、顧客の信頼度が低くなる傾向がある。

<選択肢>

1．チラシ　　　　　　　　　　　　　2．ダイレクトメール

3．付録　　　　　　　　　　　　　　4．パブリシティ

③ 店舗小売業態のポジショニングを「人的サービス中心と装置サービス中心軸」、「広域商圏と小商圏軸」の2軸で分類した場合、スーパーマーケットは、【　　　】を対象とした装置的サービス中心の小売業である。

<選択肢>

1．近隣商圏　　　2．郊外商圏　　　3．小商圏　　　　4．広域商圏

④ ナショナルブランドとは、ブランドの所有者が【　　　】である場合に使われる呼び名である。

<選択肢>

1．メーカー　　　2．小売業　　　3．個人　　　　4．外資系企業

⑤ 自店のファンになった客が無料で友人に紹介してくれる【　　　】は、その信頼性の高さから売上につながりやすく、新たなマーケティング手法として注目されている。

<選択肢>

1．紹介販売　　　2．口コミ　　　3．マッチング　　　4．委託販売

⑥　市場調査には、資料分析(外部資料および内部資料)、市場実査、【　　　】の大きく３つの方法がある。

＜選択肢＞

1．統計調査

2．ワントゥワンマーケティング

3．テストマーケティング

4．市場予測

⑦　IOTは、一般的に【　　　】と呼ばれる。

＜選択肢＞

1．商品のインターネット化

2．建物のインターネット化

3．モノのインターネット化

4．人のインターネット化

⑧　ビッグデータとは、IT技術の進化と【　　　】の普及により生まれた大容量のデジタルデータ群を意味し、これまでの常識では計り知れない大量のデータから役立つ情報を引き出すことをいう。

＜選択肢＞

1．インターネット

2．家庭用パソコン

3．スマートフォン

4．防犯カメラ

⑨　商業統計調査とは【　　　】が全国の卸売業と小売業を対象として販売活動の実態を調査するものである。

＜選択肢＞

1．財務省　　　　2．厚生労働省　　　3．経済産業省　　　4．総務省

⑩　量販店や百貨店が、独自またはメーカーとタイアップして自社開発し、品質保証などの責任を負って自社販売する商品のことを【　　　】という。

＜選択肢＞

1．ファミリーブランド

2．ナショナルブランド

3．ダブルブランド

4．プライベートブランド

	第1問-①	第1問-②	第1問-③	第1問-④	第1問-⑤
解答欄					
	第1問-⑥	第1問-⑦	第1問-⑧	第1問-⑨	第1問-⑩

次の各問について、正しいものは1誤っているものは2を選びなさい。
（各5点）

① オープンプライスとは、メーカー小売価格ではなく、小売店が自由に売価を
設定することである。
＜選択肢＞
1．正しい　　　　　2．誤り

② ハフモデルとは、ある地域に居住する消費者が、どの近隣商業集積を利用す
るかを確率的に説明するモデルである。
＜選択肢＞
1．正しい　　　　　2．誤り

③ 国勢調査は、厚生労働省が行っている。
＜選択肢＞
1．正しい　　　　　2．誤り

④ 市場細分化とは、消費者の行動基準やニーズなどの類型に基づいてターゲッ
トとなる顧客を狭く絞り込むことである。
＜選択肢＞
1．正しい　　　　　2．誤り

⑤ 大規模小売店舗立地法は、地域社会への影響が大きい大規模店の出店を規制
する法律である。
＜選択肢＞
1．正しい　　　　　2．誤り

⑥ プロダクトライフサイクルと売上の関係においては、売上は成熟期に最も大
きくなる。
＜選択肢＞
1．正しい　　　　　2．誤り

⑦　個別面接法は、時間と費用がかかるが、定型的な質問を集計する質問法や留置法に比べて顧客の考え方や意見を深いレベルで吸い上げられるメリットがある。

＜選択肢＞

１．正しい　　　　　２．誤り

⑧　FSPは、顧客を平等に扱うことで広く浅く顧客の数を増やそうという戦略である。

＜選択肢＞

１．正しい　　　　　２．誤り

⑨　大型拠点型出店とは、標的地域に巨艦型店舗をつくり、圧倒的なパワーで顧客を誘因する戦略である。

＜選択肢＞

１．正しい　　　　　２．誤り

⑩　クーポン式プレミアムとは、売場で商品に景品を付けて手渡すものである。

＜選択肢＞

１．正しい　　　　　２．誤り

解答欄	第2問-①	第2問-②	第2問-③	第2問-④	第2問-⑤
	第2問-⑥	第2問-⑦	第2問-⑧	第2問-⑨	第2問-⑩

販売・経営管理

第1問 次の各問の空欄にあてはまる答えとして、最も適当なものを選択肢から選びなさい。（各5点）

① 組織の下位層に権限が委譲され、各人が自律的に活動することを期待される組織形態を【　　】組織という。

＜選択肢＞

1．フリーダム
2．ホライズン
3．フラット
4．ヴァーチカル

② 自己資本比率は【　　】を総資本で割って算出する。

＜選択肢＞

1．純資産
2．流動資産
3．固定資産
4．流動負債

③ パートタイマーを雇い入れたときには、昇給の有無や退職手当の有無、【　　】などについて、文書で明示する必要がある。

＜選択肢＞

1．半年分のシフト表
2．飲み会の頻度
3．職場内人間関係の詳細
4．賞与の有無

④ 買取仕入では、商品の【　　】が仕入先から買い取り先に移転するので、売れ残りがあっても返品できない。

＜選択肢＞

1．使用権
2．予約権
3．購入権
4．所有権

⑤ 売り主の責任で契約の履行が約束の期日に完了できない状態のことを【　　】という。

＜選択肢＞

1．履行不能
2．不完全履行
3．履行遅滞
4．契約破棄

⑥ 買主との特約がない場合、売り主が商品を引き渡す場所は、特定物なら契約のときにその者が存在した場所、不特定物では原則として買主の営業所または住所となる、これを【　　】という。

<選択肢>

1．持参債務の原則 　　　　　　2．買主負担の原則

3．特約不在の原則 　　　　　　4．商品発送の原則

⑦　食品衛生とは「生育、生産、製造から最終的に人に消費されるまでのすべて
　　の段階における食品の安全性、完全性、および健全性を確保するのに必要
　　なあらゆる手段のこと」であり、【　　　】がこの定義を規定している。

<選択肢>

1．FAO 　　　　　2．WHO 　　　　　3．UNESCO 　　　　　4．WTO

⑧　次の文章は、B社の損益計算書と貸借対照表をもとにした経営分析指標につ
　　いて述べている。下記に示すア〜ウのそれぞれの語群から、最も適当なも
　　のを選びなさい。計算上の端数は小数点第二位以下を切り捨てすること。

■B社貸借対照表（決算処理後）

資産の部		負債の部	
勘定科目	金額	勘定科目	金額
現金	500,000	流動負債合計	1,200,000
受取手形	200,000		
売掛金	300,000	固定負債合計	100,000
棚卸資産	300,000	負債合計	1,300,000
その他の流動資産	100,000	純資産合計	100,000
流動資産合計	1,400,000		
固定資産合計	100,000		
資産合計	1,500,000	負債・純資産合計	1,400,000

■B社損益計算書

売上高	2,000,000	経常利益	200,000
売上原価	1,200,000	特別利益	30,000
売上総利益	800,000	特別損失	90,000
販売費および一般管理費	500,000	税引前当期純利益	140,000
営業利益	300,000	法人税等	42,000
営業外収益	50,000	当期純利益	98,000
営業外損失	150,000		

B社の売上高営業利益率は【　ア　】％である。

B社の固定長期適合比率は【　イ　】％である。

B社の売上債権回転率は【　ウ　】回である。

<選択肢>

ア	1. 12.0	2. 12.5	3. 13.5	4. 15.0
イ	1. 45.0	2. 50.0	3. 55.0	4. 60.0
ウ	1. 2	2. 3	3. 4	4. 5

	第1問-①	第1問-②	第1問-③	第1問-④	第1問-⑤
解答欄					
	第1問-⑥	第1問-⑦	第1問-⑧ア	第1問-⑧イ	第1問-⑧ウ

第2問 次の各問について、正しいものは1誤っているものは2を選びなさい。（各5点）

① デビットカードには、与信機能が付随している。

<選択肢>

1. 正しい　　　　　2. 誤り

② クレジットカードにおけるカード会社、加盟店、カード会員の取引の流れは、加盟店でカード会員が買い物をすると、カード会社が加盟店へ一旦立て替え払いを行い、後日、カード会社がカード会員に代金の請求をするという流れである。

<選択肢>

1. 正しい　　　　　2. 誤り

③ 受け取った約束手形を支払い手段として他の者に交付するとき、手形の裏面に自己の署名または記名・押印して交付することを裏書きという。

<選択肢>

1. 正しい　　　　　2. 誤り

④ 契約自由の原則から、当事者間で明確に定められなかった契約事項にのみ、民法や商法の規定が適用される。このような規定を任意規定という。

<選択肢>

1. 正しい　　　　　2. 誤り

⑤ 芸術作品のようにほかに代替品がない商品を破損し、買主に商品が引き渡せなくなってしまった状態のことを、履行遅滞という。

＜選択肢＞

1．正しい 　　　　2．誤り

⑥ 防火対策として、不審者に対する警戒およびごみ箱のチェック、防犯カメラの設置などを行うことが有効である。

＜選択肢＞

1．正しい 　　　　2．誤り

⑦ 専門化の原則とは、同じことを集中してやらせると専門技能を身に着けるのが早くなるという原則である。

＜選択肢＞

1．正しい 　　　　2．誤り

⑧ 当座比率とは、流動負債を当座資産で割って算出する経営指標である。

＜選択肢＞

1．正しい 　　　　2．誤り

⑨ 色彩のみの商標や音の商標も商標として登録が認められている。

＜選択肢＞

1．正しい 　　　　2．誤り

⑩ 小切手の発行時に一定の事項を決める小切手要件において、受取人の記載は絶対的記載事項である。

＜選択肢＞

1．正しい 　　　　2．誤り

解答欄	第2問-①	第2問-②	第2問-③	第2問-④	第2問-⑤
	第2問-⑥	第2問-⑦	第2問-⑧	第2問-⑨	第2問-⑩

小売業の類型

| 合計得点 | ／100点 |

	第1問-①	第1問-②	第1問-③	第1問-④	第1問-⑤
解答欄	2	4	2	1	2
	第1問-⑥	第1問-⑦	第1問-⑧	第1問-⑨	第1問-⑩
	3	4	1	2	4

解説　第1問-①　解答：2

集中貯蔵の原理は、卸売業の存在意義を説明する原理です。取引総数単純化の原理とあわせて混同しないように覚えましょう。

解説　第1問-②　解答：4

レギュラーチェーンは、ひとつの企業が段階的に店舗を増やしていく直接投資型なので、会社チェーンを意味するコーポレートチェーンと呼ばれます。

解説　第1問-③　解答：2

ボランタリーチェーンは、独立した中小企業が大手企業に対抗するスケールメリットを得るために集団化するチェーンなので、本部に仕入を集中させることが必要です。

解説　第1問-④　解答：1

ローコストオペレーションはなるべく同じデザインや同じ建築部材を使って店舗を安くつくることで成立するので、標準化が重要です。

解説　第1問-⑤　解答：2

百貨店は販売力を高めるために、リスクをとって商品を買い取り、売り切るという方向に大きく転換してきています。

解説 第1問-⑥ 解答：**3**

総合品ぞろえスーパーは、その店に行けば必要なものが全部そろうというワンストップショッピングを目指す業態です。

解説 第1問-⑦ 解答：**4**

コンビニエンスストアは100㎡に3,000点の品ぞろえが基本なので、ここでしっかり覚えましょう。

解説 第1問-⑧ 解答：**1**

ドラッグストアは自分で自分の体をケアするセルフメディケーションに対応する品ぞろえを強化しています。

解説 第1問-⑨ 解答：**2**

特定の企業で組織される生協を「職域生協」といいます。

解説 第1問-⑩ 解答：**4**

スーパーセンターは、ワンフロア構造でショッピングカートを引きながらワンストップショッピングが楽しめる店舗構造です。

<table>
<tr><td rowspan="4">解答欄</td><th>第2問-①</th><th>第2問-②</th><th>第2問-③</th><th>第2問-④</th><th>第2問-⑤</th></tr>
<tr><td>2</td><td>2</td><td>2</td><td>1</td><td>1</td></tr>
<tr><th>第2問-⑥</th><th>第2問-⑦</th><th>第2問-⑧</th><th>第2問-⑨</th><th>第2問-⑩</th></tr>
<tr><td>1</td><td>2</td><td>2</td><td>1</td><td>1</td></tr>
</table>

解説 第2問-① 解答：**2**

これは「小売の輪の理論」の説明なので誤りです。アコーディオン理論は、小売業が「商品構成の総合化と専門化を繰り返す」ことを説明する理論です。

解説 第2問-② 解答：**2**

チェーンストアの基本は「ワンマンワンボスシステム」です。二人以上の管理者から別々の指示が出されると部下が混乱するからです。

解説　第2問-③　解答：2

ボランタリーチェーンは、それぞれの加盟店は独立した企業として存続していますので間違いです。

解説　第2問-④　解答：1

フランチャイジー（加盟店）はフランチャイザー（本部）に加盟料であるイニシャルフィーと経営指導料ロイヤルティを支払うので正しいです。

解説　第2問-⑤　解答：1

委託仕入は、商品販売を委託されているだけなので、所有権は持たず販売結果に対する販売手数料をもらうだけですので正しいです。

解説　第2問-⑥　解答：1

大規模小売店舗立地法は、大規模店と出店先の地域社会との共生を目指して大型駐車場の設置や騒音防止対策などを求める法律なので正しいです。

解説　第2問-⑦　解答：2

コンビニエンスストアは、個々の店舗には別々のオーナーがいる独立経営体で、契約によって本部のビジネスシステムを使うので間違いです。

解説　第2問-⑧　解答：2

ドラッグストアは調合部門と学術部門をもつので間違いです。

解説　第2問-⑨　解答：1

生協では、組合員が主体的に出資、利用、運営を行うので正しいです。

解説　第2問-⑩　解答：1

EDLPは、いつでも安いので定期的なチラシにコストをかけずに集客をして低価格販売を実現するシステムなので正しいです。

マーチャンダイジング

第1問

	第1問-①	第1問-②	第1問-③ア	第1問-③イ	第1問-④
解答欄	3	1	4	3	2
	第1問-⑤	第1問-⑥	第1問-⑦	第1問-⑧	第1問-⑨
	2	1	1	4	3

解説 第1問-①　解答：3

コンピュータを利用して、最も収益性が高い棚割を計画する仕組みをスケマティック・プラノグラムといいます。

解説 第1問-②　解答：1

ABC分析とは、POSデータを活用して商品を売上実績でAランク、Bランク、Cランクと分類し、売上の大半をしめるAランクにより細かなマーチャンダイジングを行うための分析です。

解説 第1問-③　解答：ア＝4、イ＝3

損益分岐点売上高の計算式は、固定費を1－変動費率（変動費÷売上高）で割るという式ですから、固定費÷｛1－（800,000÷4,000,000）｝となり、1,000,000÷0.8＝125万円が損益分岐点売上高になります。つまり売上とコスト（変動費＋固定費）が同額になって利益ゼロの点となるのが125万円ということです。この損益分岐点売上高の125万円が売上高400万円の何パーセントにあたるか？が損益分岐点比率ですので、125万円÷400万円で31.25％となります。つまり今のコスト構造では、売上の31.25％までは利益が出ないが、これを超えると後は利益になるということです。

解説 第1問-④　解答：2

目標利益を決め、その利益が得られるように価格を決定する方法をターゲット・プロフィット法といいます。

解説 第1問-⑤　解答：2

小売業間の受発注や請求のデータ交換を標準的な手順や規約を用いて行うシステ

ムをEDIといいます。

解説　第1問-⑥　解答：**1**
カテゴリーマネジメントの最初のステップは、メインターゲットの設定です。販売すべきターゲットが決まらないとその後の計画が立ちません。

解説　第1問-⑦　解答：**1**
買回品の仕入では、季節感やイベントスケジュール、流行に合わせたタイムリーな仕入活動を心掛ける必要があります。商品が流行タイミングやイベントに間に合わないと販売できません。

解説　第1問-⑧　解答：**4**
メーカーから小売業に対して支払う販売奨励金のことをアローワンスといいます。

解説　第1問-⑨　解答：**3**
原材料から生産段階や流通段階を経て、最終消費者に届くまでの複数企業間の連鎖をサプライチェーンといいます。サプライとは供給という意味です。

第2問

	第2問-①	第2問-②	第2問-③	第2問-④	第2問-⑤
解答欄	1	1	2	2	1
	第2問-⑥	第2問-⑦	第2問-⑧	第2問-⑨	第2問-⑩
	1	1	2	1	2

解説　第2問-①　解答：**1**
買取仕入では、小売業において売れ残りが発生した場合、小売業がその責任を負担します。

解説　第2問-②　解答：**1**
商品計画の策定においては、売場づくりのフローに基づき、「フロアゾーニング→フロアレイアウト→シェルフマネジメント→フェイシング」へと大きなテーマから細分化へと進むので正しいです。

解説 第2問-③　解答：**2**

百分率変異法は、買回品など季節商品の月初計画ストック高の算定に活用されるので間違いです。

解説 第2問-④　解答：**2**

CPFRは、小売業とサプライヤーが共同で需要予測を行うシステムなので間違いです。

解説 第2問-⑤　解答：**1**

集中仕入とは、仕入単価を引き下げるために、一括大量仕入を行うことなので正しいです。

解説 第2問-⑥　解答：**1**

ITFコードとは、仕入先企業が各取引先チェーンストアからの受注に応じて品ぞろえする単品集合単位ごとの段ボール箱に貼り付けるラベルのことなので正しいです。

解説 第2問-⑦　解答：**1**

チェーンストアにおいては、棚割、販売促進の企画の作成は、通常本部の商品部が行います。

解説 第2問-⑧　解答：**2**

変動費の代表的な費目は、広告宣伝費や販売促進費などの売上の増減に比例するものなので間違いです。

解説 第2問-⑨　解答：**1**

小売業の予算統制で販売価格差異が生じる一般的な原因としては、市場での価格競争激化や商品の品質レベルの低下などが考えられます。

解説 第2問-⑩　解答：**2**

価格弾力性が高いのは価格弾力性が1より大きい場合をいうので間違いです。

ストアオペレーション

	第1問-①	第1問-②	第1問-③	第1問-④	第1問-⑤
解答欄	3	1	4	2	4
	第1問-⑥	第1問-⑦	第1問-⑧	第1問-⑨	第1問-⑩
	1	4	3	3	1

解説 第1問-① 解答：3

最終利益は「損益計算書」の一番下に表示されます。損益計算書は会社の業績(売上、コスト、利益)を表す表なのでしっかり覚えておきましょう。

解説 第1問-② 解答：1

納品された商品を売場に正しく配置することを補充といいます。

解説 第1問-③ 解答：4

欠品を防ぐためには、発注してから商品が届くまでの時間である発注リードタイムを考慮して補充発注を行う必要があります。

解説 第1問-④ 解答：2

商品を垂直に高く積み上げてディスプレイする方法をパイルアップ陳列といいます。

解説 第1問-⑤ 解答：4

コーディネート陳列は、生活シーンからテーマを選んでそのシーンに役立つ関連商品をまとめてビジュアル提案を行う陳列方法で、顧客の商品に対するイメージを高める効果があることから主に対面販売の店で取り入れられています。

解説 第1問-⑥ 解答：1

接客プロセスにおいて、動的待機の段階では、顧客が商品の間を回遊している間は、商品補充や軽作業をしながら顧客に圧迫感を与えないようにさりげなく準備を行います。顧客に「気軽に自由に選べる」という印象を与えるためです。

解説 第1問-⑦ 解答：4

人時生産性は、従業員一人当たりが一時間に稼ぐ粗利益高を計算する方法で、粗利益高を総労働時間で割って求めます。

解説 第1問-⑧ 解答：3

カラーストライプ陳列は、一か所に同じ色の単品を集めて縦に色の縞をつくり選びやすく見た目も魅力的にするディスプレイで、シンプルなデザインの商品の方が全体としてすっきりした印象を与え美しいディスプレイとなるため効果的です。

解説 第1問-⑨ 解答：3

LSPによる効率的な店舗運営のポイントは、1．売上予測による作業量の算出精度向上、2．売上予算に応じた適正な日割り人時枠(従業員数)の設定、3．繁忙期と閑散期を考慮した人時割り当ての調整の3つです。

解説 第1問-⑩ 解答：1

最もお客様が手に取りやすい高さであるゴールデンラインには、最重要商品を配置し、アピールすべきです。

第2問

	第2問-①	第2問-②	第2問-③	第2問-④	第2問-⑤
解答欄	2	1	1	2	2
	第2問-⑥	第2問-⑦	第2問-⑧	第2問-⑨	第2問-⑩
	1	1	2	2	1

解説 第2問-① 解答：2

季節性の高いファッション商品を一度に大量発注すると、読みが外れた場合や流行の販売タイミングを逃した場合に「もう売れない大量の在庫」を抱えることになり大変危険なので間違いです。

解説 第2問-② 解答：1

在庫型のステープル商品(加工商品、衣料、生活雑貨など)は、欠品や過剰在庫にならないよう、留意して発注することがポイントです。

ディスプレイの基本は、お客様から見て「見やすく、手に取りやすい」を心掛け、商品の性格を考慮して適切に行うことが必要です。

納品された商品を補充作業者の経験と勘をもとに、売場に適正にディスプレイするようにするのは昔の話で、今は販売実績や需要予測をもとにデータベースを活用して最適なフェイスを計画して補充し、ディスプレイしています。

コーディネート陳列は、生活シーンから選んだテーマに合わせて、そのシーンを想起させるビジュアルコーディネートを行いアピールするため、買回品や専門品などの販売に適しており、主に対面販売店で取り入れられています。

従業員1人当たりが稼ぐ粗利益高を計算してビジネスの収益性を分析する労働生産性は、粗利益高を従業員数で割って求めます。

AIDMAの法則の最後のAはActionを表しており、購入を促す言葉をかけてクロージングへ導く行動をすることです。

営業利益は売上高から売上原価を引いて、さらに販売費と管理費を引いて求めます。

過剰在庫を持つと、倉庫費用がかかるだけでなく、販売タイミングや流行を逃してもう売れなくなった不良在庫を増やす原因ともなり、会社の収益を悪化させます。

セルフサービスの店においては、顧客と直接コミュニケーションをとる接客要員がその店の評価に直接的に影響をもたらすため、接客要員の教育が非常に重要です。

マーケティング

| | | 合計得点 | ／100点 |

	第1問-①	第1問-②	第1問-③	第1問-④	第1問-⑤
解答欄	2	4	3	3	2
	第1問-⑥	第1問-⑦	第1問-⑧	第1問-⑨	第1問-⑩
	4	4	1	2	4

解説　第1問-①　解答：**2**

端数価格とは、価格の末尾を意図的に8や9などの価格として、割安な印象を与える価格戦略です。

解説　第1問-②　解答：**4**

ブランドの機能のうち、そのブランドの商品は同じ品質レベルの高さを維持しているとみなされる機能のことを品質保証機能といいます。

解説　第1問-③　解答：**3**

家計調査は、総務省が毎月実施している調査で、世帯収入と支出および貯蓄に関する調査です。

解説　第1問-④　解答：**3**

CRMは優良顧客の維持、囲い込みを目指す戦略で、顧客ごとの購入履歴管理と優良顧客のレベル別グルーピングにより、優良顧客をより優遇して反復購入を増やすことを目的としています。

解説　第1問-⑤　解答：**2**

スペースマネジメントは、フロアマネジメントとシェルフマネジメントに分類され、商品の位置を意図的にコントロールすることで、一定のスペースでの売上と履歴の最大化を図る活動です。

解説　第1問-⑥　解答：**4**

パブリシティはマス媒体に掲載される無料の取材記事のことで、編集者の第三者的な視点からの情報であると読者にとらえられるため、広告よりも信頼性が高い

評価を得られます。

解説　第1問-⑦　解答：**4**
FSP を実施するための第一段階は、ポイントプログラムの導入で、ポイントカード発行をきっかけに顧客の情報を集めて顧客データベースをつくることです。

解説　第1問-⑧　解答：**1**
固定客を増やすためには、顧客からの愛顧の度合いであるストアロイヤルティを高めることが重要です。

解説　第1問-⑨　解答：**2**
ブランドにおいて、発音可能なものをブランドネームといいます。

解説　第1問-⑩　解答：**4**
店舗小売業態のポジショニングを「人的サービス中心と装置サービス中心軸」、「広域商圏と小商圏軸」の2軸で分類した場合、百貨店は、広域商圏を対象とした人的サービス中心の小売業といえます。

第2問

	第2問-①	第2問-②	第2問-③	第2問-④	第2問-⑤
解答欄	1	2	1	2	1
	第2問-⑥	第2問-⑦	第2問-⑧	第2問-⑨	第2問-⑩
	2	1	1	1	2

解説　第2問-①　解答：**1**
ブランドエクイティとは、そのブランドがもつ無形の資産価値のことです。

解説　第2問-②　解答：**2**
インターネット広告は、従来型の紙や電波を媒体とした広告に比べて広告の効果測定が容易です。

解説 第2問-③ 解答：**1**

商業統計調査は、経済産業省が全国の卸売業、小売業の事業所を対象に販売活動の実態を調査するものです。

解説 第2問-④ 解答：**2**

ドロシーレーンの法則によれば、100品目中48％の商品を安くすると、ほとんどの顧客が安いと感じます。

解説 第2問-⑤ 解答：**1**

ワントゥワンマーケティングとは、顧客の購買履歴データベースをもとに、個別の最適な提案を継続することで、優良顧客との双方向、反復的なコミュニケーションにより優良顧客の囲い込みを目指す戦略です。

解説 第2問-⑥ 解答：**2**

インストアマーチャンダイジングとは、「店内」活動の強化により、販売効率と顧客満足度を高める活動です。

解説 第2問-⑦ 解答：**1**

ドミナント展開におけるメリットには、一定地域への集中出店によって、一日複数回の納品ができる物流システムや、その地域内の細かな顧客ニーズを拾い上げられる情報の精度の高さがあります。

解説 第2問-⑧ 解答：**1**

電子メールによるダイレクトメール広告は、低コストであることに加え、受取人の興味や関心に合わせて表現や送信タイミングを変えることができることがメリットです。

解説 第2問-⑨ 解答：**1**

コンビニエンスストアは、小商圏を対象とした装置的サービス中心の業態です。

解説 第2問-⑩ 解答：**2**

商標法に基づいて登録された商標は、「商標」として法的に保護されます。

第1問

	第1問-①	第1問-②	第1問-③	第1問-④	第1問-⑤
解答欄	3	1	4	1	4
	第1問-⑥	第1問-⑦	第1問-⑧ア	第1問-⑧イ	第1問-⑧ウ
	2	1	2	3	1

解説　第1問-①　　解答：3

職務を明確にするためには、責任と権限と義務の大きさを同じにすることが必要であるという原則を三面等価の原則という。

解説　第1問-②　　解答：1

景品表示法では、事業者が供給する商品、サービスについて「価格などの取引条件が、実際のものや他の業者よりも著しく「有利」であると認識させるような表示」を禁止しています。

解説　第1問-③　　解答：4

セクシャルハラスメントとは、「職場」における性的な言動が原因で、労働条件に不利益を受けたり、就業環境が害されたりするものをいいます。

解説　第1問-④　　解答：1

常時10人以上の労働者を使用する企業では、就業規則を制定することが法律で義務付けられています。

解説　第1問-⑤　　解答：4

流動比率とは、流動資産を流動負債で割った比率で、企業の短期的な支払い能力の高さを判断する指標です。

解説　第1問-⑥　　解答：2

リボルビング払いとは、クレジットカードを利用する際に先に上限額と毎月の支払額を決め、支払残額がゼロになるまで支払い続ける方式のことです。

解説　第1問-⑦　　解答：**1**

事業継続計画（BCP：Business Continuity Planning）は、いつ発生するかわからない緊急事態に対して、企業としての備えを文書化したものです。大地震など自然災害だけでなく、さまざまな企業を襲うリスクに対する対応を文書化しておくことは今日では必須となっており、中小企業庁が策定した「中小企業 BCP 策定運用指針」などを参照することで作成の要点を理解することができます。

解説　第1問-⑧　　解答：**ア＝2、イ＝3、ウ＝1**

総資本経常利益率は、経常利益510,000を資産合計1,500,000で割りますので、2の34.0％になります。流動比率は、流動資産合計1,400,000を流動負債合計800,000で割りますので、3の175.0％になります。当座比率は、当座資産（現金700,000 ＋ 受取手形100,000 ＋ 売掛金200,000の合計＝1,000,000）を流動負債800,000で割りますので、1の125.0％となります。

第**2**問

	第2問-①	第2問-②	第2問-③	第2問-④	第2問-⑤
解答欄	2	1	2	1	1
	第2問-⑥	第2問-⑦	第2問-⑧	第2問-⑨	第2問-⑩
	1	2	1	2	1

解説　第2問-①　　解答：**2**

売り手と買い手が逆です。商品仕入においては、買い手に商品引き渡しの請求権が、売り手に商品引き渡しの債務が発生します。

解説　第2問-②　　解答：**1**

流動負債とは、一年以内に現金で支払う義務がある債務のことです。

解説　第2問-③　　解答：**2**

消費者契約法には、事業者が行うべき責務が規定されているだけでなく、消費者の責務についても規定されています。

解説　第2問-④　解答：**1**

職場で権限のある上司が業務の適正な範囲を超えて精神的、身体的な苦痛を与えることをパワーハラスメントといいます。

解説　第2問-⑤　解答：**1**

法定労働時間には、休憩時間は含まれていません。

解説　第2問-⑥　解答：**1**

センサータグシステムとは、店内から店外に会計をすませずに商品を持ち出そうとすると専用タグが反応して警報音がなり、管理者に異常を知らせる防犯システムです。

解説　第2問-⑦　解答：**2**

独占禁止法の正式名称は、「私的独占の禁止および「公正」取引の確保に関する法律」です。

解説　第2問-⑧　解答：**1**

職務個別調査法とは、すべての職務を分析する調査法です。

解説　第2問-⑨　解答：**2**

民法によれば、契約は口頭による買い手側の申し込みと売り手側の承諾だけで成立します。

解説　第2問-⑩　解答：**1**

契約書など課税文書では、既定の額の印紙を貼付けて消印しないと印紙税法違反となりますが、契約は成立します。

小売業の類型

	第1問-①	第1問-②	第1問-③	第1問-④	第1問-⑤
解答欄	4	1	1	4	4
	第1問-⑥	第1問-⑦	第1問-⑧	第1問-⑨	第1問-⑩
	1	2	3	3	1

解説　第1問-①　解答：**4**
経済活動は、財の「生産―流通－消費」という循環システムで形成されています。しっかり覚えておきましょう。

解説　第1問-②　解答：**1**
レギュラーチェーンは、同一資本が運営し、画一的な商品やサービスを提供する11店舗以上の直営店舗チェーンをいいます。しっかり覚えておきましょう。

解説　第1問-③　解答：**1**
フランチャイズとは「特権」を意味し、契約によって成功店のブランドとノウハウを特権として利用できるのがフランチャイズチェーンです。

解説　第1問-④　解答：**4**
スパン・オブ・コントロールは管理する部下の数などの統制範囲を決めることで管理者が効果的な管理をする原則です。

解説　第1問-⑤　解答：**4**
SPA（製造小売業）は、小売業が自ら商品の企画を行う業態です。

解説　第1問-⑥　　解答：**1**

プライベートブランド商品は、自社で仕入コストからコントロールできるので利益率向上に役立ちます。

解説　第1問-⑦　　解答：**2**

POSシステムは、単品ごとの売上をデータベースで管理して、売れない商品（死筋商品）を排除することを大きな目的としています。

解説　第1問-⑧　　解答：**3**

登録販売者の資格取得者がいれば薬剤師がいなくても第二類、第三類の医薬品を販売することができます。

解説　第1問-⑨　　解答：**3**

商店街の活性化の共同事業では、ハード事業のことを環境整備事業といいます。しっかり覚えておきましょう。

解説　第1問-⑩　　解答：**1**

食に対する顧客ニーズに応えることをミールソリューション（食事に対する問題解決提案）といいます。

	第2問-①	第2問-②	第2問-③	第2問-④	第2問-⑤
解答欄	2	1	1	2	2
	第2問-⑥	第2問-⑦	第2問-⑧	第2問-⑨	第2問-⑩
	2	1	1	1	2

解説　第2問-①　　解答：**2**

これは「アコーディオン理論」の説明なので誤りです。「小売の輪の理論」は、小売形態が低コストで低マージンの価格訴求型形態と、高コストで高マージンの非価格訴求型形態の繰り返しであることを説明しています。

これは問題文の通りです。レギュラーチェーンの仕組みをよく覚えておきましょう。

解説　第2問-③　　解答：1
これは問題文の通りです。卸売業が存在する意義を説明していますので、集中貯蔵の原理とともによく整理しておきましょう。

解説　第2問-④　　解答：2
マーチャンダイザーが商品の仕入、開発、マーケティングに責任をもち、スーパーバイザーが店舗運営を支援するので間違いです。

解説　第2問-⑤　　解答：2
専門店の販売員には、取引商品に関する豊富な商品知識や顧客に対するコンサルティングセールスの技術が必要なので間違いです。

解説　第2問-⑥　　解答：2
DIY型ホームセンターではプロ向けの様々な工具や材料が販売されているため、商品知識の高い店員の接客が重要ですので間違いです。

解説　第2問-⑦　　解答：1
これは問題文の通りです。多頻度小口配送により、店舗内在庫を最小限にすることができます。

解説　第2問-⑧　　解答：1
ドラッグストアの基本コンセプトはヘルスアンドビューティケアです。しっかり覚えておきましょう。

解説　第2問-⑨　　解答：1
アウトレットセンターはブランド品の格安販売業態です。

解説　第2問-⑩　　解答：2
プライベートブランドは、利益率向上に貢献する商品なので間違いです。

マーチャンダイジング

第1問

	第1問-①	第1問-②	第1問-③	第1問-④ア	第1問-④イ
解答欄	2	1	4	3	2
	第1問-⑤	第1問-⑥	第1問-⑦	第1問-⑧	第1問-⑨
	1	2	4	3	2

解説 第1問-① 解答：**2**

チェーンストアのマーチャンダイジングはまず「商品計画」からはじまります。商品が決まらなければ、販売も仕入も在庫もできないからです。

解説 第1問-② 解答：**1**

プロフィットとは「利益」を表す英語です。なので、ターゲット・プロフィット法とは名前の通り目標利益を得られるように売価を決める方法という意味です。

解説 第1問-③ 解答：**4**

CRPは Continuous Replenishment Program の略語です。日本語にすれば継続的補充プログラムです。英語の略語は、一旦全部英語の正式な言葉にしてから日本語にしてみると暗記しやすくなります。

解説 第1問-④ 解答：**ア＝3、イ＝2**

変動費率とは、変動費÷売上高のことです。つまり売上高における変動費の割合のことなので、売上高に対して40%の割合で変動費が増えるということです。損益分岐点売上高の計算式は、固定費を1－変動費率で割るという式ですから、固定費÷（1－0.4＝0.6）となり、1,500,000÷0.6＝250万円が損益分岐点売上高つまり売上高とコスト（変動費＋固定費）が同額になって利益ゼロの点となります。この損益分岐点売上高の250万円が売上高400万円の何パーセントにあたるか？が損益分岐点比率ですので、250万円÷400万円で62.5%となります。つまり今のコスト構造では、売上高の62.5%までは利益が出ないけど、これを超えると後は利益になるということです。

委託仕入は、商品の販売部分だけを委託されていますので、商品は預かっている
形になっています。売れたら販売手数料部分だけを報酬としてもらいます。

解説 第1問-⑥ 解答：**2**

売価値入率は、売価を100と考えて、そのうち何パーセントを値入額にするのか？
という考え方です。

解説 第1問-⑦ 解答：**4**

目標利益は、売上高から許容費用すべてを引いて求めます。

解説 第1問-⑧ 解答：**3**

需要の価格弾力性とは、価格が変化した場合にそれにつられて変化する需要の度
合いのことをいいます。買回品はブランド品など通常高価なものが多いので、バー
ゲンセールなど価格が下がるときに急激に需要が増えます。つまり価格弾力性が
高いといえます。

解説 第1問-⑨ 解答：**2**

あるカテゴリーで一番売れている品目の価格をプライスポイントといいます。

	第2問-①	第2問-②	第2問-③	第2問-④	第2問-⑤
解答欄	2	2	1	2	2
	第2問-⑥	第2問-⑦	第2問-⑧	第2問-⑨	第2問-⑩
	1	1	2	1	2

解説 第2問-① 解答：**2**

プライスゾーンとは例えば1,000円以上3,000円以内のようなおおまかな価格帯の
ことです。

解説 第2問-② 解答：**2**

仕入原価の50円が売価の70パーセント（100％ − 30％）にあたる場合に、一単位

はいくらかを計算します。$50 \div 70 \div 0.714$　これを100倍したものが売価になりますので、$0.714 \times 100 = 71.4$円で間違いです。ちなみにこのときの売価値入額は、売価$71.4 -$原価$50 = 21.4$となります。これの売価値入額21.4を売価71.4で割ると0.299で約30%の売価値入率となっています。

解説　第2問-③　　解答：**1**

商品回転率は、売上高を平均在庫（売価）で割る方法と、売上原価を平均在庫（原価）で割る方法、売上数量を平均在庫数で割る方法の3通りがありますが、いずれも「手持ち在庫が一年間に何回販売されたのか？」を知るための比率です。

解説　第2問-④　　解答：**2**

予算編成の中心課題は「来期に利益をいくら稼ぐか？」です。そのために売上がいくら必要かという考え方が予算編成の中心なので間違いです。

解説　第2問-⑤　　解答：**2**

プライスゾーンを広げると、顧客は商品を選択しにくくなります。例えばTシャツを買いに行ったときに1,000円から10万円の商品が階層化されずに並んでいると、目移りして結局は「まあ今日は買わなくていいかな」となりやすいのです。つまり、間違いです。

価格帯が狭く設定されていれば、例えば「今日はだいたい1,000円から2,000円の中で決めようかな」と選択する商品を絞り込みやすくなり、購入につながりやすくなるのです。

解説　第2問-⑥　　解答：**1**

商品回転率は売上高を平均在庫（売価）で割る方法と、売上原価を平均在庫（原価）で割る方法の3通りがありますが、いずれも分母である在庫を減らせば回転率の数値が上がります。また分子である売上を増やせば回転率の数値が上がります。両方やるとさらに回転率の数値が上がります。

解説　第2問-⑦　　解答：**1**

商品をまとめて大量に仕入すると、数量割引で仕入コストが下がるとともに、各店舗での扱い商品が同じになるので、どこの店でも同じものが買えるようになり、店舗としての統一感が強くなります。

第2問-⑧　　解答：**2**

マーチャンダイジングサイクルの起点は、「商品計画」です。ディスプレイは、商品を仕入れてからの作業ですのでずっと後です。テキストの該当ページの図でしっかり整理しておきましょう。

第2問-⑨　　解答：**1**

固定費は売上の増減とかかわりなく発生するコストなので代表的なものは水道光熱費、人件費、不動産賃借料などとなります。

第2問-⑩　　解答：**2**

限界利益とは「売上高－変動費」のことで、固定費を賄うだけの利益があるか？を示す指標となりますので間違いです。（固定費ではなく変動費が正しい）

ストアオペレーション

合計得点　／100点

	第1問-①	第1問-②	第1問-③	第1問-④	第1問-⑤
解答欄	1	3	4	3	2
	第1問-⑥	第1問-⑦	第1問-⑧	第1問-⑨	第1問-⑩
	1	2	3	1	4

第1問-①　　解答：**1**

ハンガー陳列のメリットは、顧客が手に取りやすいことであり、デメリットは、商品の陳列が乱れやすいため、定期的なメンテナンスが必要なことです。

第1問-②　　解答：**3**

店舗の主要な売場を使って顧客を引き寄せる商品のことをマグネット商品といいます。

第1問-③　　解答：**4**

LSPの基本原則は、チェーンストア本部が作業と作業量を明確にとらえ、作業ごとに必要な従業員と適正な作業員数を振りわけることにあります。

模擬試験　解答・解説

第2回

解答：3
補充型陳列の実施にあたっては、古いものから先に売れるようにディスプレイする先入先出陳列の順守や商品フェイスを定期的に整える管理が必要です。

解答：2
労働分配率は、粗利益に対する総人件費の割合を分析する指標で、総人件費を粗利益高で割って求めます。

解答：1
棚卸は、伝票ベースの在庫数と実際に倉庫や店舗にある在庫数をすり合わせることにより、商品ロスを発見することがひとつの目的です。

解答：2
通常の陳列ラインから突き出す形で前面にディスプレイし、顧客の注目を集める陳列手法をプッシュアウト陳列といいます。

解答：3
プロダクトライフサイクルにおける「成長期」は、急激に売上が増える時期です。欠品による販売機会の損失を防ぐために仕入体制の強化が重要です。

解答：1
プライベート商品を自社で企画し商品開発することは、企業の利益率向上に最も効果が高いです。

解答：4
品ぞろえをはじめ売場づくりを視覚の側面から訴求することで購買意欲を促進する売場づくりをする技法全体のことをビジュアルマーチャンダイジングといいます。

第2問

	第2問-①	第2問-②	第2問-③	第2問-④	第2問-⑤
解答欄	1	2	1	2	2
	第2問-⑥	第2問-⑦	第2問-⑧	第2問-⑨	第2問-⑩
	1	2	1	1	2

解説 第2問-①　解答：**1**

顧客が「欲望」の段階に入ったときには、販売員は「お客様にように細身の方に適したデザインです」などと商品購入の決め手になるセリングポイントを説明するのが有効です。

解説 第2問-②　解答：**2**

ドラマチック陳列は、経営の効率化を助ける陳列方法ではないので間違いです。

解説 第2問-③　解答：**1**

展示型陳列は対面販売主体の売場づくりに用いられ、補充型陳列は、セルフ販売主体の売場づくりに用いられます。

解説 第2問-④　解答：**2**

労働分配率は、粗利益に対する総人件費の割合を分析する指標で、総人件費を粗利益高で割って求めます。

解説 第2問-⑤　解答：**2**

季節性の高いファッション商品を大量発注すると、大量の売れ残りが発生する危険があります。

解説 第2問-⑥　解答：**1**

在庫型のステープル商品（加工食品、衣料、生活雑貨など）は、欠品や過剰在庫にならないように留意して発注します。

解説 第2問-⑦　解答：**2**

人時生産性は粗利益を総労働時間で割って求めます。

LSPにより効率的な店舗運営を行うためには、売上予算に応じて適正な従業員数を設定することが大切です。

解説　第2問-⑨　　解答：1
ゴールデンラインは、補充型陳列（オープンストック）において顧客が最も取りやすい高さのことをいいます。

解説　第2問-⑩　　解答：2
発注してから商品が届くまでの発注リードタイムを考慮しないと、注文したのに届かなくて商品がないという欠品の状態になる危険性があります。

マーケティング　　　　　合計得点　／100点

	第1問-①	第1問-②	第1問-③	第1問-④	第1問-⑤
解答欄	2	4	3	1	2
	第1問-⑥	第1問-⑦	第1問-⑧	第1問-⑨	第1問-⑩
	3	3	1	3	4

解説　第1問-①　　解答：2
セルフサービスの店では、ワンウェイコントロールを基本動線として主通路を計画し、その後主通路から副通路への流れを計画します。

解説　第1問-②　　解答：4
広告とは、有料でマス媒体に自社の商品・サービスの紹介情報を掲載する活動であり、無料で第三者の視点からの編集が影響するパブリシティに比べ、売り手の都合のよい情報がより多く入っているということで顧客の信頼度が低くなる傾向があります。

解説　第1問-③　　解答：3
店舗小売業態のポジショニングを「人的サービス中心と装置サービス中心軸」、「広

域商圏と小商圏軸」の2軸で分類した場合、スーパーマーケットは、小商圏を対象とした装置的サービス中心の小売業です。

解説 第1問-④ 解答：**1**
ナショナルブランドとは、ブランドの所有者がメーカーである場合に使われる呼び名です。

解説 第1問-⑤ 解答：**2**
自店のファンになった客が無料で友人に紹介してくれる口コミは、その信頼性の高さから売上につながりやすく、新たなマーケティング手法として注目されています。

解説 第1問-⑥ 解答：**3**
市場調査には、資料分析（外部資料および内部資料）、市場実査、テストマーケティングの大きく3つの方法があります。

解説 第1問-⑦ 解答：**3**
IOTは、一般的にモノのインターネット化と呼ばれます。

解説 第1問-⑧ 解答：**1**
ビッグデータとは、IT技術の進化とインターネットの普及により生まれた大容量のデジタルデータ群を意味し、これまでの常識では計り知れない大量のデータから役立つ情報を引き出すことをいいます。

解説 第1問-⑨ 解答：**3**
商業統計調査とは経済産業省が全国の卸売業と小売業を対象として販売活動の実態を調査するものです。

解説 第1問-⑩ 解答：**4**
量販店や百貨店が、独自またはメーカーとタイアップして自社開発し、品質保証などの責任を負って自社販売する商品のことをプライベートブランドといいます。

	第2問-①	第2問-②	第2問-③	第2問-④	第2問-⑤
解答欄	1	1	2	1	2
	第2問-⑥	第2問-⑦	第2問-⑧	第2問-⑨	第2問-⑩
	1	1	2	1	2

解説　第2問-①　　解答：**1**

オープンプライスとは、メーカー小売価格ではなく、小売店が自由に売価を設定することです。

解説　第2問-②　　解答：**1**

ハフモデルとは、ある地域に居住する消費者が、どの近隣商業集積を利用するかを確率的に説明するモデルです。

解説　第2問-③　　解答：**2**

国勢調査は、総務省が行っています。

解説　第2問-④　　解答：**1**

市場細分化とは、消費者の行動基準やニーズなどの類型に基づいてターゲットとなる顧客を狭く絞り込むことです。

解説　第2問-⑤　　解答：**2**

大規模小売店舗立地法は、地域社会への影響が大きい大規模店と地域社会の共存を目指す法律で、大規模駐車場の設置や騒音対策などを規定しています。

解説　第2問-⑥　　解答：**1**

プロダクトライフサイクルと売上の関係においては、売上は成熟期に最も大きくなります。

解説　第2問-⑦　　解答：**1**

個別面接法は、時間と費用がかかるが、定型的な質問を集計する質問法や留置法に比べて顧客の考え方や意見を深いレベルで吸い上げられるメリットがあります。

解説 第2問-⑧ 解答：2

FSPは優良顧客を特別扱いすることで、固定客を増やし、長期的な利益を増やす戦略です。

解説 第2問-⑨ 解答：1

大型拠点型出店とは、標的地域に巨艦型店舗をつくり、圧倒的なパワーで顧客を誘因する戦略です。

解説 第2問-⑩ 解答：2

クーポン式プレミアムとは、商品に添付されたクーポンを一定数集めることで引き換えに景品が提供されるものです。

販売・経営管理

合計得点 ／100点

第1問

	第1問-①	第1問-②	第1問-③	第1問-④	第1問-⑤
解答欄	3	1	4	4	3
	第1問-⑥	第1問-⑦	第1問-⑧ア	第1問-⑧イ	第1問-⑧ウ
	1	2	4	2	3

解説 第1問-① 解答：3

組織の下位層に権限が委譲され、各人が自律的に活動することを期待される組織形態をフラット組織といいます。

解説 第1問-② 解答：1

自己資本比率は「純資産」を総資本で割って算出します。

解説 第1問-③ 解答：4

パートタイマーを雇い入れたときには、昇給の有無や退職手当の有無、賞与の有無などについて、文書で明示する必要があります。

解説 第1問-④ 解答：**4**

買取仕入では、商品の所有権が仕入先から買い取り先に移転するので、売れ残りがあっても返品できません。

解説 第1問-⑤ 解答：**3**

売り主の責任で契約の履行が約束の期日に完了できない状態のことを履行遅滞といいます。

解説 第1問-⑥ 解答：**1**

買主との特約がない場合、売り主が商品を引き渡す場所は、特定物なら契約のときにその者が存在した場所、不特定物では原則として買主の営業所または住所となります、これを持参債務の原則といいます。

解説 第1問-⑦ 解答：**2**

食品衛生とは「生育、生産、製造から最終的に人に消費されるまでのすべての段階における食品の安全性、完全性、および健全性を確保するのに必要なあらゆる手段のこと」とされ、世界保健機関（WHO）がこの定義を規定しています。

解説 第1問-⑧ 解答：**ア＝4、イ＝2、ウ＝3**

売上高営業利益率は、営業利益300,000を売上高2,000,000で割りますので、4の15.0％になります。固定長期適合比率は、固定資産合計100,000を（固定負債合計100,000＋純資産合計100,000）＝200,000で割りますので、2の50.0％になります。売上債権回転率は、売上高2,000,000を売上債権である（受取手形200,000＋売掛金300,000）＝500,000で割りますので、3の4回となります。

	第2問-①	第2問-②	第2問-③	第2問-④	第2問-⑤
解答欄	2	1	1	1	2
	第2問-⑥	第2問-⑦	第2問-⑧	第2問-⑨	第2問-⑩
	1	1	2	1	2

解説　第2問-①　　解答：2

デビットカードには、与信機能が付随していません。

解説　第2問-②　　解答：1

クレジットカードにおけるカード会社、加盟店、カード会員の取引の流れは、加盟店でカード会員が買い物をすると、カード会社が加盟店へ一旦立て替え払いを行い、後日、カード会社がカード会員に代金の請求をするという流れです。

解説　第2問-③　　解答：1

受け取った約束手形を支払い手段として他の者に交付するとき、手形の裏面に自己の署名または記名・押印して交付することを裏書きといいます。

解説　第2問-④　　解答：1

契約自由の原則から、当事者間で明確に定められなかった契約事項にのみ、民法や商法の規定が適用される。このような規定を任意規定といいます。

解説　第2問-⑤　　解答：2

芸術作品のようにほかに代替品がない商品を破損し、買主に商品が引き渡せなくなってしまった状態のことを、履行不能といいます。

解説　第2問-⑥　　解答：1

防火対策として、不審者に対する警戒およびごみ箱のチェック、防犯カメラの設置などを行うことが有効です。

解説　第2問-⑦　　解答：1

専門化の原則とは、同じことを集中してやらせると専門技能を身に着けるのが早くなるという原則です。

解説　第2問-⑧　　解答：2

分母と分子が逆になっています。当座比率とは、当座資産を流動負債で割って算出する経営指標です。

色彩のみの商標や音の商標も商標として登録が認められています。

小切手の発行時に一定の事項を決める小切手要件において、受取人の記載は「任意的」記載事項です。

INDEX

INDEX

INDEX

著者紹介

海光 歩（かいこう あゆむ）

中小企業診断士／ビジネスコンサルタント

出版社、広告会社、大手ダイレクトマーケティング企業でのマネージャー職を経て、現在はビジネスコンサルタント。ビジネス関連の修士号、博士号を持ち、実務面とアカデミック面の両面からビジネス知識をわかりやすく指導するための方法を研究している。長年にわたるビジネスの実務経験と、ビジネス知識指導講師の経験を生かした初心者でもわかりやすい指導に定評がある。販売士の有資格者を多数輩出している。著書に『販売士教科書 販売士3級 一発合格テキスト 問題集 第4版』(翔泳社)がある。
www.kaikouayumu.com

お問い合わせ、ご感想などは下記までお願いします。
kaikouayumu@gmail.com

本文 DTP	株式会社 トップスタジオ
本文イラスト	陣条 和榮／株式会社 エス・プランニング
装丁	大下 賢一郎
装丁イラスト	けーしん

販売士教科書

販売士（リテールマーケティング）2級 一発合格テキスト＆問題集 第4版

2021年 6月22日 初版第1刷発行
2024年 5月15日 初版第3刷発行

著　者	海光 歩（かいこう あゆむ）
発行人	佐々木 幹夫
発行所	株式会社 翔泳社（https://www.shoeisha.co.jp）
印刷・製本	株式会社 ワコー

©2021 Ayumu Kaiko

ISBN978-4-7981-7151-7　　　　　　　　　Printed in Japan